입력이 다르면?
결과물도 다르다!

클로드 코드 완벽 가이드

코드팩토리 최지호 지음

✳ 바이브 코딩 시대, 여러분에게

이제는 확신의 바이브 코딩 시대입니다. 바이브 코딩이란 말 그대로 '직감적으로 코딩한다' 정도로 의역해볼 수 있습니다. 바이브 코딩 시대 이전에는 한 줄 한 줄 장인 정신으로 코딩을 했다면 이제는 너무도 훌륭한 주니어 개발자 수준의 코딩을 AI에게 맡기고 개발자는 검수와 설계를 담당하는 시대가 도래했습니다. 바이브 코딩 시대에는 다음과 같이 코딩할 수 있습니다.

1. 상세한 소프트웨어 기획을 계획한다.
2. AI에게 기획을 주입하고 세부 작업 단위를 분해하도록 명령한다.
3. 작게 분해된 각각의 작업 단위를 AI가 순서대로 작업하도록 명령한다.
4. 완성된 코드를 실행한다.
5. 오류가 생기면 오류 메시지를 복사해서 AI에게 디버깅하도록 명령한다.
6. 원하는 수준의 소프트웨어가 만들어질 때까지 1번부터 다시 반복한다(Iterate).

이처럼 바이브 코딩은 기존의 전통적인 개발 방식에서 벗어나 즐거운 일은 내가 하고 귀찮고 복잡한 일은 LLM에게 시킨다는 개념을 가지고 많은 사람에게 확산되고 있습니다. 이러한 접근 방식은 개발자들이 창의적이고 흥미로운 문제 해결에 집중할 수 있게 하면서, 반복적이고 시간이 많이 소요되는 작업들은 AI가 담당하게 하는 혁신적인 패러다임입니다.

'바이브 코딩'이라는 용어는 오픈AI의 창업 멤버인 안드레이 카르파티Andrej Karpathy가 트위터에 남긴 글에서 비롯되어 화제를 모았습니다. 그는 이 개념을 통해 개발자와 AI가 협력하는 새로운 형태의 코딩 문화를 제시했으며, 이는 전 세계 개발 커뮤니티에서 빠르게 주목받기 시작했습니다.

바이브 코딩은 단순한 개념을 넘어서 실제 개발 환경에서 구체적인 변화를 만들어내고 있습니다. 개발자들은 이제 보일러플레이트 코드 작성, 단순한 함수 구현, 문서화 작업 등을 LLM에게 맡기고, 자신은 시스템 아키텍처 설계, 복잡한 비즈니스 로직 구현, 사용자 경험 개선 등 더 창의적이고 전략적인 업무에 시간을 투자할 수 있게 되었습니다.

이러한 변화는 개발 생산성의 획기적인 향상을 가져왔을 뿐만 아니라, 프로그래밍에 대한 접근 장벽을 크게 낮추는 효과도 만들어내고 있습니다. 초보 개발자들도 LLM의 도움을 받아 복잡한 코드를 더 쉽게 이해하고 구현할 수 있게 되면서, 전체적인 개발 생태계의 민주화가 이루어지고 있는 상황입니다. 결과적으로 바이브 코딩은 현대 소프트웨어 개발의 새로운 표준으로 자리를 잡아가고 있으며, 앞으로 더욱 많은 개발자들이 이러한 방식을 채택할 것으로 예상됩니다.

There's a new kind of coding I call vibe coding, where you fully give in t
the vibes, embrace exponentials, and forget that the code even exists.
It's possible because the LLMs (e.g. Cursor Composer w Sonnet) are
getting too good. Also I just talk to Composer with Su
barely even touch the keyboard. I ask for the dumbest
"decrease the padding on the sidebar by half" becaus
find it. I "Accept All" always, I don't read the diffs anyn
error messages I just copy paste them in with no com
fixes it. The code grows beyond my usual comprehens
really read through it for a while. Sometimes the
just work around it or ask for random changes until it
too bad for throwaway weekend projects, but still qui
building a project or webapp, but it's not really coding
say stuff, run stuff, and copy paste stuff, and it mostly

'바이브 코딩'이라고 부르는 새로운 코딩 방식이 있어요. 그냥 완전히 느낌에 맡기고, 지수적 성장을 받아들이고, 코드가 존재한다는 것조차 잊어버리는 거죠. LLM들이 너무 좋아져서 할 수 있는 일이에요.
...생략...
항상 '모두 승인'하고, 이제 차이점도 안 읽어요. 에러 메시지가 나오면 그냥 아무 말 없이 복붙하는데, 보통 그러면 고쳐져요. 그러면 코드의 가끔 LLM이 버그를 못 고치면 그냥 우회하거나 아무 변경이나 요청해서 없어질 때까지 해봐요. ...생략...
프로젝트나 웹앱을 만들고 있지만, 실제로는 코딩이 아니에요. 그냥 뭔가 보고, 뭔가 말하고, 뭔가 실행하고, 뭔가 복붙하면 대부분 작동해요.

레전드 개발자가 이런 이야기를 했다는 건 어떻게 보면 충격이었습니다. 그래서일까요? 지금도 많은 전문가와 실무자 등 바이브 코딩에 관심을 가지는 사람들이 다양한 관점에서 의견을 주고받으며 여러 커뮤니티에서 논쟁을 벌이고 있습니다. 이러한 변화의 흐름 속에서 바이브 코딩이 가져올 긍정적인 가능성은 분명 존재합니다. 그 가능성에 주목하고 더 많은 사람들과 공유하고자 이 책을 집필했습니다.

✳ 먼저 읽은 독자의 인사이트를 확인하세요

클로드 코드에 대한 한글 자료는 거의 없고, 업데이트 속도는 매우 빠릅니다. 해외 블로그와 커뮤니티를 직접 찾아다니며 많은 시행착오를 겪었습니다. 이 책을 읽고, 현업에서 어떻게 적용하면 될지 감이 확 잡혔습니다. 개발 경험이 많지 않더라도 책에서 안내하는 절차와 예제를 그대로 따라가면 됩니다. 특히 책 속에 포함된 프롬프트 예시들은 단순 참고를 넘어, 제 기존 작업 습관을 점검하고 개선하는 데 실질적인 도움을 주었습니다.

김선명, 프리랜서 개발자

이 책은 '왜 클로드 코드인가?'라는 질문으로 시작해 여러 바이브 코딩 도구의 성능·비용·워크플로를 균형 있게 비교하고 클로드 코드 선택 이유를 설득력 있게 설명합니다. 바이브 코딩으로 제대로 된 서비스로 확장할 때 벽을 느꼈는데, 이 책을 읽고 나서 '나만의 서비스를 완성할 수 있겠다'는 동기가 생겼습니다. 특히 부록 '99가지 유용한 팁'은 바이브 코딩 초심자에게 꼭 필요한 실전 가이드였습니다.

최재원, 프리랜서 개발자

최근 AI 코딩 도구들이 쏟아져 나오면서 "어떤 도구를 써야 하지?", "이걸로 정말 개발이 편해질까?" 같은 고민이 많아졌습니다. 이 책은 그런 고민을 먼저 겪은 입장에서 쓰였습니다. 환경 설정, 실전 프로젝트, 다양한 애드온 활용까지 각 파트를 자연스럽게 따라갈 수 있도록 구성되어 있습니다. AI 에이전트를 주니어 개발자에 비유하며 아이디어를 함께 구현해가는 동료로 바라보는 관점이 특히 인상적이었습니다. AI 시대의 개발자로서 갖춰야 할 새로운 역량이 무엇인지 명확하게 제시하는 필독서입니다.

이호섭, 프런트엔드 개발자

바이브 코딩으로 누구나 서비스 개발에 도전할 수 있게 되었지만, 상용 서비스 수준으로 만들 수 있는 마지막 10%가 장벽이라는 얘기를 듣고 걱정이 많았습니다. 하지만, 이 책을 읽고 그 10%를 채울 방법을 알게 된 것 같아 정말 기쁩니다. 자기 아이디어를 현실로 만들고 싶은 모든 분께 추천하고 싶습니다.

김창식, 개인 사업자

✳ 이 책을 미리 읽은 전문가가 말합니다

AI와 함께하는 실전 개발의 A to Z!

클로드 코드는 IDE가 아니라 대화형 개발 환경입니다. 코딩하는 것이 아니라 코딩을 부탁하는 것. 이 미묘한 차이가 모든 것을 바꿉니다. 이 책은 새로운 개발 패러다임을 안내합니다. 단순히 AI와 대화하는 법만 알려주는 것이 아닙니다. 텅 빈 터미널에서 프로젝트를 시작해, 핵심 기능을 구현하고, 데이터베이스를 연동하고, 테스트를 자동화하며, 최종적으로 프로덕션 환경에 배포하기까지. **AI와 함께하는 실전 개발의 A to Z를 이 책 한 권에 모두 담았습니다.** 이 책은 당신을 AI 시대의 유능한 개발자로 이끌어줄 가장 확실한 가이드가 될 것입니다.

유튜버 '런빌드', AI 교육 콘텐츠 크리에이터

이 책을 안 보시면 200달러 손해보시는 겁니다!

식사하는 시간, 잠을 자는 시간을 제외하고 클로드 코드를 어떻게 하면 뼈까지 우려서 써먹을까 고민하시는 코드팩토리님의 클로드 코드의 정수와 꿀팁이 가득한 책입니다. 솔직히 말씀드리겠습니다. **이 책을 안 본다는 것은, 남들이 고속도로를 달릴 때 혼자서 비포장도로를 걸어가는 것과 같습니다.** 당신의 경쟁자들은 이미 이 책의 노하우로 프로젝트를 순식간에 끝내고 있을지 모릅니다. 개발자로서 당신의 시간과 가치를 지키고 싶다면, 더 이상 망설이지 마십시오. 이 책은 당신의 개발 인생을 바꿀 가장 확실한 투자가 될 것입니다.

박현규, 《이게 되네? 클로드 MCP 미친 활용법 27제》 저자

제대로 된 내비게이션이 없는 지금, 이 책이 희망입니다!

IT 경력만 15년이 넘는 세월 속에서 코딩과 저는 애증 관계였습니다. 하고 싶지만 하기 싫은, 잘하고 싶지만 잘하지 못하는 영역이었습니다. 하지만 AI의 등장과 LLM의 발전으로 자연어로 대화하듯 코딩할 수 있는 세상이 도래했습니다. 한편으로는 정보의 홍수 속에서 빠르게 변화하는 기술을 따라가기 힘든 것도 사실입니다. 우리는 시간과 에너지를 효율적으로 써야 합니다. 이러한 관점에서, 이 책은 **최적의 학습과 간접 경험을 제공합니다.** 빠른 경로로 안내하는 내비게이션인 동시에, 주변 명소와 맛집은 빠지지 않고 들리게 해주는 친절한 가이드이기도 합니다. 앞으로 펼쳐질, 바이브 코딩과 함께하는 새로운 세계가 기대됩니다.

박진하, 전 건국대학교 정보통신대학원 겸임교수

✳ 학습 효율을 200% 극대화하는 학습 가이드

50%

저자 깃허브에서 학습 자료를 살펴보세요

직접 타이핑하는 수고를 덜고, 복사해서 바로 실행해보세요. 예제를 변형하여 자신만의 프로젝트에 적용해 보며 클로드 코드 활용 능력을 빠르게 향상시킬 수 있습니다.

저자 깃허브
github.com/codefactory-co

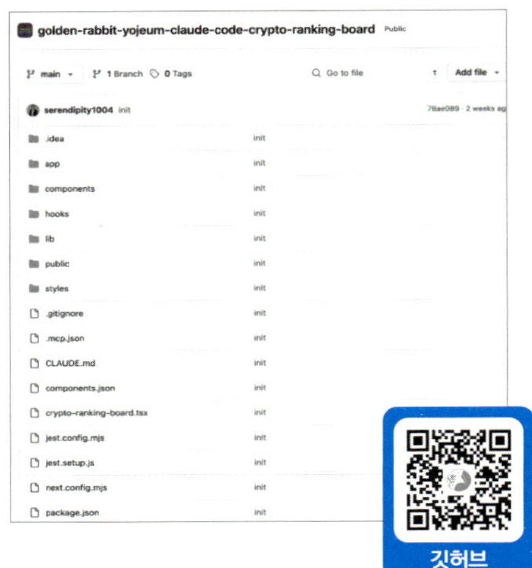

50%

100%

200%

코드팩토리의 온라인 강의를 활용하세요

책에서는 미처 다루지 못했던 최신 프런트엔드 프레임워크, 고성능 백엔드 기술, 클라우드 인프라 구축까지. 현업에서 가장 주목받는 다양한 개발 지식을 코드팩토리의 강의에서 만나보세요.

코드팩토리 통합 링크
links.codefactory.ai

100%

유튜브, 오픈 카톡에서 함께 공부해요

독자들을 위한 소통 공간입니다. 책을 읽다가 궁금한 점을 질문하고, 클로드 코드를 활용한 자신만의 팁을 공유하며 함께 성장해보세요. 저자와 다른 독자들과의 네트워킹은 덤입니다.

저자 오픈카톡
open.kakao.com/o/gDUhYNDh

저자 유튜브
www.youtube.com/@codefactory_official

저자 디스코드
discord.gg/u9ZZeRU7

200%

생산성 200%

✳ 요즘 바이브 코딩 한 달 학습 계획표

[챕터 01]
왜 클로드 코드인가?
체크하세요!
____월 ____일
[챕터 02]
요금제 알아보기
____월 ____일
[챕터 06]
CLAUDE.md 파일에 대한 모든 것
____월 ____일
[챕터 07]
클로드 코드의 3가지 모드 알아보기
____월 ____일
[챕터 08]
모델 선택, 사용량 관리 딱 알려드립니다!
____월 ____일
[챕터 12]
PRD와 실행 계획하기
____월 ____일
[챕터 13]
에이전트 병렬로 실행하기
____월 ____일
[챕터 14]
깃허브 워크플로 사용하기
____월 ____일
[챕터 18]
기능 작업하기
____월 ____일
[챕터 19]
데이터베이스 연동하기
____월 ____일
[챕터 20]
테스트 작성하기
____월 ____일
[챕터 24]
Claude Squad
____월 ____일
[챕터 25]
ccusage
____월 ____일
[챕터 26]
Claude Code Action
____월 ____일

[챕터 03]
클로드 코드 환경 설정
____월 ____일

[챕터 04]
클로드 코드 기본 인터페이스 이해하기
____월 ____일

[챕터 05]
슬래시 명령어 제대로 알아보기
____월 ____일

[챕터 09]
클로드의 생각 과정 제어하기
____월 ____일

[챕터 10]
커스텀 슬래시 커맨드 사용하기
____월 ____일

[챕터 11]
MCP 사용하기
____월 ____일

[챕터 15]
클로드로 아이디어 구체화하기
____월 ____일

[챕터 16]
UI 프로토타이핑하기
____월 ____일

[챕터 17]
인증 구현하기
____월 ____일

[챕터 21]
배포하기
____월 ____일

[챕터 22]
Super Claude
____월 ____일

[챕터 23]
Claudia
____월 ____일

[챕터 27]
Claude Code Hooks
____월 ____일

[부록]
99가지 유용한 팁
____월 ____일

수고하셨습니다!

✳ 목차

클로드 코드 세팅하기

파트 02

클로드 코드 핵심 기능 활용하기

클로드 코드 고급 기능 활용하기

유용한 가이드는
보너스 가이드 북에
지속적으로 제공하겠습니다!

보너스 가이드 북

파트 01

클로드 코드 세팅하기

챕터 01

왜 클로드 코드인가?

선생님, AI가 이렇게 발전했는데 왜 아직도 많은 기업들이 AI 도입을 어려워하는 건가요?

좋은 질문이네요. AI 기술 자체는 놀라울 정도로 발전했지만, 실제 업무에 적용하는 것은 완전히 다른 문제거든요. 마치 훌륭한 요리 재료가 있어도 요리법을 모르면 맛있는 음식을 만들기 어려운 것과 같아요.

그럼 구체적으로 어떤 부분이 가장 어려운 건가요?

크게 세 가지 벽이 있어요. 기존 프로세스 변화에 대한 저항, AI를 기존 시스템과 연결하는 어려움, 그리고 AI를 언제, 어떻게 써야 하는지 모르는 것이죠. 결국 AI 도입의 핵심은 기술이 아니라 '변화 관리'와 '실무 적용 방법론'인 셈이에요.

과거 AI와의 협업 문제?

2025년 현재, 소프트웨어 산업은 중대한 변곡점에 서 있습니다. 2024년의 폭발적인 성장과 변화에도 불구하고, 여전히 수많은 개발자가 AI의 실무 도입에 어려움을 겪고 있습니다. Reveal의 조사에 따르면, 2025년 확장을 계획하는 기업의 73%가 AI 사용 및 도입 증진을 핵심 요소로 꼽고 있습니다. 그러나 역설적으로 44%의 기업이 AI를 개발 프로세스에 통합하는 것을 가장 어려운 과제 중 하나로 인식하고 있습니다. AI의 눈부신 발전과 세상의 변화에도 불구하고, 왜 기업들은 여전히 AI 도입을 어려워할까요?

NOTE Reveal의 2025년 'Top Software Development Challenges For 2025 - Reveal Survey Report' 조사를 참조하였습니다.

초창기 AI 협업 모델의 한계

고도화된 LLM의 등장으로 개발자들은 상당한 업무 능력 향상을 경험했습니다. 데이터베이스 조회 API 작성, 함수 디버깅, 보일러플레이트와 테스트 코드 생성, 새로운 정보 조사 등에서 큰 도움을 받았습니다. 하지만 이런 발전에도 불구하고 개발자들은 만족하지 못했습니다. 때때로 AI는 완벽한 코드를 생성하고 정확한 디버깅을 수행하지만, 또 다른 순간에는 터무니없는 답변이나 지나치게 일반적인 코드를 반환하여 오히려 기술 부채가 증가했습니다. 이렇게 일관성 없는 성능으로 인해 많은 개발자가 AI와 함께 코딩하는 것을 포기하게 되었습니다.

왜 AI는 개발자들에게 만족스럽지 못했나

개발자들은 AI로 인한 생산성 향상을 경험하면서도 동시에 깊은 불신과 불만을 품게 되었습니다. 깃허브 코파일럿이 개발 속도를 최대 55% 향상할 수 있다는 사실은 인상적이었지만 품질이 보장되지 않은 속도 향상은 결국 기술 부채로 이어졌습니다. 초창기 AI 협업에서 느낀 회의감은 지금까지도 많은 개발자가 AI를 부정적으로 바라보는 주요 원인이 되었습니다. 당시의 주요 문제점을 네 가지로 정리할 수 있습니다.

- **첫째, 맥락의 부재 :** 맥락의 부재가 핵심적인 문제였습니다. 챗GPT가 일반 사용자에게는 놀라운 성능을 보여주었지만, 개발자에게는 그다지 의미 있는 도구가 아니었습니다. 아무리 뛰어난 추론 능력과 코드 작성 능력을 갖추었어도 프로젝트에 대한 이해가 없는 AI는 실무에서 쓸모가 없었습니다. 게다가 수백만 줄에 달하는 코드를 AI에 입력하기에는 콘텍스트 윈도우가 턱없이 부족했고, 이로 인해 AI는 기존 코드와 충돌하는 제안을 하거나, 프로젝트의 코딩 스타일과 아키텍처 패턴을 무시한 일관성 없는 코드를 생성했습니다. 심지어 존재

하지 않는 함수나 변수를 사용하는 환각 현상도 빈번하게 발생했습니다.

- **둘째, 파편화된 워크플로 :** AI와의 협업은 진정한 협업으로 느껴지지 않았습니다. IDE와 AI 채팅창을 끊임없이 오가며 코드를 복사하고 붙여넣는 과정은 그 자체로 번거로운 작업이었고, 개발자의 사고 흐름을 방해했습니다. 이런 파편화된 워크플로는 AI의 적극적인 활용을 저해하는 주요 요인이었습니다.
- **셋째, 끊임없는 마이크로매니지먼트의 필요성 :** AI는 고차원적인 목표를 이해하고 스스로 작업을 분해하는 능력이 부족했습니다. 개발자가 모든 단계를 세밀하게 지시해야 했고, 이는 상당한 시간과 에너지를 요구했습니다. '로그인 기능을 만들어줘'와 같은 간단한 요청으로는 원하는 결과를 얻을 수 없었고, AI는 '실행자'라기보다는 '빠른 타자기'에 가까웠습니다.
- **넷째, 수동적 실행 :** AI는 절대 먼저 제안하거나 문제를 지적하지 않았습니다. 개발자가 요청하기 전까지는 잠재적인 버그나 성능 문제를 발견하더라도 침묵을 지켰습니다. 더 나은 아키텍처나 디자인 패턴에 대한 고차원적인 추천도 기대할 수 없었고, 결국 AI의 성능은 이를 다루는 개발자의 역량에 과도하게 의존하게 되었습니다.

에이전틱 AI의 등장

기존 AI 협업의 한계를 극복하기 위해, AI는 이처럼 단순한 보조 도구에서 능동적인 파트너로 진화하고 있습니다. 변화의 중심에는 과거의 패러다임을 완전히 뒤바꾸는 에이전틱 AI^Agentic AI^가 있습니다.

자동 완성을 초월한 파트너, 에이전틱 AI

초기 AI 개발 도구들은 앞에서 언급했듯 정교한 자동 완성 기능에 불과했습니다. 개발자가 작성한 코드의 다음 부분을 예측하거나, 주석을 기반으로 간단한 함수를 생성하는 수준이었습니다. 이는 분명 유용하기는 했지만, **AI는 여전히 개발자의 지시를 기다리는 수동적인 존재였습니다.** 이제 패러다임은 **AI 페어 프로그래머**^AI pair programmer^를 넘어 **AI 동료 프로그래머**^AI peer programmer^로 전환되고 있습니다. 새로운 세대의 등장이죠. AI는 단순한 코드 조각 제안을 넘어 **에이전틱 워크플로**^Agentic workflows^를 통해 복잡하고 다단계적인 작업을 자율적으로 처리할 수 있게 되었습니다. 말 그대로 자동 완성을 초월한 파트너의 등장입니다. 이제는 에이전트 AI가 수행할 수 있는 작업이 이렇게나 많습니다.

에이전트 AI가 수행할 수 있는 작업

1. 새로운 기능 구현을 위한 파일 생성 및 기존 코드 수정
2. 프로젝트에 필요한 라이브러리(종속성) 검색 및 설치
3. 테스트 스크립트 작성 및 실행
4. 버그 재현 및 수정안 제안
5. 필요한 개발 도구의 자동 설치 및 환경 설정

요즘의 에이전틱 AI는 스스로 문제를 발견하고, 큰 문제를 작은 단위로 나누며, 프로젝트 맥락에 맞는 변경 사항을 제안하기도 합니다. 또한 IDE와의 연동도 가능합니다. 진정한 의미의 협업이 가능해진 겁니다.

새로운 생산성의 정의, 개발자의 역할 변화

에이전트 AI의 등장은 개발 생산성의 정의 자체를 바꾸고 있습니다. 더 이상 '얼마나 많은 코드를 작성했는가'는 중요하지 않습니다. '얼마나 가치 있는 문제를 해결했는가'가 새로운 생산성의 척도가 되고 있습니다. 개발자들에게 중요한 메시지입니다. AI가 앞에서 이야기한 모든 것들을 매우 빠르게 처리할 수 있으므로 개발자는 고수준의 작업을 하면 되는 것이죠. 저는 이제 개발자 여러분이 이런 것들을 할 수 있어야 한다고 생각합니다.

- **방향 제시 :** AI가 올바른 방향으로 작업하도록 명확한 목표와 제약 조건 설정
- **비판적 검토 :** AI가 생성한 결과물의 품질, 보안, 아키텍처 적합성을 비판적으로 검토하고 개선 지시
- **최종 문제 해결 :** AI가 해결할 수 없는 복잡한 아키텍처 문제나 창의적인 해결책이 필요한 영역에 집중

에이전틱 AI는 이제 웬만한 주니어 개발자보다 뛰어난 역량을 보여주고 있습니다. 따라서 에이전틱 AI를 다루는 개발자에게는 그 어느 때보다 고차원적인 문제 해결 능력과 사고 능력이 중요해졌습니다. 이런 변화는 기술적으로도 뒷받침되고 있습니다. 업계는 단순히 다음 단어를 예측하는 대규모 언어 모

델LLM을 넘어, 주어진 문제를 논리적으로 분해하고 해결 계획을 수립하는 고급 추론 모델Reasoning Models로 나아가고 있습니다. **이제는 AI를 사용하지 않는 것이 불리합니다.** AI를 효과적으로 활용하는 것만으로도 몇 배의 효율을 달성할 수 있는 시대에, 이 트렌드를 따라가지 않는다면 경쟁력을 잃을 것입니다. 저는 이 책을 통해 여러분이 클로드 코드를 효율적으로 활용하는 방법을 배우는 것을 넘어 새로운 개발 패러다임에 성공적으로 합류하기를 바랍니다.

클로드 코드란 무엇인가?

2024년 말, 앤트로픽Anthropic은 개발자들의 오랜 갈증을 해소할 혁신적인 도구를 선보였습니다. 바로 클로드 코드Claude Code입니다. 이는 단순한 AI 코딩 어시스턴트가 아닌, 진정한 의미의 AI 동료 개발자를 구현한 첫 번째 상용 도구입니다.

클로드 코드는 앤트로픽의 최신 모델인 Claude Opus 4를 기반으로 하며 터미널에서 실행하는 에이전틱 도구입니다. 개발자가 자연어로 요청하면 클로드 코드는 스스로 계획을 수립하고, 파일을 탐색하며, 코드를 작성하고, 테스트를 실행하는 등 개발 작업을 완벽하게 자율적으로 수행합니다.

클로드 코드의 동작 방식

그러면 클로드 코드의 동작 방식이 궁금할 것입니다. 클로드 코드가 다른 AI 코딩 도구들과 근본적으로 다른 점은 바로 에이전틱 접근 방식에 있습니다. 이를 하나씩 구체적으로 살펴보겠습니다.

클로드 코드는 자율적으로 계획을 수립하고 실행합니다

만약 여러분이 '사용자 인증 시스템을 구현해줘'라고 요청하면, 믿기 힘들겠지만 클로드 코드는 다음과 같은 프로세스를 자동으로 수행합니다.

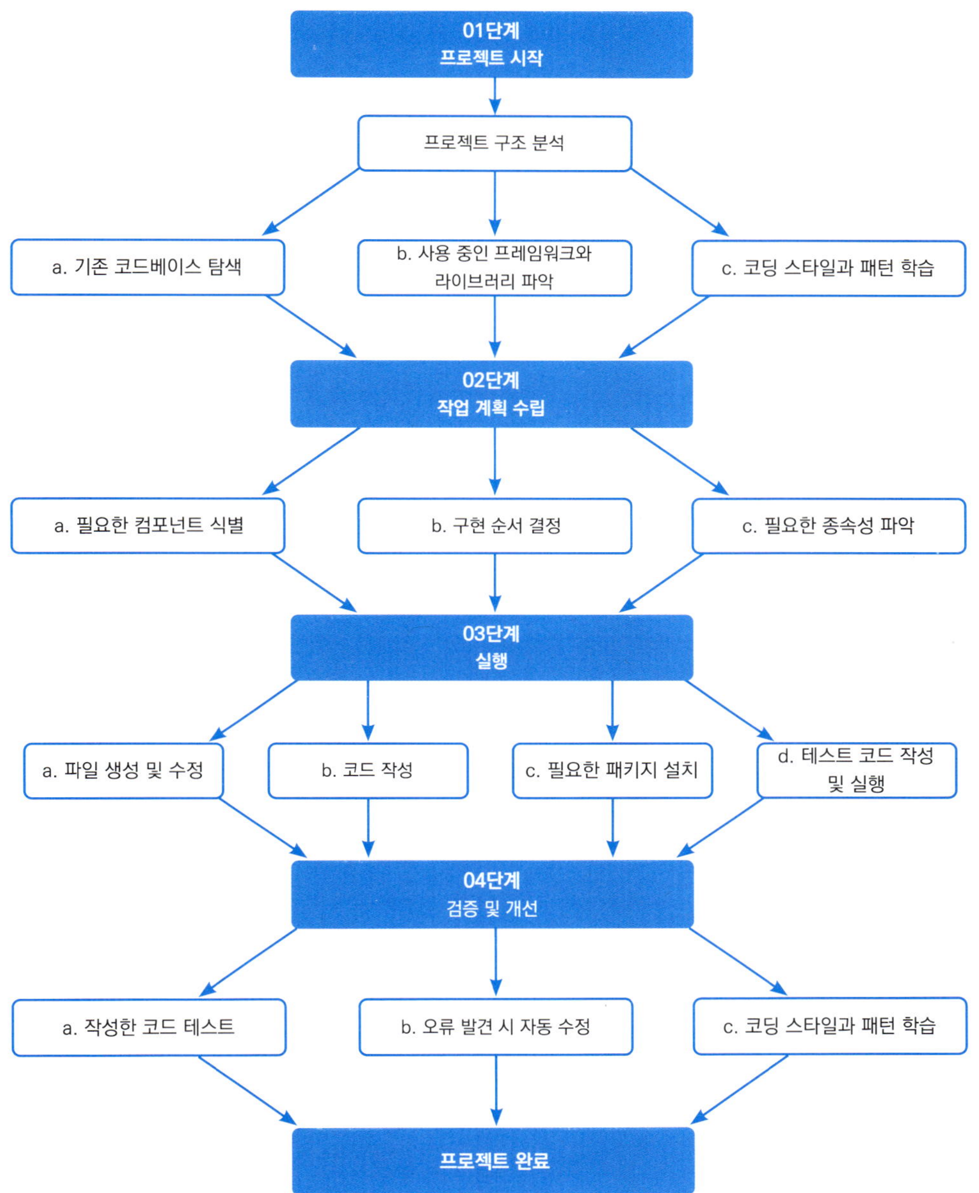

그림에서 보듯 클로드 코드는 개발자를 위한 체계적인 4단계 워크플로를 통해 효율적인 프로젝트 개발을 지원합니다.

1. **프로젝트 구조 분석** : 클로드 코드는 프로젝트 구조를 철저히 분석합니다. 기존 코드베이스를 자동으로 탐색하여 폴더 구조와 주요 모듈의 역할을 파악하고, 사용 중인 프레임워크와

라이브러리의 버전을 식별하며, 기존 코드의 컨벤션과 패턴을 학습합니다.

2. **작업 계획 수립 :** 그런 다음에는 요구사항에 맞는 모든 내용을 식별하고, 의존성을 고려하여 최적의 구현 순서를 결정합니다. 또 새로운 라이브러리나 도구의 필요성을 판단합니다. 이 단계에서 개발자에게 명확한 로드맵을 제시하기도 하죠.

3. **실행 :** 이제 실행 단계입니다. 필요한 파일을 생성하고 기존 파일을 적절히 수정합니다. 요구사항에 맞는 기능을 코드로 구현하면서 필요한 패키지를 자동으로 설치하기도 하죠. 게다가 테스트 코드를 작성하고 실행하며 문제가 있는지 없는지도 스스로 검증합니다.

4. **검증 및 개선 :** 마지막 단계에서는 다양한 시나리오에서 코드를 자동으로 테스트합니다. 오류가 발견되면? 발견된 오류를 즉시 수정하죠!

클로드 코드의 이런 프로세스는 프로젝트의 복잡성과 규모에 관계없이 일관된 품질의 결과물을 제공하며, 개발자가 창의적인 문제 해결에 집중할 수 있게 해줍니다.

클로드 코드는 프로젝트의 콘텍스트를 모두 이해합니다

클로드 코드는 기존 AI의 가장 큰 문제였던 콘텍스트 문제를 완벽하게 해결했습니다. 진짜로 클로드 코드는 프로젝트의 전체 맥락을 이해합니다. 정리하자면 클로드 코드는 콘텍스트를 다음과 같이 이해하고 프로세스를 진행합니다.

- **깊은 코드베이스 이해 :** 단순히 현재 파일만이 아닌, 전체 프로젝트 구조와 파일 간의 관계를 파악
- **암묵적 규칙 학습 :** 명시되지 않은 코딩 컨벤션이나 프로젝트 특유의 패턴을 자동으로 감지하고 따름
- **의존성 관계 추적 :** 코드 변경이 다른 부분에 미칠 영향을 사전에 파악하고 대응

클로드 코드는 능동적으로 문제를 해결합니다

클로드 코드는 수동적으로 지시를 기다리지 않습니다. 코드베이스를 확인하고 콘텍스트 안에서 개선점을 찾아낸다면 즉각적으로 개선 추천을 합니다. 보통 다음과 같은 행동 패턴으로 문제를 능동적으로 해결하려 듭니다.

- **선제적 버그 탐지 :** 코드를 작성하면서 잠재적 문제를 발견하고 즉시 수정
- **최적화 제안 :** 더 나은 알고리즘이나 패턴을 발견하면 능동적으로 제안
- **보안 취약점 경고 :** 보안 문제가 될 수 있는 코드를 작성하지 않으며, 기존 코드의 취약점도 지적

클로드 코드는 커서와 무엇이 다른가요?

클로드 코드 이야기를 하면 '그래서 커서와 어떤 점이 다른지' 궁금할 것입니다. 지금은 커서를 사용하는 사람이 압도적으로 많습니다. 아무래도 커서가 코드 편집기의 형태를 띠고 있어서 익숙한 UI를 제공하니 보기 편하다는 점이 있어서 커서로 에이전틱 AI에 입문하는 경우가 많습니다. 여기서는 제 경험을 바탕으로 클로드 코드와 커서가 무엇이 다른지 하나씩 이야기해보겠습니다.

이모저모 1. 클로드 코드의 성능이 압도적으로 좋습니다

저도 윈드서프와 커서를 모두 사용합니다. 그런데 클로드 코드 등장 이후 이 도구를 사용하면서 윈드서프나 커서에 비해 클로드 코드는 성능이 압도적으로 다르다는 것을 체험했습니다. 그러면 또 이런 의문이 들 것입니다. '커서도 윈드서프도 클로드 소넷과 오퍼스 모델을 사용하는데 어떻게 차이가 있을 수 있냐'라고요.

차이는 분명히 있습니다. 모델은 입력에 대한 출력만 제공합니다. 하지만 에이전틱 워크플로를 제공하고 최적화하는 것은 서비스입니다. 엔진이 같다고 자동차가 다 같지 않은 것처럼 클로드 코드와 커서의 경험은 완전히 다릅니다. 그러므로 같은 모델을 사용하더라도 클로드 코드의 성능이 압도적으로 좋을 수밖에 없는 것입니다.

이모저모 2. 비용은 클로드 코드가 비쌉니다, 하지만...!

저는 클로드 코드를 추천합니다. 클로드 코드를 구독하고 사용할 수 있는 방법에는 다음과 같이 2가지 방법이 있습니다.

1. **구독제 :** 세션당 사용할 수 있는 토큰을 주고 이 토큰을 다 사용하고 나면 제한하는 방식

2. API 사용 : 사용한 만큼 과금하는 방식

만약 커서로 클로드 코드의 Opus 모델을 써야 한다면 API 방식으로 사용해야 합니다. 그런데 클로드 코드는 맥스 요금제를 쓰면 Opus 모델과 Sonnet 모델을 모두 사용할 수 있습니다. 그런데 가장 좋은 경험을 제공하는 모델은 Opus 모델입니다. 그래서 제가 직접 측정하며 사용해본 결과로는 클로드 코드 맥스 요금제가 가장 합리적입니다.

클로드 코드의 $200 클로드 코드 맥스 요금제를 구독해서 3개의 에이전트를 Opus 4 모델로 끊임없이 사용했을 때 3~4시간 사용을 할 수 있었는데요. 클로드 코드의 토큰은 5시간마다 초기화되므로 3개의 에이전트를, Opus 모델로 끊임없이 사용한다고 가정했을 때 업무 시간에 6~8시간이나 사용할 수 있었습니다. 만약 Opus 모델로 비슷한 작업을 커서에서 한다면 하루에도 수십만 원이 과금될 수 있으므로 저는 클로드 코드 $100 이상의 요금제를 추천합니다.

위 내용은 제가 직접 측정해본 주관적인 통계입니다. 앤트로픽에서는 2025년 7월 29일 기준으로 다음과 같이 사용 가능량을 설명하고 있습니다.

플랜 이름	사용량
Pro	영어 한 문장에 15-20단어라고 가정하고 200개 문장을 하나의 메시지라고 했을 때 5시간마다 약 45개의 메시지 전송 가능. Opus 모델 사용 불가.
Max $100	Pro 플랜보다 약 5배 사용 가능. 즉, 5시간마다 225개의 메시지 전송 가능.
Max $200	Pro 플랜보다 약 20배 사용 가능. 즉, 5시간마다 900개의 메시지 전송 가능.

* Opus 모델 사용 시 토큰이 5배 더 많이 소비됩니다.

이모저모 3. 터미널 기반의 실행 환경

커서는 그 자체가 통합 개발 환경이므로 인텔리제이와 같은 개발 환경을 선호하는 사람은 이 개발 환경을 뒤로하고 커서에 적응해야 하므로 새 도구에 대한 부담이 있습니다. 하지만 클로드 코드는 터미널 기반입니다. 그래서 자신이 선호하는 통합 개발 환경은 유지하면서도 사용할 수 있어 매우 편리합니다.

이모저모 4. 플래닝 모드가 매우 강력합니다

클로드 코드는 매우 강력한 기능인 플래닝 모드를 제공합니다. 플래닝 모드를 사용하면 단순한 질문

을 해도 클로드 코드 스스로 상세한 계획을 제작해서 사용자에게 제시합니다. 물론 커서도 플래닝을 해달라고 채팅으로 요구할 수 있지만 플래닝 기능이 탑재된 클로드 코드와는 성능 차이가 매우 크게 납니다. 클로드 코드로 플래닝 모드를 잘 사용한 다음 플랜을 이행하면 믿기 힘들 정도로 완성도 높은 코드가 한 번에 작성됩니다. 하지만 커서는 계획을 하더라도 콘텍스트를 잃는 경우가 많습니다.

수많은 AI 솔루션이 탄생하는 시대에 결국 최종적으로 고려하게 되는 요소는 어떤 도구가 가장 강력한가입니다. AI가 오랜 시간 동안 생각하는 걸 기다렸는데 버그투성이인 코드를 받아보고 싶은 개발자는 없을 겁니다.

이 책에서 다룰 내용

저는 한 달에 수천 달러에 해당하는 토큰을 소비하며 클로드 코드를 깊게 이해하기 위해 수많은 시간을 사용했습니다. 개발자이며 동시에 강사고 지식을 공유하는 데 큰 행복을 느끼는 사람으로서 제가 겪었던 시행착오와 알게 된 지식을 모두 공유하겠습니다.

이 내용을 다룹니다

클로드 코드 기본 사용법부터 고급 활용법까지 전부 다룹니다. 클로드 코드를 활용하여 실제 개발 프로젝트를 효율적으로 운영하고, 개발 생산성을 극대화하는 것이 목표입니다. 단순히 클로드 코드의 기능을 나열하는 것을 넘어, 실전 시나리오를 통해 클로드 코드를 깊게 이해하고 활용하는 방법을 제시합니다.

이 내용은 다루지 않습니다

이 책은 개발을 모르는 바이브 코더를 위해 작성하지 않았습니다. 기본적인 웹 개발과 깃 활용 지식이 있는 독자를 대상으로 작성했기 때문에 기초적인 개발 지식은 짚고 넘어가지 않습니다. 또한, 이 책은 클로드 코드 활용 방법론에 집중하고 있습니다. 마지막 프로젝트인 노마드 리스트 클론 프로젝트는 활용법을 전달한 매개체일 뿐입니다. 해당 프로젝트를 완성도 높게 구현해내는 것은 이 책의 목표가 아닙니다. 그저 클로드 코드를 사용할 수 있는 다양한 사례를 알려주고 있으니, 본인의 상황과 프로젝트에 맞는 방법을 적절히 섞어서 사용하기 바랍니다.

챕터 02

요금제 알아보기

선생님, AI 도구는 대부분 무료로 제공되는데 굳이 유료 모델을 써야 하는 이유가 있나요?

무료 티어는 체험용이라고 생각하면 돼요. 실제 업무에서는 응답 속도, 사용량 제한, 모델 성능 차이가 크거든요. 특히 클로드 같은 경우 무료로는 하루에 몇 번밖에 못 써요. 그리고 클로드 코드는 아예 유료 사용자만 쓸 수 있고요.

클로드와 클로드 코드가 뭐가 다른 건가요? 같은 모델을 쓰는 것 같던데요.

맞아요, 모델은 비슷해요. 하지만 용도가 완전히 달라요. 클로드는 일반적인 대화형 AI고, 클로드 코드는 터미널에서 직접 코딩 작업을 도와주는 에이전틱 도구예요. 다행히 클로드 유료 구독자라면 클로드 코드도 추가 비용 없이 쓸 수 있으니까 둘 다 활용해 보세요!

대부분의 AI 도구는 무료 티어를 제공하며, 클로드 또한 무료 티어를 제공합니다. 그런데도 이 책에서는 왜 유료 모델을 권장하는지 알아보겠습니다. 가끔 클로드와 클로드 코드의 차이를 묻는 분이 있습니다. 왜냐하면 두 서비스가 사용하는 모델이 같기 때문이죠. 차이가 있다면 클로드는 Haiku, Sonnet, Opus 모델을 사용하고, 클로드 코드는 Sonnet, Opus 모델만을 사용합니다. 그리고 서비스의 지향점이 다릅니다. 클로드는 일반적인 작업을 하는 서비스지만, 클로드 코드는 앤트로픽 웹사이트에서 이야기하는 것처럼 터미널에서 살아 숨 쉬는 에이전틱 코딩 도구를 지향합니다.

헷갈리는 클로드 코드 요금제

클로드와 클로드 코드를 별도로 생각해서 요금제 관련 질문을 하는 사람이 많습니다만, 클로드 코드 자체는 클로드와 요금제를 공유하고 있어서 클로드를 유료로 사용하고 있다면 추가 과금이 없습니다. 다만 클로드는 무료 티어로도 사용할 수 있지만 클로드 코드는 무료 티어로는 사용할 수 없습니다. 이 점을 기억하세요. 그럼 일반적인 요금제를 비교하며 어떤 요금제를 쓰면 좋을지 이야기하겠습니다.

클로드 요금제 비교

클로드 요금제는 Personal 플랜, Team & Enterprise 플랜, API 플랜으로 구분할 수 있는데 가장 많이 사용하는 Personal 플랜부터 알아보겠습니다.

Personal 플랜

보통 다음 화면의 안내가 Personal 플랜의 안내입니다. Personal 플랜은 일반적으로 클로드 코드를 사용하는 개발자들이 가장 많이 사용하는 플랜입니다. Personal 플랜은 Free, Pro, Max로 나뉘어져있으며 Max는 또 $100와 $200달러 플랜 두 가지로 나뉘어 있습니다.

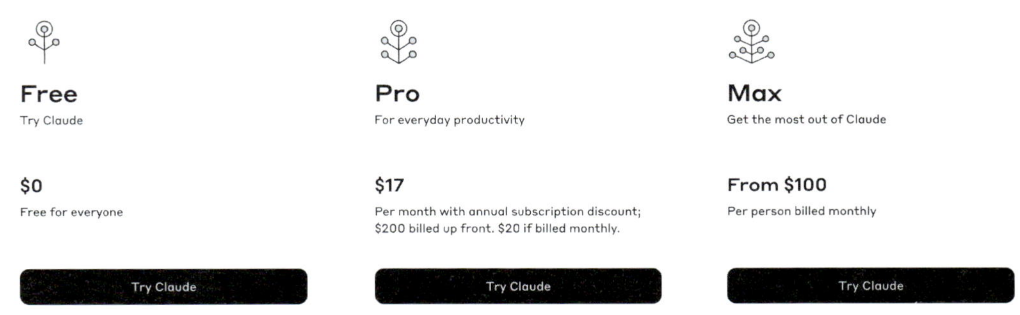

- **Free 플랜 :** 말 그대로 무료 플랜입니다. 앤트로픽에서 정확한 리밋(사용 한계치)을 공개하지는 않고 있지만 서버 상태에 따라 다른 리밋을 제공한다고 이야기합니다. Usage 리밋까지 사용하면 클로드에서 알림을 주고 더 이상 사용하지 못합니다. 한도는 매일 초기화됩니다.
- **Pro 플랜 :** 클로드 사용 리밋이 Free 플랜과 비교했을 때 5배 정도 올라갑니다. 또 클로드의 프로젝트 기능이 열립니다. 구글 연동, Extended Thinking을 사용할 수 있게 되고, 리서치 기능도 사용할 수 있습니다. **그리고 무엇보다 중요한 점! 클로드 코드를 사용할 수 있게 됩니다.**
- **Max 플랜 :** Pro 플랜보다 더 많은 사용량을 제공해줍니다. 또 클로드의 최신 기능들을 가장 먼저 사용하게 해줍니다. 게다가 트래픽이 높은 시간대에 우선적으로 기능을 제공해줍니다. 이를 Priority Access라고 부르는데요. 가끔 서비스를 쓰다 보면 잘 되던 것이 느려지거나 하는 경우가 있죠? 그런 일이 확 줄어듭니다.
    - Max 플랜은 $100 플랜, $200 플랜이 있고, $100 플랜은 Pro 플랜보다 5배의 리밋을, $200 플랜은 20배의 리밋을 더 제공합니다.

Enterprise 플랜

Enterprise 플랜은 기업을 위한 플랜입니다. 다음은 Enterprise 플랜을 설정하는 화면입니다.

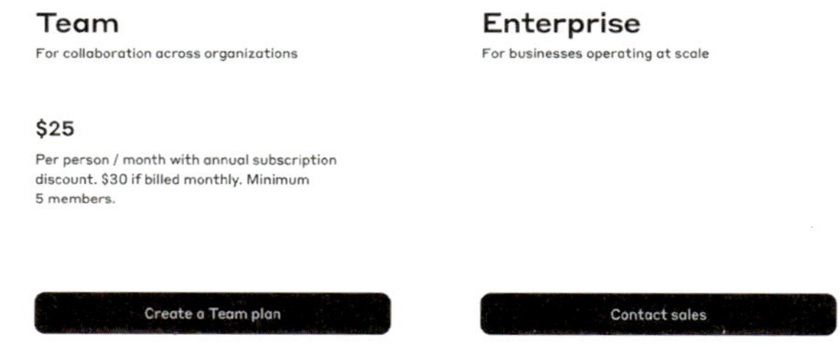

Enterprise 플랜 $25부터 시작하며 최소 5명부터 구독할 수 있습니다. Pro 플랜보다 Enterprise 플랜이 더 많은 리밋을 제공하고 계정을 통합하여 결제할 수 있습니다. 또 최신 협업 도구도 제공합니다. 여러분은 이 플랜을 사용할 일이 거의 없을 것이므로 설명은 여기서 줄이겠습니다.

NOTE 만약에 SSO와 RBAC등 더욱 복잡한 엔터프라이즈 기능이 필요하다면 따로 계약을 진행하는 방법도 있습니다.

NOTE Enterprise 플랜에서는 Max 플랜을 제공하지 않습니다.

API 플랜

API 플랜은 정액 구독제가 아닌 사용한 만큼 돈을 지불하고 싶을 때 사용하는 플랜입니다. 사용한 인풋, 아웃풋 토큰 단위로 결제를 하게 되며 어떤 모델을 사용했냐에 따라 요금제가 다릅니다. 프로그램에 직접 클로드를 연결해서 API를 사용하거나 구독제 모델에서 제공하는 사용 한계치가 충분하지 않을 때 주로 사용합니다.

모델	특징	입력	출력	프롬프트 캐싱 쓰기	프롬프트 캐싱 읽기
Claude Opus 4	• 복잡한 작업을 위한 가장 지능적인 모델 • 200K 콘텍스트 윈도우 • 배치 처리 시 50% 할인	$15 / MTok	$75 / MTok	$18.75 / MTok	$1.50 / MTok
Claude Sonnet 4	• 지능, 비용, 속도의 최적 균형 • 200K 콘텍스트 윈도우 • 배치 처리 시 50% 할인	$3 / MTok	$15 / MTok	$3.75 / MTok	$0.30 / MTok
Claude Haiku 3.5	• 가장 빠르고 비용 효율적인 모델 • 200K 콘텍스트 윈도우 • 배치 처리 시 50% 할인	$0.80 / MTok	$4 / MTok	$1 / MTok	$0.08 / MTok

어떤 플랜을 사용해야할까? Pro 플랜? Max 플랜?

저는 클로드 코드에 입문하는 사람들에게 Pro 플랜을 추천합니다. Pro 플랜으로 저렴하게 클로드 코드를 사용해볼 수 있기 때문이죠. 클로드 코드와 나의 워크플로가 잘 맞는지 확인해보고 그 이후에 Max 플랜을 고려하면 됩니다. 보통의 LLM 기반 서비스들이 대부분 $20 정도의 과금 체계를 가지고 있으므로, 구독 중인 LLM 서비스가 있으면 클로드로 변경하여 사용해보기 바랍니다. 클로드 코드가 맘에 안 들어서 사용하지 않게 되더라도(물론 그럴 일은 절대 없을 거라고 자신합니다) 기존 업무를 할 때 쓰던 서비스로 돌아가면 되므로 낭비하는 일은 없을 것입니다.

Pro 플랜은 아쉽습니다

하지만 Pro 플랜은 메시지 한도가 있어 클로드 코드 사용 시 아쉬울 수밖에 없습니다. 앤트로픽에서 정확한 수치를 이야기하지는 않고 있지만 공식 문서를 보면 다음과 같이 설명하고 있습니다. 요약하자면 대략 5시간에 45개의 메시지를 보낼 수 있습니다. 하지만 이 분량은 짧은 메시지 기준이므로 개발에 사용하려면 더 적게 느껴질 겁니다.

Pro 플랜 설명 일부(원문)

Yes. Claude Pro offers at least 5x the usage compared to our free service. The number of messages you can send will vary based on length of message, including the length of files you attach, and length of current conversation. If your conversations are relatively short, you can expect to send at least 45 messages every 5 hours, often more depending on message length, conversation length, and Claude's current capacity. We will provide a warning when you have 1 message remaining. Your message limit will reset every 5 hours.

Pro 플랜 설명 일부(한글 번역)

네. Claude Pro는 무료 서비스에 비해 최소 5배의 사용량을 제공합니다. 보낼 수 있는 메시지 수는 메시지 길이, 첨부 파일의 길이, 현재 대화의 길이에 따라 달라집니다. 대화가 비교적 짧은 경우, 5시간마다 최소 45개의 메시지를 보낼 수 있으며, 메시지 길이, 대화 길이, Claude의 현재 용량에 따라 더 많이 보낼 수 있습니다. 남은 메시지가 1개일 때 경고를 제공합니다. 메시지 제한은 5시간마다 재설정됩니다.

정확히 적혀 있지는 않지만 45번의 메시지 제한 수치는 Sonnet 모델을 사용했을 때의 계산일 겁니다. Sonnet 모델의 성능은 훌륭하기는 합니다만 Opus 모델은 정말 말도 안 될 정도로 더 좋습니다. 하지만 Opus 모델은 Sonnet 모델보다 5배 높은 토큰을 사용하므로 추측건대, Pro 플랜 사용 시 9번 정도의 **짧은 메시지**만으로도 사용량이 바닥날 거라 생각합니다.

NOTE 매우 긴 콘텍스트로 Opus 모델을 사용하면 1~2번 만에 사용량을 소진할 것입니다.

에이전틱 코딩을 하고 싶다면 Max 플랜을 사용하세요

진지하게 에이전틱 코딩을 하려고 한다면, 무조건 Max 플랜을 추천합니다. 앤트로픽에서 Max 플랜에 대한 다양한 장점을 소개하고 있지만 사실 다른 건 볼 필요 없고 사용량이 얼마나 더 제공되는지만 보면 됩니다. 사용량의 증가는 결국 Opus 모델을 사용할 수 있는 제한이 높아진다는 것이기 때문에 5시간 제한 동안 더욱 퀄리티 높은 코딩을 할 수 있다는 이야기와 같습니다.

$100 플랜과 $200 플랜의 차이와 추천 요금제

$100 플랜은 Pro 플랜과 비교했을 때 모델 사용량의 5배를 제공해주고 $200 플랜은 Pro 플랜의 무려 20배 사용량을 제공해줍니다. 경험상 $100 플랜은 클로드 코드 하나만 실행할 때 Opus 모델과 Sonnet 모델을 적절히 섞어서 사용하면 5시간 정도 사용할 수 있습니다. Opus 모델만 사용했을 때는 1시간 이내에 모든 토큰을 다 소비했습니다.

$200 플랜은 압도적으로 높은 토큰양을 제공합니다. 사용하는 환경과 클로드 코드에 얼마나 작업을 많이 위임하냐에 따라 다르겠지만 경험상 3개의 에이전트를 동시에 실행하면서 Opus 모델만 사용해도 2시간은 사용할 수 있으며 Sonnet을 섞어서 사용하면 과도한 병렬 작업을 하지 않는 한 토큰 제한까지 사용하긴 어려웠습니다.

NOTE 여러 개의 클로드 코드를 실행해서 동시에 작업하는 방법도 추후 배웁니다.

그래서 병렬로 태스크 처리를 할 필요 없이 하나의 프로젝트만 개발한다면 $100 플랜을 추천합니다. 만약 여러분이 병렬로 여러 태스크를 해결할 능력이 있거나 여러 프로젝트를 동시에 가동해야 하면 $200 플랜을 추천합니다.

API 플랜은?

앞에서 언급했듯 API 플랜은 사용한 만큼 과금하는 구조입니다. 아무래도 $100, $200 플랜이 저렴하다고 말할 수는 없으므로 사용한 만큼 내는 API 플랜이 솔깃하게 느껴질 수 있습니다. 하지만 진지하게 프로그래밍을 한다면 API 플랜이 손해입니다. 다시 한번 강조하지만, **매일 개발을 한다면 API 플랜은 절대 저렴하지 않습니다.**

다음 스크린샷은 제가 실제로 3일 동안 사용한 토큰량과 이를 API 비용으로 환산했을 때의 수치입니다. 하루 종일 클로드 코드를 적극적으로 사용하면 단 하루만으로도 $200를 넘는 사용량을 기록 할 수 있습니다.

NOTE ccusage를 사용해서 테이블을 생성했습니다. [챕터 25] ccusage에서 다룹니다.

2025 07-02	- opus-4 - sonnet-4	49,988	972,756	$318.26
2025 07-03	- opus-4 - sonnet-4	57,531	1,773,165	$384.63
2025 07-04	- opus-4 - sonnet-4	340,708	4,289,174	$542.94

API 플랜은 SDK를 통해 사용하거나, 백그라운드 작업에 사용하거나, 클로드 Max 플랜의 한도를 다 소진해서 사용 제한이 초기화될 때까지 기다릴 여유가 없을 때 사용할 수 있는 옵션입니다. 아니면 비용에 대한 생각 자체가 없는 부자가 사용하기에 적합한 플랜입니다. 그래서 저는 API 플랜은 여러분에게 꼭 필요하지 않으면 추천하고 싶지 않습니다.

5시간마다 한도는 리프레시, 그렇다면 플랜별 한도는?

Pro 플랜과 Max 플랜은 모두 사용 한도를 5시간마다 리프레시합니다. 5시간의 기준은 처음 클로드 코드에 메시지를 보내는 순간을 말합니다. 5시간 이내에 한도를 다 사용하면 언제 다시 제한이 풀리는지 클로드 코드가 정확한 시간을 알려줍니다. **다만 Max 플랜은 과도한 사용을 방지하기 위해 한 달에 세션을 생성할 수 있는 것에도 제한을 둡니다. 세션의 제한은 총 50개입니다.** 정리하자면 5시간마다 리프레시되는 세션을 한 달에 50개 생성할 수 있다는 뜻입니다. 한도를 넘어가면 다음 달까지 사용 제한이 걸릴 수 있습니다. 다만 이 제한은 약한 규칙으로 제한하고 있습니다. 실제로 커뮤니티에서도 50세션을 넘기고도 제한에 걸리지 않은 후기가 많습니다. 이건 봇이나 과도한 스패밍을 방지하기 위한 제한입니다. 게다가 50세션이면 하루에 10시간씩 코딩한다고 가정했을 때 무려 25일을 쉬지 않고 사용해야 하는 제한입니다.

[챕터 03]

클로드 코드 환경 설정

선생님, 클로드 코드 설치는 쉽다고 하셨는데 실제로 매일 쓰는 개발 환경에 어떻게 자연스럽게 녹여낼 수 있을까요?

설치는 정말 간단해요. 하지만 진짜 중요한 건 여러분이 이미 사용하고 있는 VSCode, IntelliJ 같은 IDE와 매끄럽게 연결하는 거예요. 기존 워크플로를 전혀 건드리지 않으면서도 클로드 코드가 자연스럽게 스며들도록 해야 해요.

그러면 제가 평소에 쓰던 개발 방식을 바꿀 필요는 없다는 뜻인가요?

맞아요! 오히려 바꾸면 안 되죠. 클로드 코드는 여러분의 기존 습관을 방해하는 게 아니라 보완해주는 역할이에요. 초기 설정만 제대로 해두면 마치 원래 있던 도구처럼 자연스럽게 사용할 수 있어요. 이제 그 통합 방법들을 하나씩 배워보겠습니다!

클로드 코드는 환경설정 난이도가 높지 않습니다. 하지만 우리의 워크플로에 클로드 코드를 잘 스며들게 하려면 IDE 통합과 초기 설정이 매우 중요합니다. 각자에게 익숙한 워크플로를 방해하지 않고 클로드 코드를 개발 환경에 통합하는 방법을 배워보겠습니다.

macOS 환경설정

지금부터 클로드 코드를 macOS에서 환경설정하는 방법을 알아보겠습니다.

01 클로드 코드를 설치하기 위해서는 Node.js와 npm이 필요합니다. 다음 링크로 접속해서 Node.js를 설치하세요.

- **Node.js 설치 페이지 :** nodejs.org/ko/download

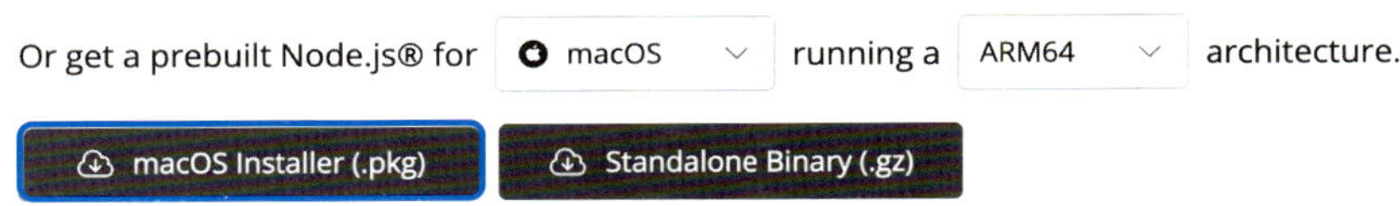

02 다운로드한 패키지를 실행하고 [Continue] 버튼을 끝까지 눌러서 설치를 진행해주세요.

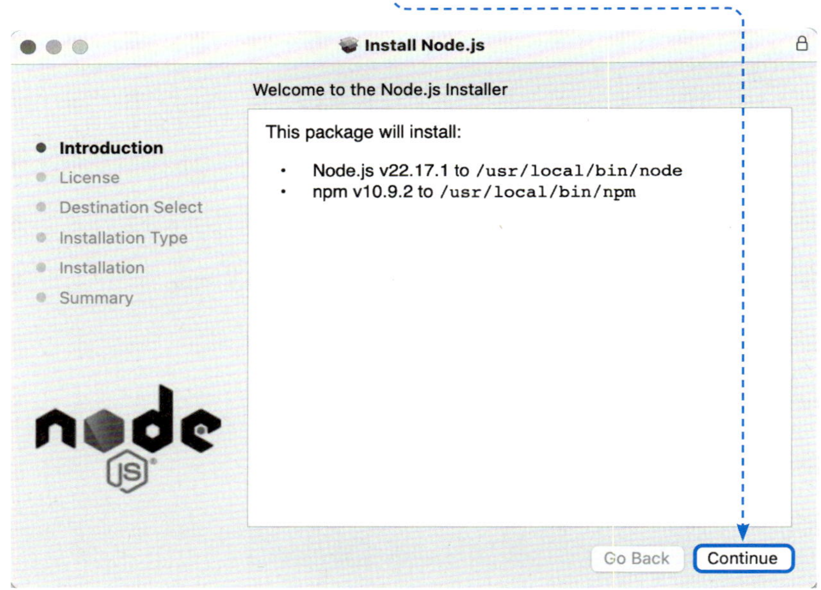

03 터미널에서 Node.js와 npm 버전을 확인했을 때 알 수 없는 명령어라고 나오지 않고 버전이 출력된다면 설치 완료입니다.

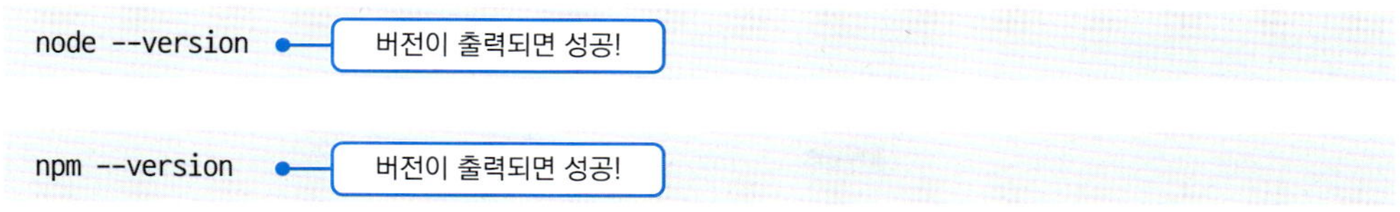

04 npm을 사용해서 클로드 코드를 설치하겠습니다. 다음 명령어를 실행하세요.

```
npm install -g @anthropic-ai/claude-code
```

05 설치가 완료됐다면 claude 명령어를 입력해 클로드 코드를 실행합니다.

```
claude
```

06 현재 폴더에 클로드 코드가 접근해도 되는지 물어봅니다. [Yes, Proceed]를 선택해 권한 요청을 허가하고 클로드 코드 프롬프트 창이 실행되면 성공입니다.

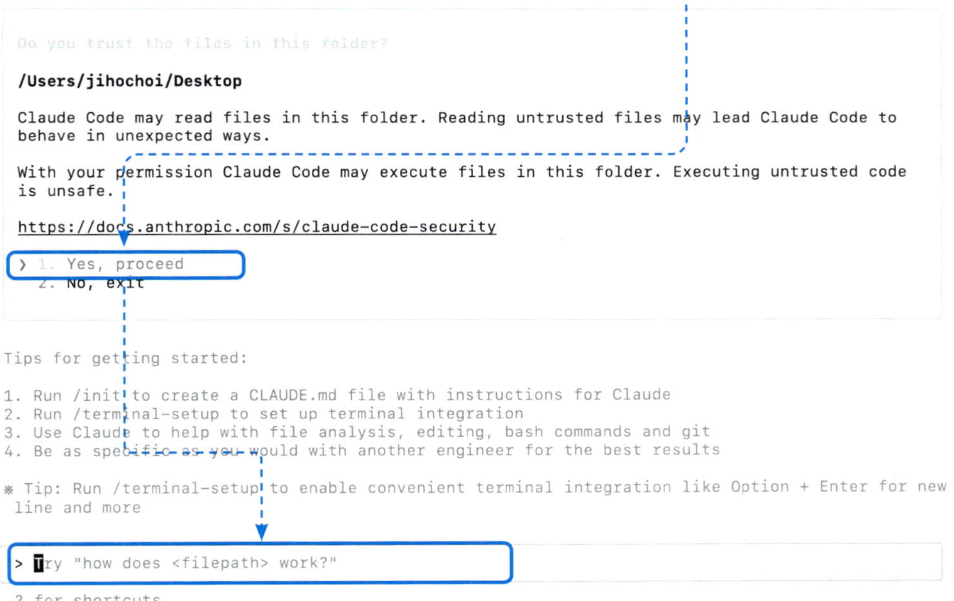

윈도우 환경설정

2025년 6월 기준, 클로드 코드는 윈도우에서 직접 실행되지 않습니다. 그래서 이 책에서는 우회하여 설치할 수 있는 방법인 WSL 사용법을 안내합니다. WSL은 윈도우에서 리눅스 배포판을 실행할 수 있는 도구입니다. 앤트로픽에서 윈도우 버전 클로드 코드를 업데이트하고 있으니, 아래 링크에서 최신 방법을 확인하는 것이 좋습니다.

- **클로드 코드 설치 공식 문서 :** docs.anthropic.com/ko/docs/claude-code/setup

01 파워셸을 관리자 권한으로 실행하고 WSL 설치 명령어를 입력하세요. 설치가 끝나면 컴퓨터를 다시 시작해주세요.

```
wsl –install
```

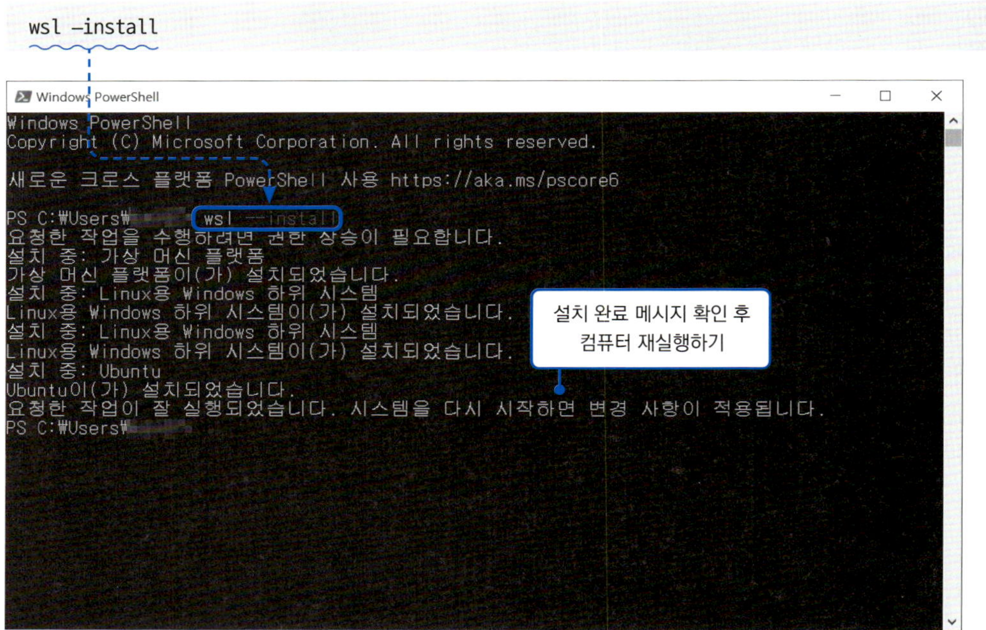

장치를 다시 시작하면 남은 설치를 자동으로 수행합니다. 리눅스 실행에 사용할 계정 이름과 비밀번호를 입력해주세요.

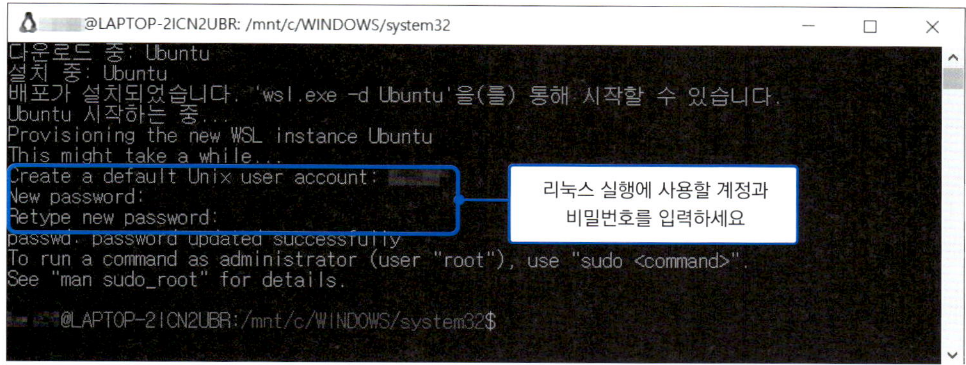

NOTE 비밀번호를 입력할 때는 원래 화면에 글자가 표시되지 않습니다. 당황하지 마세요!

02 파워셸로 돌아가 WSL을 실행하겠습니다. 만약 현재 위치가 C:\Windows\system32라면, 홈 디렉터리로 돌아가세요. 경로 문제로 오류가 발생할 수 있습니다. 가능한 오류가 발생할 확률을 줄이기 위해, 실행 전 업데이트 수행을 권장합니다.

```
# 현재 위치가 C:\Windows\system32라면 다음 명령어 실행
cd \
# WSL 실행
wsl --update
wsl -d ubuntu
```

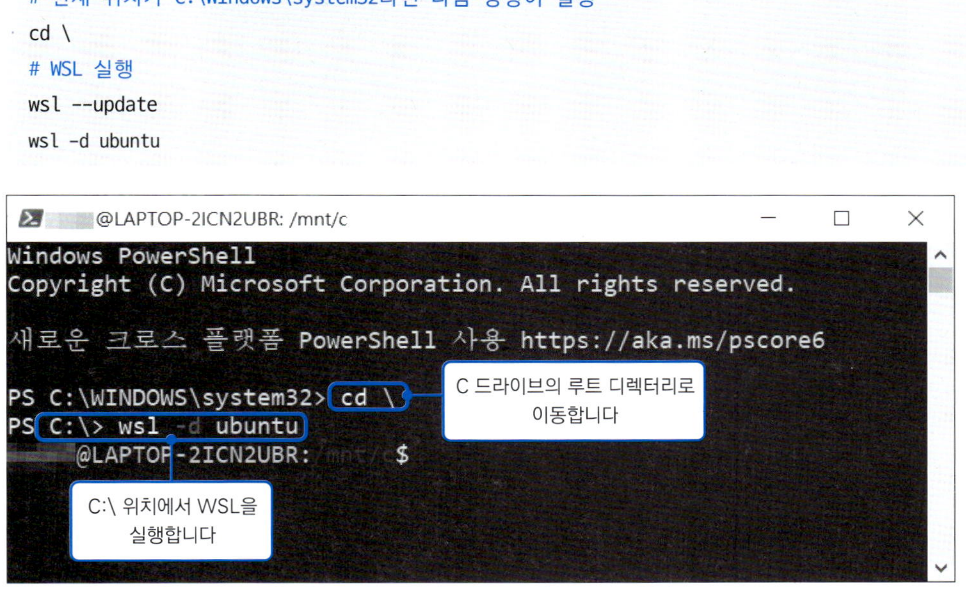

03 지금부터는 macOS 설치와 같습니다. Node.js를 다운로드하겠습니다.

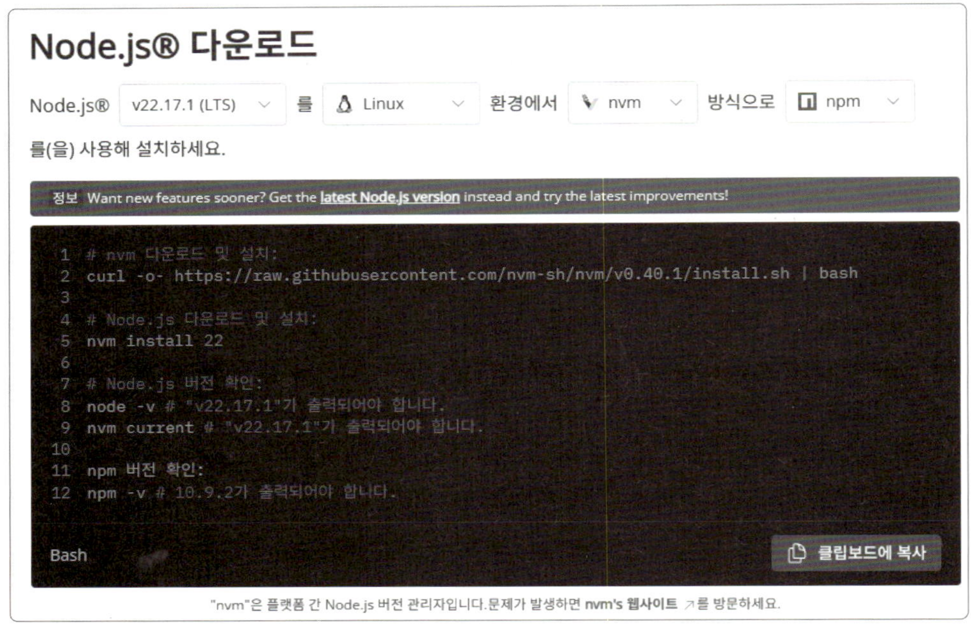

04 클로드 코드 설치 명령어를 입력합니다.

```
sudo npm install -g @anthropic-ai/claude-code
```

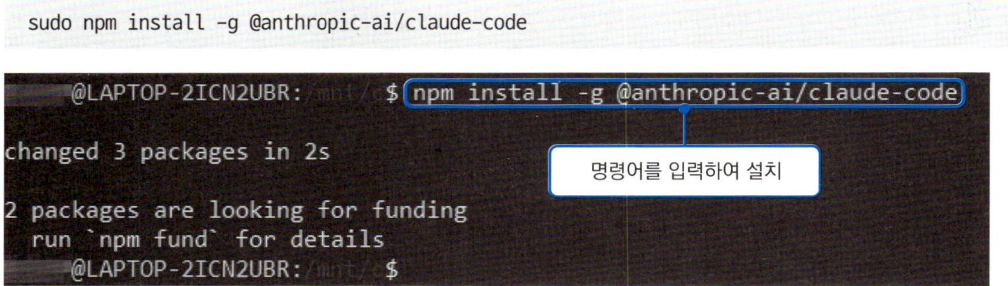

05 Claude 명령어를 입력했을 때 클로드 코드가 잘 실행되면 성공입니다.

```
Claude
```

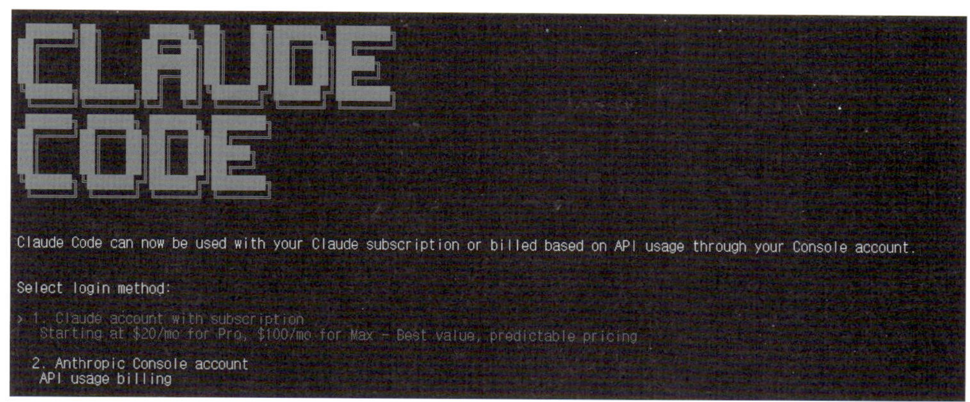

일부 글자가 표시되지 않는다면 파워셸 속성에서 글꼴을 바꿔보세요. 글꼴에 따라 지원하지 않는 특수문자가 있을 수 있습니다.

요즘 바이브 코딩

파트 02

클로드 코드 핵심 기능 활용하기

챕터 04

클로드 코드 기본 인터페이스 이해하기

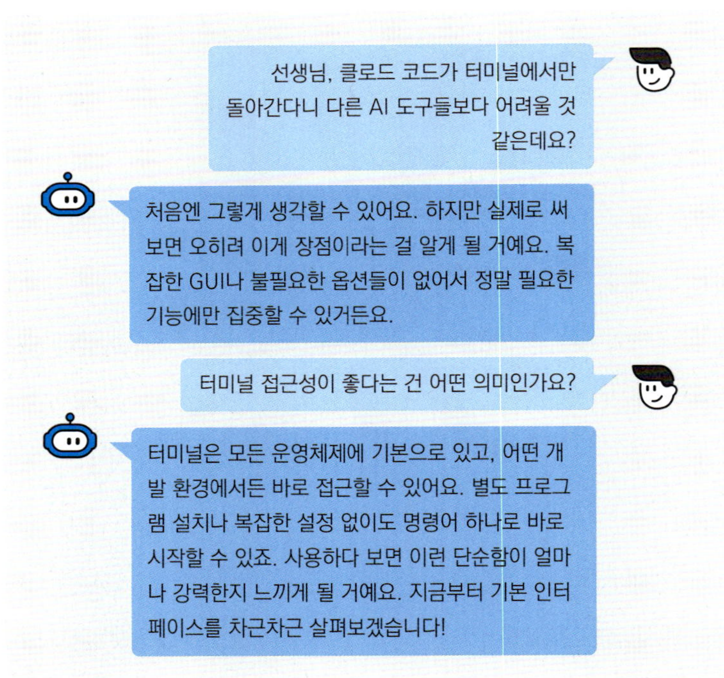

클로드 코드는 터미널에서 작동하므로 다른 에이전틱 AI 도구와 비교했을 때 어렵게 느껴질 수 있습니다. 하지만 오히려 터미널에서 작동한다는 특징 덕분에 과도한 옵션 없이 꼭 필요한 기능만 사용할 수 있고, 접근성도 매우 좋습니다. 그런 장점은 클로드 코드를 사용하다 보면 자연스럽게 알게 될 것입니다. 여기서는 클로드 코드의 기본 인터페이스를 하나씩 알아보겠습니다.

프로젝트에 클로드 코드 초기화하기

이미 생성되어 있는 프로젝트에 클로드 코드를 사용하려면 초기화 작업을 거쳐야 합니다. 클로드 코드를 적용해볼 프로젝트가 없다면 예제를 사용하세요.

- **깃허브 링크** : bit.ly/4flezts

01 깃허브 주소를 복사한 뒤, 터미널에 다음 명령어를 입력합니다.

```
git clone github.com/codefactory-co/golden-rabbit-yojeum-claude-code-crypto-ranking-board
cd golden-rabbit-yojeum-claude-code-crypto-ranking-board
```

02 이 프로젝트는 Next.js로 구현한 매우 단순한 코인 랭킹 대시보드 페이지입니다. 터미널에서 다음 명령어를 입력해 프로젝트를 실행해보겠습니다.

```
npm install -g pnpm # pnpm을 설치하지 않았다면 이 명령어를 실행하세요
pnpm install
pnpm dev
```

프로젝트가 잘 실행되면 다음 그림처럼 터미널에 출력됩니다.

```
> next dev

   ▲ Next.js 15.2.4
   - Local:        http://localhost:3000
   - Network:      http://10.184.49.23:3000

 ✓ Starting...
 ✓ Ready in 1936ms
 ○ Compiling / ...
 ✓ Compiled / in 1510ms (669 modules)
 ✓ Compiled in 102ms (311 modules)
 GET / 200 in 1852ms
```

웹 브라우저에서 이 주소로 이동하세요

주소에 접속해보면 코인 랭킹 페이지가 보입니다.

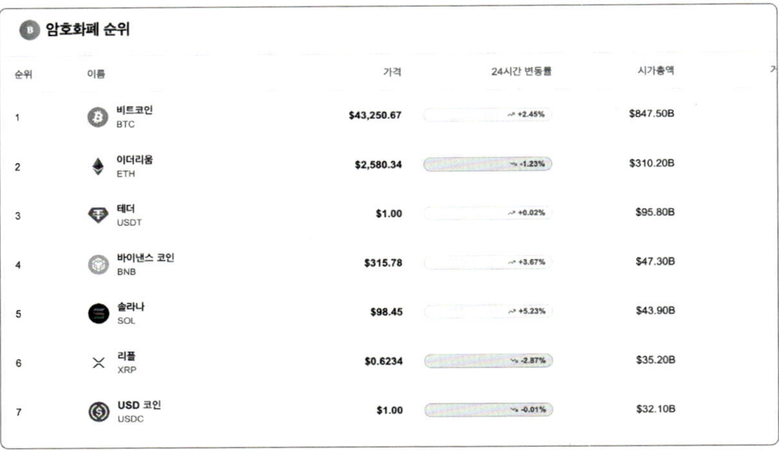

03 방금 서버를 실행한 터미널과 다른 새로운 터미널을 실행하고, 프로젝트와 같은 경로에서 claude 명령어를 실행해주세요. 클로드 코드 초기화는 항상 **프로젝트 루트**에 하는 게 좋습니다. 클로드 코드를 실행하는 위치가 워킹 디렉터리가 되고 그래야 클로드 코드가 프로젝트 범위를 벗어나는 걸 막을 수 있기 때문입니다.

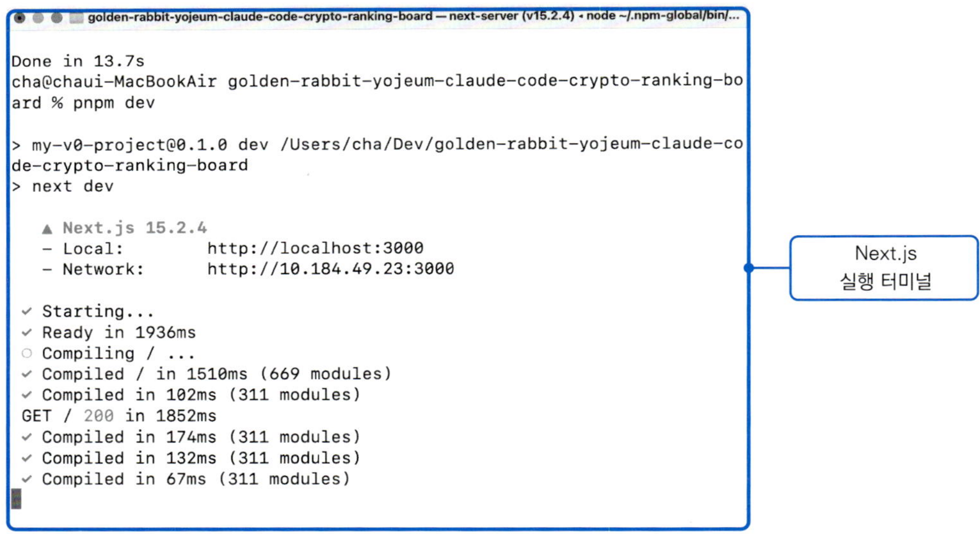

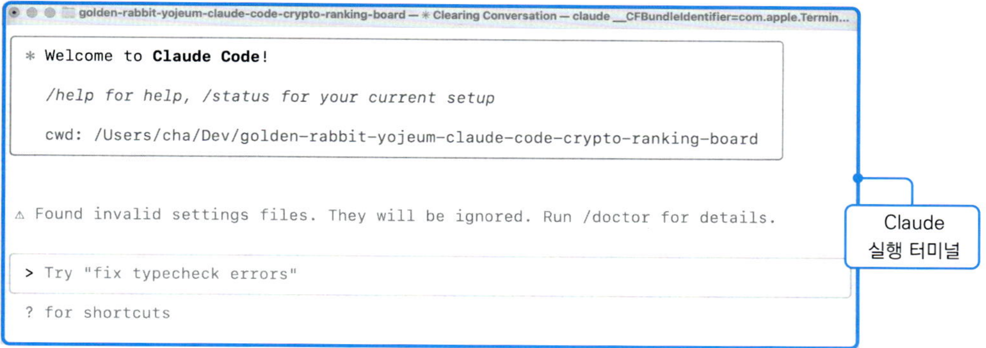

NOTE 해당 프로젝트에서 처음 클로드 코드를 실행하면 권한 요청이 실행됩니다. [Yes, proceed]를 선택하고 [Enter]를 눌러주세요.

04 웰컴 메시지와 함께 클로드 코드가 실행됩니다. 실행 후에는 클로드와 대화할 수 있는 대화창이 나타납니다. 클로드 코드가 터미널 기반 프로그램이라고 해서 긴장한 사람들이 있었다면 이제는 긴장을 풀어도 좋습니다. 클로드 코드는 챗GPT와 같은 인터페이스를 가지고 있습니다.

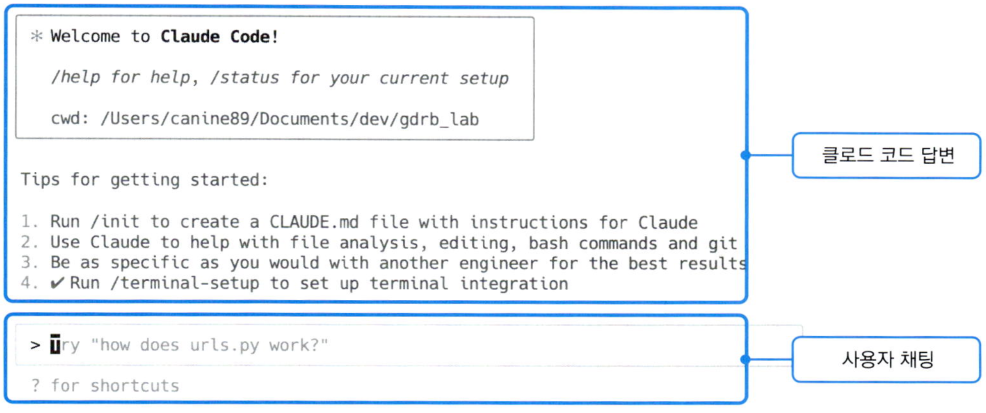

05 이 상태에서 클로드 코드에게 프로젝트 분석을 요청해봅니다. 요청을 한 다음 잠시 기다리면 클로드 코드가 현재 프로젝트 상태 분석 결과를 출력하는 걸 확인할 수 있습니다.

현재 프로젝트 상태를 파악해봐

🌍 암호화폐 순위 대시보드 프로젝트 분석

📊 프로젝트 개요

- **목적**: 실시간 암호화폐 순위 및 시세 정보 표시 대시보드
- **프레임워크**: Next.js 15.2.4 (App Router) + React 19
- **언어**: TypeScript (strict mode)
- **스타일링**: Tailwind CSS + shadcn/ui

🏗 아키텍처 구조

핵심 컴포넌트

- **메인**: crypto-ranking-board.tsx - 암호화폐 랭킹 테이블
- **진입점**: app/page.tsx - 메인 컴포넌트 렌더링

데이터 구조

```
interface CoinData {
  rank: number      // 순위
  name: string      // 코인명 (한국어)
  symbol: string    // 심볼 (BTC, ETH 등)
  price: number     // 가격 (USD)
  change24h: number // 24시간 변동률 (%)
  marketCap: number // 시가총액
  volume: number    // 거래량
  logo: string      // 로고 이미지 경로
}
```

💾 현재 데이터 상태

- **8개 주요 암호화폐** 하드코딩된 목 데이터 사용
- Bitcoin, Ethereum, Tether, BNB, Solana, XRP, USDC, Cardano
- CoinAPI 연동 예정 (현재는 정적 데이터)

🎨 UI/UX 특징

반응형 디자인

- **모바일**: 순위, 이름, 가격, 변동률만 표시
- **태블릿**: 시가총액 추가 표시 (md:table-cell)
- **데스크톱**: 거래량까지 전체 컬럼 표시 (lg:table-cell)

시각적 요소

- **다크 테마** 기본 적용
- **변동률 색상**: 상승(녹색), 하락(빨간색) + 트렌드 아이콘
- **교대로 표시되는 행** 배경색으로 가독성 향상
- **호버 효과** 및 부드러운 전환 애니메이션

🔧 기술 스택 & 의존성

주요 라이브러리

```
"next": "15.2.4"            // 프레임워크
"react": "^19"              // UI 라이브러리
"lucide-react": "^0.454.0" // 아이콘
"tailwindcss": "^3.4.17"  // 스타일링
```

shadcn/ui 컴포넌트

- **36개 UI 컴포넌트** 사전 설치 (Card, Badge, Button 등)
- **Radix UI** 기반 접근성 준수
- **완전한 컴포넌트 라이브러리** 확장 가능

06 이제 /init 명령어를 실행하겠습니다. /를 누르면 클로드 코드에서 실행할 수 있는 명령어 목록이 자동으로 나타납니다. 클로드 코드에서는 이 명령어를 **슬래시 명령어**라고 부릅니다. /init 명령어는 CLAUDE.md 파일을 생성합니다. /init 명령어를 실행한 후 기다리면 프로젝트를 분석한 후 CLAUDE.md에 작성할 내용을 추천해줍니다.

NOTE 슬래시 명령어는 **챕터 05 슬래시 명령어 제대로 알아보기**에서 자세히 다룹니다.

NOTE CLAUDE.md는 **챕터 06 CLAUDE.md 파일에 대한 모든 것**에서 자세히 다룹니다.

```
CLAUDE.md 파일 생성 계획

프로젝트 분석을 완료했으며, 다음과 같은 CLAUDE.md 파일을 생성할 예정입니다:

주요 내용:

1. 프로젝트 개요: Next.js 15.2.4 + React 19 기반 한국어 암호화폐 대시보드
2. 개발 명령어: pnpm 기반 개발/빌드/테스트 명령어 전체
3. 아키텍처 구조:
  - 핵심 구조: App Router, 메인 컴포넌트, 엔트리 포인트
  - 데이터 구조: CoinData 인터페이스, 목 데이터, 포매팅 함수
  - UI 아키텍처: shadcn/ui, Tailwind CSS, 반응형 디자인
4. 기술적 결정사항: TypeScript, pnpm, 빌드 설정, 이미지 처리, 테스트 설정
5. 컴포넌트 구성: UI 컴포넌트 40+개, 유틸리티, 훅, 에셋
6. 중요 참고사항: 테스트 프레임워크, 빌드 경고, 한국어 현지화, 목 데이터, shadcn/ui 통합
7. 일반적인 작업: 새 암호화폐 추가, 테이블 수정, UI 컴포넌트 추가, 스타일 변경, 테스트 실행
```

07 만들어질 CLAUDE.md 파일을 자세히 읽어보세요. 프로젝트 설명이 충분하다면 [Yes] 옵션을 선택한 다음 Enter 를 눌러서 CLAUDE.md 파일을 생성하면 됩니다.

```
Opened changes in IntelliJ IDEA

Do you want to make this edit to CLAUDE.md?
❯ 1. Yes
  2. Yes, add /Users/jihochoi/Documents/codefactory/book/요즘 클로드
  코드/projects/crypto-ranking-board and don't ask again this session (shift+tab)

  3. No, and tell Claude what to do differently (esc)
```

08 CLAUDE.md 파일이 생성됐습니다. 파일에는 프로젝트 오버뷰, UI 구조, 아키텍처 등 프로젝트를 이해하기 위한 필수 정보들이 작성됐습니다. 파일을 열어보면 개발자의 개입 없이도 직접 프로젝트를 분석해서 중요한 내용을 판단한 걸 확인할 수 있습니다.

```
### UI Architecture
- **Component Library**: shadcn/ui (Radix UI primitives + Tailwind CSS)
- **Styling**: Tailwind CSS with extensive custom theme configuration using CSS variables
- **Theme**: Dark mode ready with comprehensive color system
- **Icons**: Lucide React icons
- **Responsive Design**: Mobile-first approach with hidden columns on smaller screens (`hidden md:t

### Key Technical Decisions
- **TypeScript**: Strict mode enabled with `@/` path aliases configured
- **Package Manager**: pnpm (v9.1.1) specified in package.json
- **Build Configuration**: ESLint and TypeScript errors currently ignored during builds (see next.c
- **Image Handling**: Unoptimized images enabled in Next.js config
- **Testing**: Jest + Testing Library setup with jsdom environment and ts-jest transform

### Component Organization
- **UI Components**: Extensive shadcn/ui library in `components/ui/` with 40+ pre-built components
- **Utilities**: `lib/utils.ts` contains `cn()` function for className merging
- **Hooks**: Dedicated hooks directory with mobile detection and toast utilities
- **Assets**: Coin logos stored in `public/coin/` directory
```

CRYPTO
.next
app
comp
hooks
lib
node_
public
styles
.gitignore
CLAUDE.md

CLAUDE.md 파일의 일부입니다. 아키텍처가 어떻게 설계되어 있는지, 기술적 요소는 어떤 것들이 있는지, 컴포넌트는 어떻게 정리돼 있는지 등 프로젝트를 이해하기 쉽게 작성되었습니다.

09 영어라서 이해하기 힘들다면 한글로 변경해달라고 프롬프트를 실행하면 됩니다. 제가 한글로 적어달라고 한 후 받은 결과물은 다음과 같습니다.

```
### UI 아키텍처
- **컴포넌트 라이브러리**: shadcn/ui (Radix UI 프리미티브 + Tailwind CSS)
- **스타일링**: CSS 변수를 사용한 광범위한 커스텀 테마 구성의 Tailwind CSS
- **테마**: 포괄적인 색상 시스템으로 다크 모드 준비 완료
- **아이콘**: Lucide React 아이콘
- **반응형 디자인**: 작은 화면에서 열 숨김 기능이 있는 모바일 우선 접근법 (`hidden md:table-cell`,

### 주요 기술적 결정사항
- **TypeScript**: `@/` 경로 별칭이 구성된 엄격 모드 활성화
- **패키지 매니저**: package.json에 명시된 pnpm (v9.1.1)
- **빌드 구성**: 현재 빌드 중 ESLint와 TypeScript 오류 무시됨 (next.config.mjs 참조)
- **이미지 처리**: Next.js 구성에서 최적화되지 않은 이미지 활성화
- **테스팅**: jsdom 환경과 ts-jest 변환을 사용한 Jest + Testing Library 설정

### 컴포넌트 구성
- **UI 컴포넌트**: `components/ui/`에 40개 이상의 사전 구축된 컴포넌트가 있는 광범위한 shadcn/ui
- **유틸리티**: `lib/utils.ts`에 클래스명 병합을 위한 `cn()` 함수 포함
- **훅**: 모바일 감지 및 토스트 유틸리티가 있는 전용 훅 디렉터리
- **에셋**: `public/coin/` 디렉터리에 저장된 코인 로고
```

이렇게 클로드 코드 프로젝트 초기화가 끝났습니다. 클로드 코드를 프로젝트에서 사용할 때는 항상 이 과정을 수행합니다.

자주 사용하는 클로드 코드 단축키

다음은 클로드 코드에서 자주 사용하는 단축키입니다. 자주 사용할 예정이니 미리 눈에 익혀두기 바랍니다.

단축키	설명
Ctrl + C	현재 입력이나 클로드의 현재 생성 중인 아웃풋을 중단합니다.
Ctrl + D	클로드 코드 세션을 종료합니다.
Ctrl + L	클로드 코드와의 대화는 유지하며 사용자 대화창의 입력을 전부 삭제합니다.
위/아래 방향키	기존에 실행했던 메시지를 조회합니다. 위 아래로 기존 클로드에게 지시했던 메시지들을 조회 할 수 있습니다.
Esc + Esc	직전 메시지로 회귀합니다. 해당 메시지를 보내기 직전으로 클로드와의 대화를 포크하는 효과가 있습니다.
\ + Enter	메시지 창에서 줄바꿈을 합니다. 모든 터미널에서 사용할 수 있습니다.
Option + Enter	메시지 창에서 줄바꿈을 합니다. macOS 기본 세팅입니다.
Shift + Enter	/terminal-setup 명령어를 실행한 후 Shift + Enter 를 사용해서 줄바꿈합니다.
# [메시지]	CLAUDE.md에 빠르게 기억해야 할 요소를 추가하는 명령어입니다.
/ [명령어]	슬래시 명령어를 실행합니다.

3초 꿀팁 터미널에서 파일 내용을 확인하기가 어려워요!

터미널에서 파일 내용을 바로 확인하거나 수정 사항을 추적하는 건 생각보다 어려울 수 있습니다. 특히 변경된 부분이 많거나 파일이 길면 가독성도 떨어지고, 실수로 중요한 내용을 놓치기도 합니다. 이럴 땐 IDE(통합 개발 환경) 연동을 고려해보세요. 변경된 내용을 한눈에 비교할 수 있고, 문맥을 보면서 수정 사항을 적용할 수 있습니다. 클로드 코드에서 변경 사항을 적용할 때 [Yes]를 선택하듯이, IDE에서 [Apply] 버튼을 누르면 클로드 코드의 변경 제안이 반영됩니다. 다음은 커서와 연동한 화면입니다. /ide 슬래시 커맨드를 실행해서 IDE와 연동할 수 있습니다.

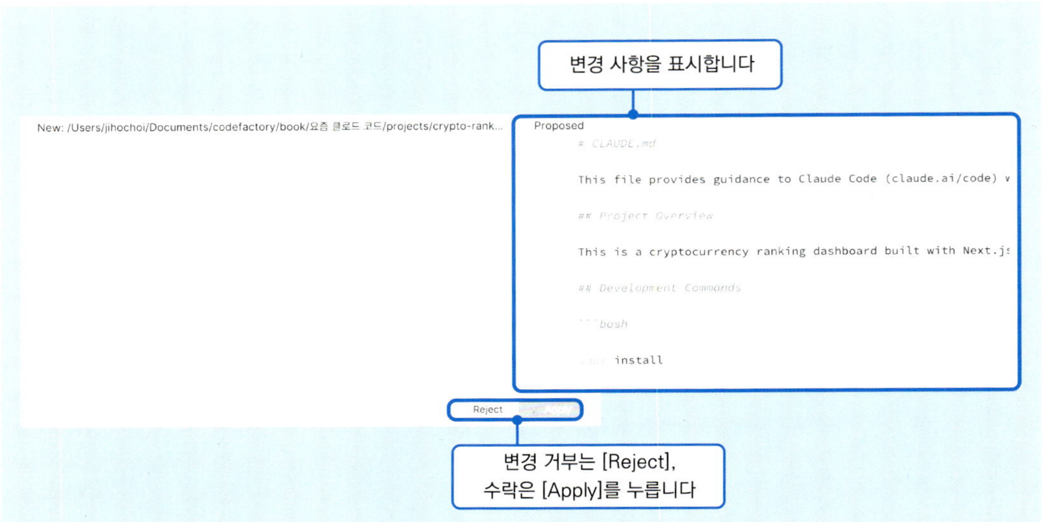
변경 사항을 표시합니다
New: /Users/jihochoi/Documents/codefactory/book/요즘 클로드 코드/projects/crypto-rank...
Proposed
CLAUDE.md
This file provides guidance to Claude Code (claude.ai/code) v
Project Overview
This is a cryptocurrency ranking dashboard built with Next.js
Development Commands
```bash
install
Reject
변경 거부는 [Reject],
수락은 [Apply]를 누릅니다
```

챕터 05

슬래시 명령어 제대로 알아보기

선생님, 클로드 코드에서 가장 중요한 명령어가 뭔가요?

/model 명령어가 핵심이에요. 특히 [Default] 옵션을 추천하는데, 처음엔 성능 좋은 Opus 모델을 쓰다가 사용량이 넘으면 자동으로 Sonnet으로 바꿔서 비용을 절약해줘요. 그리고 /compact로 대화가 길어질 때 콘텍스트를 정리할 수 있고요.

대화 중간에 갑자기 요약되면 문제가 생길 수 있나요?

맞아요! 자동 요약도 되지만 작업이 바뀔 때마다 직접 /compact를 실행하는 걸 추천해요. 그래야 중요한 작업 도중에 의도치 않게 콘텍스트가 정리되는 걸 방지할 수 있거든요. /config로 테마나 vim 모드 같은 전반적인 설정도 바꿀 수 있으니 한 번 살펴보세요!

여러 번 이야기했지만, 클로드 코드는 터미널에서 실행되므로 모든 기능을 명령어로 실행합니다. 여기서는 여러분이 자주 사용하게 될 클로드 코드 슬래시 명령어를 알아보면서 저만의 노하우를 함께 설명하겠습니다.

모델을 설정하는 가장 중요한 명령어, /model

/model 명령어는 클로드 코드 슬래시 명령어 중 가장 중요합니다. /model을 실행하고 Enter 를 누르면 선택할 수 있는 모델이 나타나는데요. 이때 사용하고 싶은 모델을 선택하면 클로드 코드로 채팅할 때마다 해당 모델을 사용합니다. **여기에서 흥미로운 점은 [Default] 옵션이 있다는 것입니다.** 이 옵션은 자동으로 클로드 모델을 바꿔주는 기능입니다. 이 기능은 Max 플랜에서 다음의 규칙으로 동작합니다.

- $100 플랜을 사용하면 처음에는 Opus 모델을 기본으로 사용하다가 사용 제한의 20% 이상을 넘어가면 자동으로 모델을 Sonnet으로 전환합니다.
- $200 플랜은 50% 기준으로 모델을 Opus 모델에서 Sonnet 모델로 전환합니다.

비용 최적화를 자동으로 하고 싶다면 [Default] 옵션은 상당히 좋은 선택입니다. Opus 모델의 성능이 좋으므로 아마 강제로 Opus 모델을 선택하는 사람들도 많을 텐데요, 모델 선택 후 설정을 잊어서 토큰을 다 소진해버리고 5시간 동안 아무 작업도 하지 못하고 손가락만 빠는 상황이 생길 수 있습니다. /model 명령어는 습관적으로 입력하면서 현재 내가 사용하고 있는 모델이 무엇인지 주기적으로 확인하기 바랍니다.

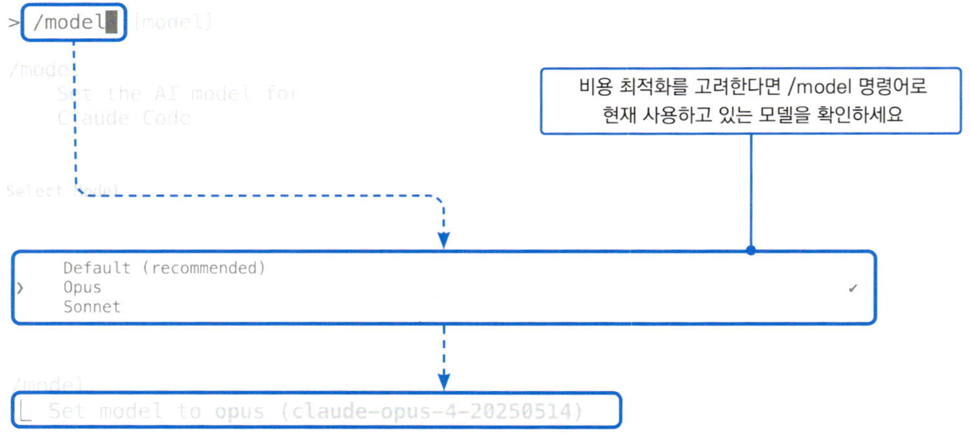

콘텍스트를 정리하는, /compact

/compact 명령어는 클로드 코드의 콘텍스트를 정리합니다. 클로드 코드는 Pro, Max 플랜 모두 200K의 콘텍스트 윈도우를 줍니다. 클로드 코드와의 대화가 길어지면 콘텍스트 윈도우의 한계치가 넘어가면서 더 이상 새로운 정보를 받아들이지 못하게 되죠. 이때 /compact 명령어를 실행하면 자동으로 지금까지의 콘텍스트 내용을 요약해서 중요한 내용만 콘텍스트로 남깁니다.

물론 클로드 코드는 200k 콘텍스트 윈도우가 꽉 찬다면 자동으로 /compact를 실행합니다. 이걸 Auto Compact라고 부릅니다. Auto Compact도 좋은 기능입니다. **하지만 저는 여러분의 판단으로 다음 요청이 지금까지 요청과 현저히 다르거나 현재까지의 중요한 내용이 잘 기억되면 좋을 것 같을 때 직접 /compact 명령어를 실행하는 걸 추천합니다.** 그래야 어떤 작업이 실행되는 도중에 의도하지 않은 /compact가 실행되는 걸 방지할 수 있거든요. 콘텍스트 윈도우가 거의 다 찬 것을 잊었다가 클로드 코드가 작업을 하는 도중에 Auto Compact가 되면 콘텍스트 요약이 잘 안 될 수 있습니다. 마치 책의 1장을 요약하지 않고 1.5장을 요약하는 것과 같은 이치입니다. 어딘가 어색한 요약이 만들어질 수 있습니다.

```
==================================== Previous Conversation Compacted ================
====================
● Compact summary (ctrl+r to expand)
  ⎿Read ../../../요즘 클로드 코드/projects/crypto-ranking-board/CLAUDE.md (94
    lines)
  ⎿Read ../../../요즘 클로드
    코드/projects/crypto-ranking-board/components.json (21 lines)
  ⎿Read ../../../요즘 클로드
    코드/projects/crypto-ranking-board/postcss.config.mjs (9 lines)
  ⎿Read ../../../요즘 클로드
    코드/projects/crypto-ranking-board/tailwind.config.ts (97 lines)
  ⎿Read ../../../요즘 클로드 코드/projects/crypto-ranking-board/tsconfig.json
    (28 lines)

> /compact
  ⎿ Compacted. ctrl+r to see full summary
```

클로드 코드 전반적인 설정 변경, /config

/config 명령어는 클로드 코드 전반적인 설정을 변경할 수 있습니다. 다음은 /config 명령어를 실행했을 때 볼 수 있는 설정 화면입니다.

```
Settings
Configure Claude Code preferences
❯ Auto-compact                              true
```

```
Use todo list                  true
Verbose output                 false
Theme                          Dark mode
Notifications                  terminal_bell
Editor mode                    normal
Model                          opus
↑/↓ to select · Enter/Tab/Space to change · Esc to close
```

각 메뉴의 설명은 다음과 같습니다.

- **Auto-compact**: 콘텍스트 윈도우가 꽉 찼을 때 자동으로 /compact를 실행할지 여부
- **Use todo list**: 클로드 코드가 긴 작업을 구현할 때 작업할 순서를 Todo 리스트로 만들고 사용자에게 보여줄지 여부
- **Verbose output**: 출력 결과를 길게 보여줄지 여부
- **Theme**: 원하는 클로드 코드 테마를 지정할 수 있는 옵션
- **Notifications**: 클로드 코드의 작업이 끝났을 때 어떤 알림을 보여줄지 선택 가능
- **Editor mode**: normal mode와 vim mode 중 선택 가능
  - vim mode를 선택하면 vim 키바인딩으로 클로드 코드를 사용할 수 있음
- **Model**: 사용할 모델을 선택하는 옵션

NOTE 어려운 단어가 있어 이해하기 어렵다면 그냥 넘어가도 좋습니다. 기본 설정으로 사용해도 충분히 클로드 코드의 모든 성능을 누릴 수 있습니다.

바이브 UP!

3초 꿀팁 이 설정을 추천합니다

어떤 설정을 선택해야 좋을지 고민하는 독자 여러분을 위해, 제가 사용하는 설정을 소개합니다.

- **Auto-compact : true** : Auto Compact가 실행되는 상황을 막고 직접 /compact를 실행할 수 있으면 가장 좋지만 항상 그러기는 어렵습니다. 혹시라도 직접 /compact를 못하는 상황이 온다면 클로드 코드 스스로라도 콘텍스트를 요약하도록 해주세요.
- **Use todo list : true** : 끌 이유가 없는 옵션입니다. Todo list를 생성하면 클로드 코드가 더욱 목표 지향적으로 작업하는 데 도움이 됩니다.

- **Verbose output : false** : false로 하더라도 상당히 많은 내용을 매번 읽게 됩니다. 먼저 false 세팅으로 클로드 코드를 사용하다가 부족하다고 생각되면 true로 변경하는 걸 추천합니다.

- **Theme : Dark mode** : 남자는 다크모드입니다. 농담인 거 아시죠?

- **Notifications : Terminal Bell** : Kitty로 두고 쓰시는 분들도 종종 있는데 결국 거슬리게 돼 있습니다. 가장 무난한 terminal_bell을 추천합니다.

- **Editor Mode : normal** : 터미널 환경이다 보니, Vim을 이미 사용할 줄 안다면 Vim 모드가 여러모로 유용합니다. 하지만 Vim을 처음 사용한다면 난이도가 상당히 높기 때문에 사용할 줄 아는 게 아니라면 normal 모드로 고정해주세요.

- **Model : Opus** : 저는 $200 플랜을 사용하고 있기 때문에 Opus를 기본 모델로 사용하고 있습니다. 만약에 더 저렴한 플랜을 사용한다면 Sonnet을 기본 모델로 설정하는 걸 추천합니다. 실수로라도 Opus를 사용해서 토큰을 5배로 사용하면 큰 낭패이기 때문입니다. 이건 기본 설정일 뿐이고 /model 커맨드를 사용해서 언제든지 변경할 수 있습니다.

자동 실행에 대한 권한 설정, /permissions

/permissions 명령어는 클로드 코드가 자동으로 실행할 수 있는 기능을 정리해두는 기능입니다. 클로드 코드는 에이전틱하게 동작하므로 스스로 파일을 만들고, 파일을 삭제하고, 이동시키는 등의 코드 작성 외의 다양한 작업을 자동으로 실행합니다. 이런 작업은 파괴적Destructive일 수도 있기 때문에 클로드 코드가 사용자에게 실행 허락을 받는데, 숙련도가 올라가고 나면 이 허락하는 과정이 생각보다 귀찮습니다.

예를 들어 필요한 파일은 스스로 만들어도 되는데 계속 물어봐가며 파일을 만든다면 에이전틱한 맛이 좀 떨어지겠죠. 그럴 때는 /permissions에 명령어를 등록해두면 됩니다. 예를 들어 파일을 만든다는 명령은 알아서 허락 없이 자동으로 실행하도록 할 수 있습니다. 옵션은 허가를 해주는 Allow, 거절하는 Deny, 뒤에서 배울 auto-accept edits 옵션을 켰을 때 자동으로 코드를 수정하게 할 폴더를 지정하는 Workspace을 선택할 수 있습니다.

예를 들어, Allow 옵션을 선택하고 추가할 명령어를 입력한 후 프로젝트 단위로 설정할지 컴퓨터 사용자 전반적으로 설정할지 (컴퓨터에 같은 사용자로 로그인하면 어떤 프로젝트든 기본 적용됨) 선택하면 권한이 생성됩니다. 프로젝트 단위 권한은 .claude/settings.local.json에 생성되며, 사용자 설정은 ~/.claude/settings.json에 생성됩니다.

현재 위치의 파일 및 폴더를 보여주는 ls 기능을 허가하고 싶다면 이렇게 설정해주면 됩니다.

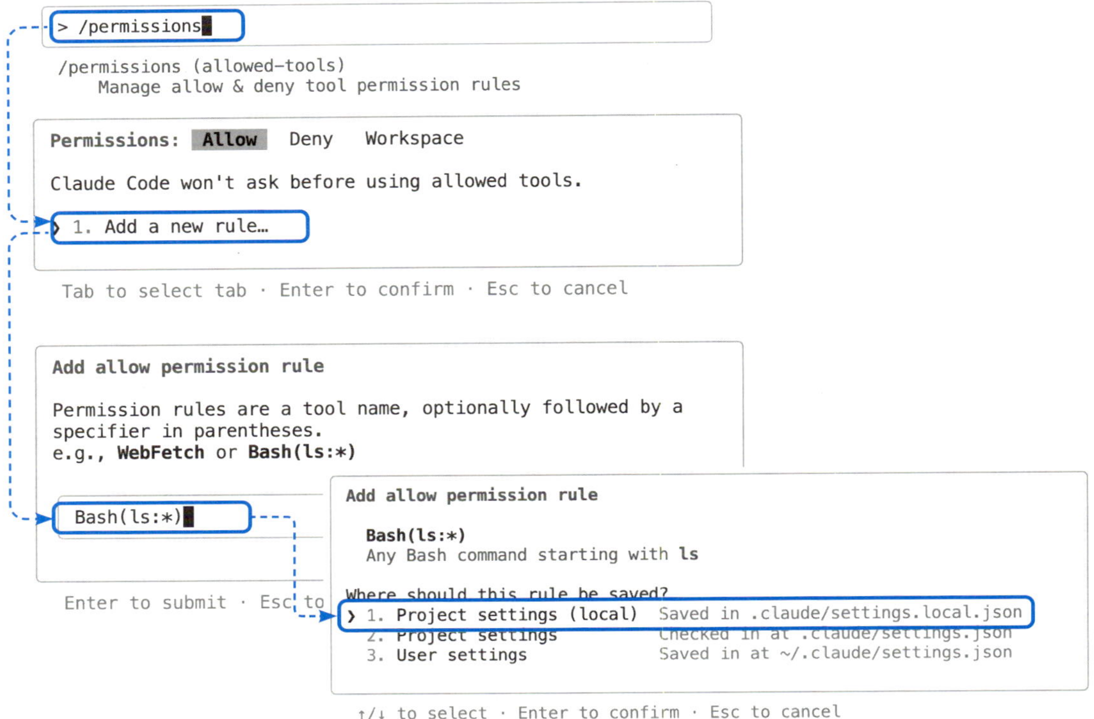

'클로드 코드가 마음대로 모든 수정을 할 수 있도록 한다면 중요한 파일을 삭제하거나 잘못 수정할 수 있지 않나?'라고 생각할 수 있습니다. 하지만 클로드 코드를 많이 사용하다 보면 '크게 상관없다'라는 결론에 도달하게 됩니다. 다양한 테스트를 활용해서 파괴적인 변화를 최대한 억제하고 자주 커밋하는 게 권한을 하나하나 허가하는 것보다 빠르기 때문입니다. 문제가 있다면 기존 커밋으로 되돌리면 되니까요.

클로드 코드의 메모리 관리, /memory

클로드 코드는 CLAUDE.md라는 settings.json 파일과 같은 역할을 하는 파일이 있습니다. 이 파일에는 프로젝트 단위 설정을 하는 ./ 위치에 있는 CLAUDE.md 파일과 사용자 단위를 설정하는 ~/.claude/CLAUDE.md 파일이 있습니다. 쉽게 말해 프로젝트 단위로 메모리를 관리하려면 ./ 위치에 있는 CLAUDE.md 파일을, 전역으로 메모리를 관리하려면 ~/.claude/CLAUDE.md 파일을 사용하면 됩니다. 다음은 /memory 명령어를 실행한 화면입니다.

```
Select memory to edit:

 ❯ 1. Project memory   Saved in ./CLAUDE.md
   2. User memory      Saved in ~/.claude/CLAUDE.md

27 memories in ./CLAUDE.md
```

수정하고 싶은 파일을 선택하여 해당 파일을 변경하면 메모리를 관리할 수 있습니다.

MCP 관리, /mcp

/mcp 명령어는 연결한 MCP를 관리하고 관련 명령어를 실행할 수 있는 기능입니다. /mcp를 실행하고 클로드 코드에 연동한 MCP 서버를 선택하면 해당 MCP가 제공해주는 명령어를 조회하거나 실행할 수 있습니다. 실제 활용은 나중에 배우겠습니다.

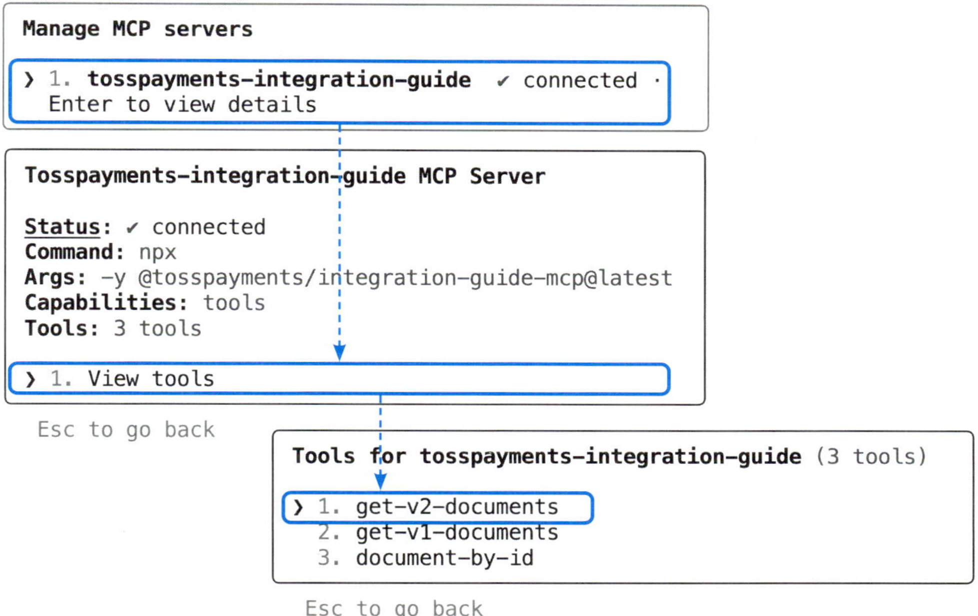

이 외에도 많은 슬래시 명령어가 있지만 자주 사용하는 슬래시 명령어는 지금까지 소개한 것이 전부입니다. 나머지 명령어는 표로 정리한 내용을 참고하세요.

슬래시 명령어	설명
/bug	앤트로픽 사에 버그를 리포트합니다.
/clear	지금까지의 클로드 코드와의 대화 히스토리를 모두 삭제합니다.
/cost	토큰 사용 통계를 불러옵니다.
/doctor	클로드 코드 설치 상태를 확인합니다.
/help	클로드 코드 사용 설명서를 불러옵니다.
/login	앤트로픽 계정에 로그인합니다. 이미 로그인했다면 다른 계정으로 로그인합니다.
/logout	앤트로픽 계정에서 로그아웃합니다.
/pr_comments	풀 리퀘스트 코멘트를 조회합니다(깃허브 CLI와 연동이 필요합니다).
/review	풀 리퀘스트를 리뷰합니다(깃허브 CLI와 연동이 필요합니다).
/status	계정 상태와 시스템 상태를 확인합니다.
/terminal-setup	Shift + Enter 로 줄바꿈을 할 수 있는 기능을 연동합니다(iterm, vscode에서만 사용할 수 있음).
/vim	클로드 코드에서 vim 사용을 설정합니다.

클로드 코드는 이렇게 다양한 기본 슬래시 명령어를 제공합니다. 바이브 코딩을 하기 위해 바로 채팅에 뛰어들고 싶은 마음은 충분히 이해하지만 토큰을 다 소비했거나 작업에 지쳤을 때 명령어를 하나씩 둘러보면 클로드 코드를 조금 더 잘 이해하는 데 도움이 될 겁니다.

챕터 06

CLAUDE.md 파일에 대한 모든 것

선생님, CLAUDE.md 파일이 뭔가요? 클로드 코드를 쓸 때 꼭 필요한 건가요?

CLAUDE.md는 클로드 코드의 핵심이에요! 이 파일은 클로드 코드에게 여러분의 프로젝트에 대한 맞춤형 지침을 주는 거예요. 마치 새로운 팀원에게 프로젝트 가이드라인을 알려주는 것과 같죠. 이걸 잘 만들어두면 클로드 코드가 여러분의 코딩 스타일과 프로젝트 구조를 정확히 파악해서 훨씬 정확한 코드를 제안해줘요.

그럼 이 파일만 잘 설정해도 코딩 효율이 크게 달라질 수 있다는 뜻인가요?

정확해요! 제대로 최적화된 CLAUDE.md가 있으면 클로드 코드가 여러분의 프로젝트 콘텍스트를 완벽히 이해하게 돼요. 그러면 매번 설명하지 않아도 원하는 스타일로 코드를 짜주고, 프로젝트 구조에 맞는 최적의 솔루션을 제안해주죠. 지금부터 생산성을 압도적으로 높여주는 CLAUDE.md 작성법과 실전 노하우를 모두 알려드릴게요!

CLAUDE.md 파일은 클로드 코드의 효율을 좌지우지할 수 있는 매우 중요한 파일입니다. 이 파일은 클로드 코드에게 일종의 메모리 또는 맞춤형 지침을 제공해서 클로드 코드가 프로젝트를 더욱 잘 이해하고 정확한 코드를 추천할 수 있게 도와줍니다. CLAUDE.md 파일을 잘 최적화하면 코딩 생산성이 압도적으로 올라가죠. 여기서 그 방법과 노하우를 모두 풀어보겠습니다.

CLAUDE.md란 무엇인가?

우선 CLAUDE.md가 대관절 무엇인지 아는 것이 좋겠죠. 표면적으로 CLAUDE.md에 관해 이야기하자면, 단순히 프로젝트 루트에 위치시키는 단순한 마크다운 파일이라 할 수 있겠습니다.

````
## 중요 참고사항

1. **테스팅 프레임워크**: Jest는 jsdom 환경과 TypeScript 지원으로 구성됨. 테스트는 `**/*.{spec,test}.{js,jsx,ts,tsx}` 패턴을 따라야 함.

2. **빌드 경고 억제**: TypeScript와 ESLint 오류 모두 빌드 중에 무시됨. 프로덕션용으로 이러한 검사 활성화 고려:
   ```javascript
   // next.config.mjs
   eslint: { ignoreDuringBuilds: false }
   typescript: { ignoreBuildErrors: false }
   ```

3. **한국어 현지화**: 앱은 적절한 메타데이터와 언어 속성으로 한국어로 완전히 현지화됨.

4. **목 데이터**: 앱은 현재 8개 암호화폐에 대한 정적 목 데이터를 표시함. 실시간 데이터 통합은 푸터에서 참조되지만 구현되지 않음.

5. **shadcn/ui 통합**: CSS 변수를 통한 적절한 TypeScript 지원과 테마 통합이 있는 포괄적인 컴포넌트 라이브러리 사용.
````

클로드 코드는 이 파일을 읽어 프로젝트의 아키텍처, 코딩 규칙, 작업 절차 등을 깊이 있게 파악합니다. 파일을 파악한 후에는 요구사항에 맞춰 더 정확하고 관련성 높은 답변을 제공하는 것이죠. 새로운 팀원에게 프로젝트를 설명하는 브리핑 문서라고 생각하면 됩니다.

아시겠지만 LLM은 콘텍스트 윈도우 크기의 제약이 있어서 매 요청이 Stateless합니다. 비유를 하자면, 클로드 코드와 하는 새 채팅은 매번 새 팀원과 협업하는 것과 같습니다. 하지만 CLAUDE.md 파일이 있으면 이 구도는 완전히 달라집니다. 이때부터는 채팅할 때마다 프로젝트의 복잡한 내용을 반복해서 설명할 필요가 없어지니까요. 완벽한 팀원이 생기는 느낌이랄까요?

CLAUDE.md은 어떻게 작성해야 하는가?

다만 CLAUDE.md 파일에 내용을 입력할 때는 최소한 다음 포맷은 지키는 것이 좋습니다. 강력한 포맷이 있는 건 아닙니다. #로 제목을 구분해서 제목별로 적당한 지시를 해두면 됩니다. 클로드 코드가 LLM이라는 걸 기억해주세요. 제목만 잘 구분한다면 이후 내용은 자연어로 명확한 지시 정도만 해두면 됩니다. 특별한 구조가 없더라도 클로드 코드는 여러분이 작성한 CLADUE.md의 문맥을 이해할 수 있습니다. 다음은 CLAUDE.md의 예입니다.

파일 이름 : CLAUDE.md

```
# CLAUDE.md
이 파일은 이 저장소의 코드 작업을 할 때 Claude Code(claude.ai/code)에 대한 지침을 제공합니다.
# 프로젝트 개요
이 프로젝트는 Next.js 15.2.4와 React 19로 구축된 암호화폐 순위 대시보드입니다. 가격, 시가 총액,
거래량 및 24시간 변동을 포함하여 상위 암호화폐에 대한 실시간 정보를 표시합니다.
```

CLAUDE.md에 어떤 정보를 입력해야할까?

CLAUDE.md 파일이 유용하다는 생각에 이 파일을 과하게 작성하는 사람이 있습니다. 하지만 클로드 코드의 콘텍스트 윈도우 크기는 현재 200K가 최대입니다. 너무 많은 내용을 CLAUDE.md에 입력하면 클로드 코드가 실질적인 문제 해결에 쓸 콘텍스트 윈도우를 손해볼 수 있습니다. 굳이 필요하지 않은 내용을 입력하면 콘텍스트 윈도우가 부족해지므로 꼭 입력해야 할 내용만 입력하는 것이 좋습니다. 앤트로픽은 이런 내용을 CLAUDE.md에 작성하면 좋다고 이야기합니다.

- 자주 사용하는 bash 명령어
- 핵심 파일 및 유틸리티 함수
- 코드 스타일 가이드라인
- 테스트 지침
- 저장소 에티켓
  - **예 :** 브랜치 이름 지정, 병합(merge), 리베이스(rebase) 등
- 개발자 환경 설정
  - **예 :** pyenv 사용, 작동하는 컴파일러 등
- 프로젝트에 특정한 예상치 못한 동작이나 경고

- 클로드 코드가 기억했으면 하는 기타 정보

이 외에도 저는 다음을 추천합니다.

- 일괄적으로 사용하고 싶은 라이브러리에 대한 정보
- 또는 아키텍처에 대한 정보

이 내용을 입력해두면 클로드 코드가 라이브러리를 찾느라 헤메지 않고, 아키텍처를 준수하여 코드를 작성해주니 효율이 크게 올라갑니다. 기술이나 아키텍처는 이렇게 작성합니다.

파일 이름 : CLAUDE.md

```
# 사용할 기술 정리
- **테이블 제작할 때** 꼭 tanstack table 사용
- **폼 제작할 때** 꼭 tanstack form 사용

# 프로젝트 아키텍처
app/
├── (public)/               # 공개 라우트
│   ├── login/
│   ├── register/
│   └── profile/
├── admin/                  # 어드민 대시보드
└── api/                    # API 라우트
    ├── admin/v1/           # 어드민 API
    └── public/v1/          # 공개 API
```

CLAUDE.md 파일 종류 3가지

CLAUDE.md 파일의 큰 목적은 프로젝트를 이해시키는 것에 있지만 세부 목적에 따라 3가지로 분류하여 사용할 수 있습니다.

프로젝트 메모리(./CLAUDE.md)

가장 일반적인 유형의 메모리 파일입니다. 프로젝트의 루트에 위치하며, 팀 전체에 적용할 규칙과 정보를 담습니다.

- **프로젝트 아키텍처 :** 프로젝트 구조와 핵심 구성 요소에 대한 상위 수준의 설명
- **코딩 표준 :** 특정 스타일 가이드, 명명 규칙, 서식 규칙
- **일반적인 워크플로 :** 애플리케이션 빌드, 테스트, 배포 지침

로컬 프로젝트 메모리(./claude.local.md)

개인적인 프로젝트 관련 설정을 위한 파일입니다. 팀과 공유하지 않으며 다음과 같은 용도로 사용될 수 있습니다. 개인 설정이 원격 저장소에 커밋되는 것을 방지하기 위해 이 파일은 보통 .gitignore에 추가합니다.

- 샌드박스 URL
- 개인 API 키 또는 테스트 데이터
- 자신에게 유용한 맞춤형 명령어

사용자 메모리(~/.claude/CLAUDE.md)

홈 디렉터리에 위치하며, 모든 프로젝트에 적용되는 전역 설정을 저장합니다. 보통 다음 설정을 하면 이상적입니다.

- 일반적인 코드 스타일 선호도
    - **예 :** 항상 2칸 들여쓰기 사용
- 개인 도구를 위한 단축키

이 3가지 파일의 용도를 정리하자면 내가 작업하는 프로젝트 전반에 걸쳐 적용하고 싶은 내 취향의 규칙은 사용자 메모리 ~/.claude/CLAUDE.md에, 특정 프로젝트에 관련된 설정이거나 팀원과 공유할 때 도움이 될 설정은 프로젝트 메모리 ./CLAUDE.md에, 특정 프로젝트 관련 설정이지만 팀원에게 공유할 필요가 없는 설정은 로컬 프로젝트 메모리 ./claude.local.md에 저장하면 됩니다.

CLAUDE.md 파일 관리 노하우

CLAUDE.md 파일은 클로드 코드에 전달하는 프롬프트의 일부가 되는 것이나 마찬가지입니다. 그러므로 CLAUDE.md 파일은 늘 다듬고 관리해야 합니다. 가장 하기 쉬운 실수는 파일을 한 번 작성한 다음에 효율성이 좋은지 좋지 않은지 검토하지 않으면서 내용을 계속해서 추가하는 것입니다. 프로젝트를 효율적으로 진행하고 싶다면 이 파일을 지속적으로 관리하기 바랍니다. 시간을 들이고, 실험을 거듭해서라도 모델로부터 최상의 지시 사항 준수를 이끌어내는 방법을 파악하는 것이 매우 중요하거든요.

클로드 코드를 쓰면서 바로 수정하기

클로드 코드 실행 상태에서 CLAUDE.md에 직접 내용을 추가할 수 있는 방법이 있습니다. # 키를 눌러 클로드 코드에 지시를 내리는 방법입니다. 이렇게 하면 여러분의 지시 내용이 CLAUDE.md 파일에 자동으로 통합됩니다. 클로드 코드로 작업을 하면서 # 키를 자주 사용하기 바랍니다. 다음은 # 키를 눌러 파일을 수정하는 모습입니다. # 키를 누르는 순간 메모리 관련 작업임을 인식합니다.

NOTE CLAUDE.md에 변경 사항이 생기면 이것을 커밋에 포함시켜 팀원들도 혜택을 볼 수 있도록 해야겠죠?

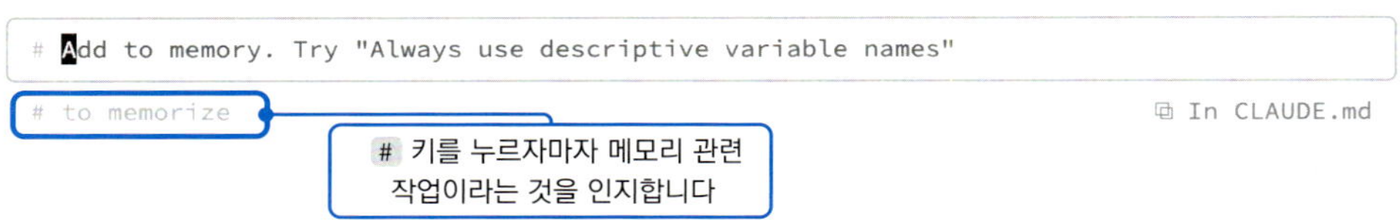

내용을 작성한 다음 Enter 를 누르면 어디에 저장할지 물어봅니다.

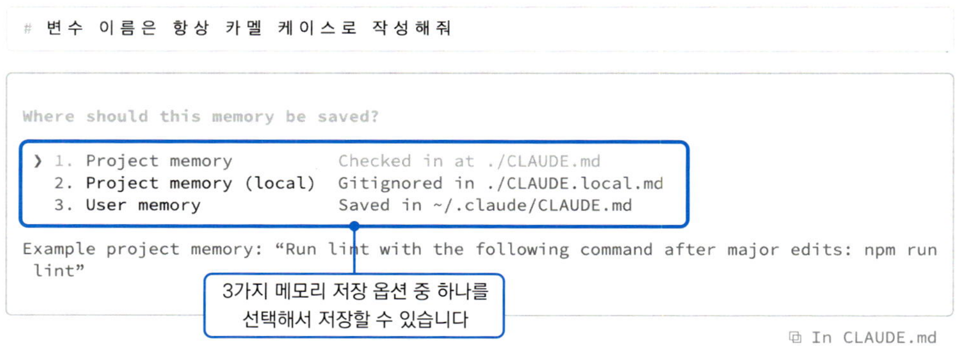

IMPORTANT나 YOU MUST 등 강조 표현을 사용하면 좋습니다. 이렇게 강조하면 클로드 코드가 지시 사항을 더 잘 지켜줍니다. 사람에게 특정 문장을 강조해서 이야기하면 더욱 기억을 잘하는 것처럼 클로드 코드도 마찬가지로 생각하면 됩니다. 실제로 클로드 코드는 /compact를 하면서 콘텍스트에 있는 내용을 압축하는 데, 이때 강조 키워드를 적은 내용은 다음 콘텍스트에도 살아남을 가능성이 높아집니다. 주니어 개발자에게 요구사항을 전달하는 것처럼 CLAUDE.md 파일을 자주 다듬어주세요.

클로드 코드에게 주기적으로 관리하라고 하기

저는 CLAUDE.md 관리 또한 주기적으로 클로드 코드에 맡기고 있습니다. 예를 들어 하나의 대화가 끝날 때마다 클로드 코드에 현재까지 대화 내용을 기반으로 CLAUDE.md 파일에 추가할 만한 내용을 추천해달라 하고, 내용을 확인한 다음 추가해달라고 하는 거죠. 그러면 클로드의 콘텍스트를 축약해서 CLAUDE.md 파일에 요약본을 추가해줍니다. 다음 예를 참고해서 여러분도 CLAUDE.md 파일을 관리해보세요.

지금까지의 대화를 기반으로 CLAUDE.md에 추가할 만한 내용을 추천해줘

저희의 대화를 바탕으로, CLAUDE.md에 추가할 것을 권장하는 내용은 다음과 같습니다:

API 연동

- 코인게코(CoinGecko) API: 무료 버전을 사용하여 실시간 암호화폐 데이터 연동
- 환경 변수: API 키를 .env.local 파일에 저장 (git에는 커밋하지 않음)
- 데이터 가져오기: Next.js 비동기 컴포넌트를 사용하여 app/page.tsx에서 서버사이드 데이터 가져오기 실행
- 오류 처리: API 호출 실패 시, 자연스럽게 모의(mock) 데이터로 대체하여 표시

…생략…

클로드 코드에게 파일을 정리하라고 하기

하지만 클로드가 CLAUDE.md 파일에 추가할 내용을 작업할 때는 현재 콘텍스트의 내용을 기준으로 작성하기 때문에 프로젝트 전반적인 관점에서는 필요하지 않은 내용이 과도하게 추가될 때가 있습니다. 그런 작업이 반복되면 CLAUDE.md 파일이 과하게 커지겠죠. 또 다시 콘텍스트를 낭비하는 상황이 생길 수도 있습니다. 가끔은 클로드 코드에 CLAUDE.md 파일을 정리해달라고 요청하세요. 저는 보통 다음과 같이 부탁합니다.

CLAUDE.md 파일이 너무 커지고 있는 것 같아. 프로젝트를 전반적으로 다시 이해하고 CLAUDE.md에 필요없는 내용은 삭제하고 과도한 내용은 축소하고 싶어. 수정된 내용을 추천해줘.

다음은 간소화된 CLAUDE.md 추천 내용입니다:

Key Features

- 8개 암호화폐의 모의 데이터 표시
- 반응형 테이블 (모바일에서 일부 컬럼 숨김)
- 가격 변동 표시 (TrendingUp/Down 아이콘)
- 숫자 포맷팅 (K, M, B, T 단위)

…생략…

클로드 코드는 CLAUDE.md 파일을 어떻게 읽을까?

클로드 코드는 현재 프로젝트 위치에서 시작해 루트 디렉터리까지 거슬러 올라가며 발견하는 모든 CLAUDE.md 또는 CLAUDE.local.md 파일을 읽습니다. 이런 재귀적 특성 때문에 CLAUDE.md는 큰 프로젝트를 관리할 때 매우 유용합니다.

/abc/123 구조의 프로젝트가 있을 때, 123 프로젝트에서 클로드 코드를 실행하면 어떻게 될까요? 123 프로젝트에서 abc 폴더의 CLAUDE.md 파일까지 모두 읽어 들입니다. 이런 특징은 /abc 폴더에 /abc/123 외에도 /abc/456 프로젝트가 존재하며, 두 프로젝트가 서로 연관성이 있을 때 유리합니다. 예를 들어 같은 서비스의 웹 프로젝트와 안드로이드 앱, iOS 앱 프로젝트를 서로 다른 프

레임워크로 따로 구현해야 할 때 유용합니다.

abc 폴더 전체 클로드 코드 설정은 /abc/CLAUDE.md 파일로, 123 프로젝트의 클로드 코드 설정은 /abc/123/CLAUDE.md 파일로 관리하면 효율적입니다. 물론 하위 프로젝트에 있는 파일도 클로드 코드가 읽을 수 있습니다. 하지만 클로드 코드가 실행될 때 읽지 않고 클로드 코드가 작업을 하며 하위 폴더에 진입할 때 읽습니다.

이는 클로드 코드가 하위 CLAUDE.md 파일로 콘텍스트를 과도하게 낭비하는 걸 방지하기 위한 기능입니다. 프로젝트 메인 CLAUDE.md에 과도하게 많은 내용을 정리할 필요 없이 하위 폴더별로 상세 스펙을 각각의 CLAUDE.md 파일로 정리할 수 있게 해줍니다. 또 클로드 코드가 실행될 때 모든 하위 폴더의 CLAUDE.md를 즉시 읽어 들이지 않고 필요할 때만 읽기 때문에 콘텍스트 낭비를 방지할 수 있습니다.

CLAUDE.md 파일은 다 커밋해야 할까?

CLAUDE.md 파일은 당연히 커밋해야 합니다. 팀원이 클로드 코드를 사용하고 있다면 CLAUDE.md 파일을 함께 관리해야 생산성을 증진시킬 수 있으니까요. 만약 불필요한 내용이 CLAUDE.md 파일에 작성되어 있다면 풀 리퀘스트를 거절하거나 개선하여 생산성을 높여야 합니다. 반면 CLAUDE.local.md 파일은 커밋하면 안 되는 파일입니다. 왜냐하면 팀원이 사용하는 개인 설정이 포함되어 있을 수 있기 때문이죠. 정리하자면 개인 설정은 커밋하지 말고, 팀 설정은 커밋하면 됩니다.

챕터 07

클로드 코드의 3가지 모드 알아보기

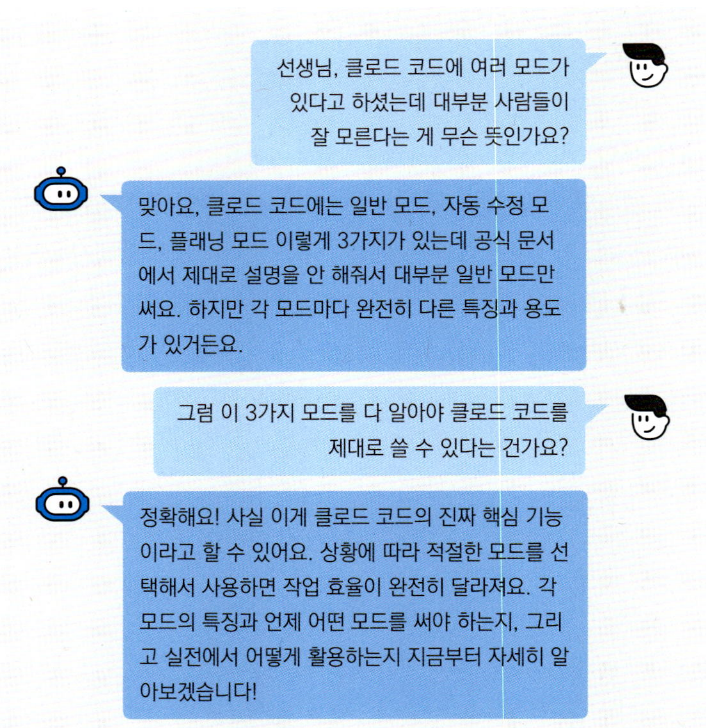

클로드 코드에는 대표적으로 일반 모드, 자동 수정 모드, 플래닝 모드가 있습니다. 클로드 코드 공식

문서에는 모드 설명이 제대로 되어 있지 않아서 많은 사람이 클로드 코드의 일반 모드만 사용합니다. 하지만 3가지 모드의 특징을 다 이해해야 클로드 코드를 제대로 사용한다고 할 수 있습니다. 어찌 보면 이 기능을 잘 다루는 것이 핵심이라고 할 수 있습니다.

하나하나 확인하고 보고 싶을 때, 일반 모드

클로드 코드는 기본적으로 개발자와 대화하는 형태로 작동합니다. 앞으로 다룰 자동 수정 모드와 플래닝 모드가 클로드 코드에게 더욱 많은 권한과 창의성을 위임하는 모드라면, 일반 모드는 클로드 수정 사항을 개발자가 가장 빠르게 받아볼 수 있는 모드입니다. 일반 모드로 전환하는 방법은 특별히 없습니다. 처음 클로드 코드를 실행하면 일반 모드 상태니까요. 일반 모드는 보통 다음에서 유용합니다.

1. 새 라이브러리나 프레임워크를 도입하면서 기본 사용법을 익힐 때
2. 특정 로직을 구현하기 위한 다양한 알고리즘 아이디어를 얻고 싶을 때
3. 발생한 오류 메시지의 의미를 정확히 이해하고 싶을 때
4. 코드 리뷰 전 자신의 코드에 대한 제3자의 의견을 구하고 싶을 때
5. 아직 클로드 코드를 신뢰하지 못하여 하나씩 내가 컨트롤하고 싶을 때

일반 모드는 다음과 같이 클로드 코드가 수정 사항을 보여줍니다. 그런 다음 3가지 옵션으로 사용자의 결정을 기다립니다.

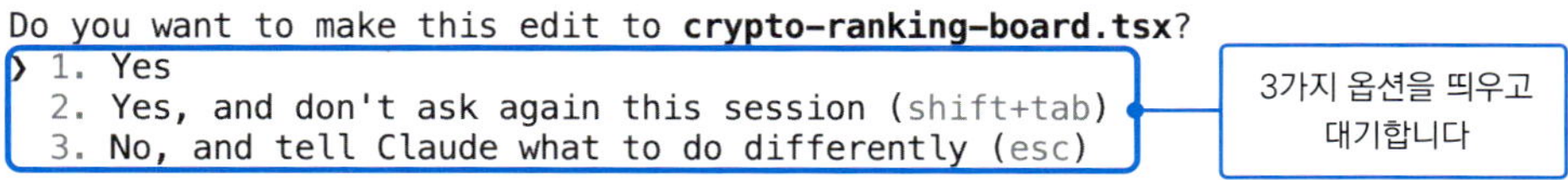

또 클로드 코드 플러그인을 설치하면 IDE에서 제공하는 Diff 기능도 연동되므로 일일이 수정 내용을 보면서 개발해나갈 때 유용합니다.

```
Opened changes in Visual Studio Code ⧉
Save file to continue…

Do you want to make this edit to crypto-ranking-board.tsx?
❯ 1. Yes
  2. Yes, and don't ask again this session (shift+tab)
  3. No, and tell Claude what to do differently (esc)
```

이처럼 일반 모드는 클로드 코드의 수정을 일일이 확인해가며 배우고 제어하고 싶을 때 매우 좋습니다. **하지만 매번 클로드 코드를 이렇게 사용하는 건 클로드 코드의 성능을 1%만 활용하는 겁니다.**

반복 작업에 유용한, 자동 수정 모드

자동 수정 모드는 말 그대로 클로드 코드가 알아서 판단하고 알아서 코드를 수정하는 모드입니다. 이 모드로 클로드 코드에게 요구사항을 주면, **사용자에게 허락받지 않고 직접 코드를 수정합니다.** 일반 모드에서 자동 수정 모드로 전환하려면 Shift + Tab 을 누르면 됩니다. 대화창 아래쪽에 'auto-accept edits on'이라는 메시지가 나오면 전환된 것입니다.

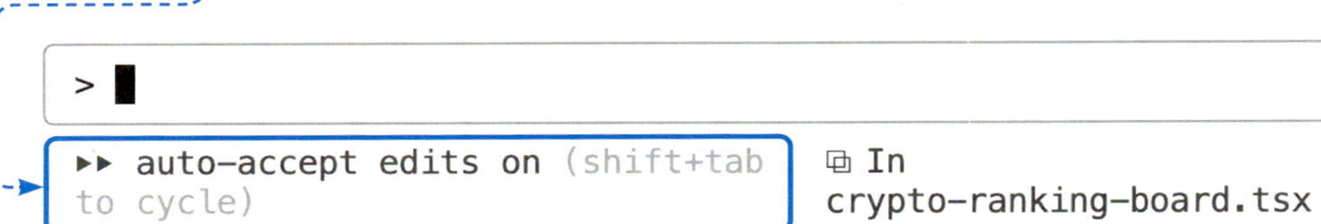

저는 자동 수정 모드를 두 번째로 많이 사용합니다. 클로드 코드와 오랜 시간을 함께 보내고 어느 정도 클로드 코드의 성능에 확신이 들기 시작하면 충분한 계획을 세웠을 때 매우 빠르게 코딩할 수 있기 때문입니다.

다만 자동 수정 모드는 일반 모드보다 조심히 사용해야 합니다. 개발자와 클로드 코드의 의도가 일치하지 않을 수도 있거든요. 그리고 **항상 이야기하지만, 콘텍스트 윈도우 제한을 넘기면 클로드 코드는 흐름을 잃습니다.** 그래서 저는 다음의 경우에만 사용하는 걸 추천합니다.

1. 프로젝트 전반에 걸쳐 사용한 변수명, 함수명, 클래스명을 일괄 변경할 때

2. 기존 코드를 최신 패턴이나 스타일 가이드에 맞도록 리팩터링할 때

3. JSDoc 등 문서 작업을 할 때

4. 단순한 작업을 반복해서 해야 할 때

5. 테스트 코드를 작성해야 할 때

요약하자면 작업 자체가 긴 콘텍스트가 필요 없거나, 단순 반복 작업, 명확한 PRD와 요구사항이 이미 잘 정리되어 있을 때 이 기능이 유용합니다. **특히 테스트 코드는 아무리 방대하더라도 프로젝트를 망치거나 하지 않으므로 자동 수정 모드와 궁합이 좋습니다.** 저는 보통 자기 전에 테스트 코드를 실행하거나 점심을 먹으러 가기 전에 실행하는 방식으로 사용합니다.

```
> 현재 프로젝트에 테스트코드를 추가해줘

● 프로젝트에 테스트 코드를 추가하겠습니다.

● Update Todos
  └ □ 프로젝트의 현재 상태 확인 및 테스트 프레임워크 결정
    □ 테스트 프레임워크 및 필요한 패키지 설치
    □ crypto-ranking-board 컴포넌트 테스트 작성
    □ Jest 설정 파일 생성
    □ 유틸리티 함수 테스트 작성
```

가장 강력한 기능, 플래닝 모드

플래닝 모드는 코드를 작성하기 전에 설계도를 그리듯 소프트웨어의 구조와 개발 계획을 수립하는 단계에서 클로드 코드를 활용하는 모드입니다. 개발자가 '새로운 사용자 인증 기능을 만들려고 하는데, 어떤 기술 스택을 사용하고 파일 구조는 어떻게 가져가야 할까?'와 같이 개방적이고 전략적인 질문을 던지면 클로드 코드는 체계적인 계획을 제시합니다. **제가 감히 이야기하건대 이 기능이 클로드 코드의 가장 핵심적인 기능입니다. 여러분이 가장 많이, 가장 오래 사용해야 하는 기능입니다.**

이 모드도 Shift + Tab 을 눌러 전환하면 됩니다. 채팅창 아래에 'plan mode on'이라는 메시지가 나타나면 플래닝 모드로 전환된 것입니다.

무언가 막연히 구현해야 할 기능이 있을 때는 일단 플래닝 모드로 진입하세요. 그런 다음에는 막연하게

질문을 던지세요. 예를 들어 인증 시스템을 구현하고 싶다면 '인증 시스템을 구현하고 싶은데 어떻게 하면 좋을까? 몇 가지 방법을 추천해줘'라고 질문하면 됩니다. 다음 화면이 그렇게 질문해서 받은 답입니다.

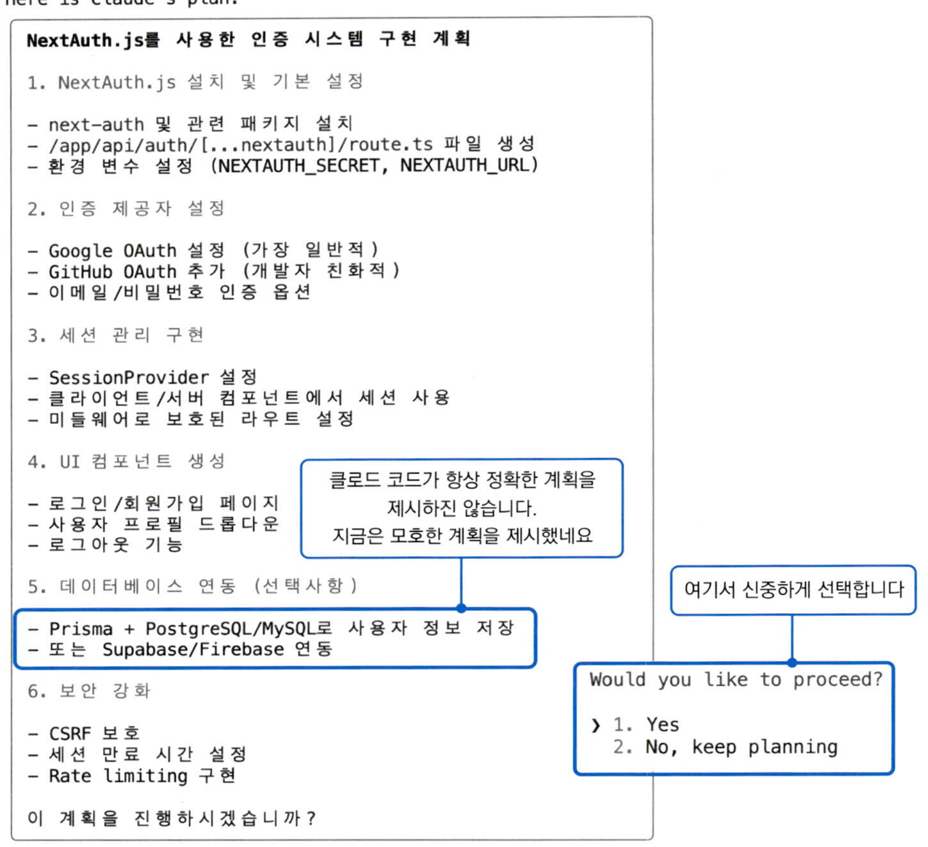

플래닝 모드는 무조건 [Yes]를 누르지 마세요

결과 화면을 보면 플래닝이 끝난 후 플랜을 기준으로 작업을 실행할지 질문합니다. 이때 [Yes]를 누르면 바로 작업을 진행합니다. 하지만 [No, keep planning]을 선택하면 콘텍스트를 이어가며 플랜을 세울 수 있습니다. **그리고 저는 첫 번째 플랜에 [Yes]를 바로 선택하지 않는 것을 추천합니다.** 바로 문제를 해결하고 싶은 마음에 [Yes]를 누르고 싶겠지만 클로드 코드를 제대로 사용하려면 [No, keep planning]을 더 자주 누르기를 바랍니다. 플래닝 모드는 말 그대로 '계획 모드'이므로 계획이 완벽

해질 때까지 다듬어줘야 하기 때문입니다. 앞으로 돌아가 답변을 다시 보면 클로드 코드를 사용하며 자주 마주하게 될 경계해야 할 상황이 잘 담겨 있습니다.

현재 클로드 코드는 인증 플랜으로 다음을 제시하고 있습니다.

- Postgresql/MySQL 사용
- 데이터베이스 Supabase/Firebase 연동

이렇게 하면 데이터베이스 기술이 겹칩니다. [Yes]를 누르면 클로드 코드는 기술을 무작위로 선택하겠죠? 기술 선택을 확률에 맡길 수는 없습니다. 정확히 이런 순간이 사람이 기획에 개입해야 하는 순간입니다. 따라서 플래닝 모드에서는 반드시 계획을 보고 [Yes]를 눌러야 합니다.

다른 문제도 있습니다. 이메일 인증뿐만 아니라 [Google OAuth], [GitHub OAuth]과 같은 소셜 인증까지 과한 계획을 했습니다. 결국 나중에 구현하게 될 기능이지만 너무 큰 규모의 작업을 한 번에 하게 되므로 콘텍스트 윈도우의 문제가 생깁니다. **계획이 너무 큰 경우 제어할 수 있는 범위 내에서 작업을 나눠 진행하는 것이 좋습니다.** 깃허브에서도 이슈를 생성할 때 이메일 인증, Google OAuth 인증, GitHub OAuth 인증을 따로 생성하지, 하나로 생성하는 경우가 없는 것처럼요. 실제 클로드 코드가 나와 함께 협업하는 코딩 파트너라고 생각하고 작업 규모를 제시하세요. 그래야 효율적으로 협업할 수 있습니다.

플랜을 더욱 상세하게 하고자 추가 요구사항을 입력했습니다. 같은 플래닝 모드에서 [No]를 선택하면 현재까지의 플랜이 모두 콘텍스트에 포함되므로 완전히 새 플랜을 짜지 않고 기존 플랜을 강화합니다.

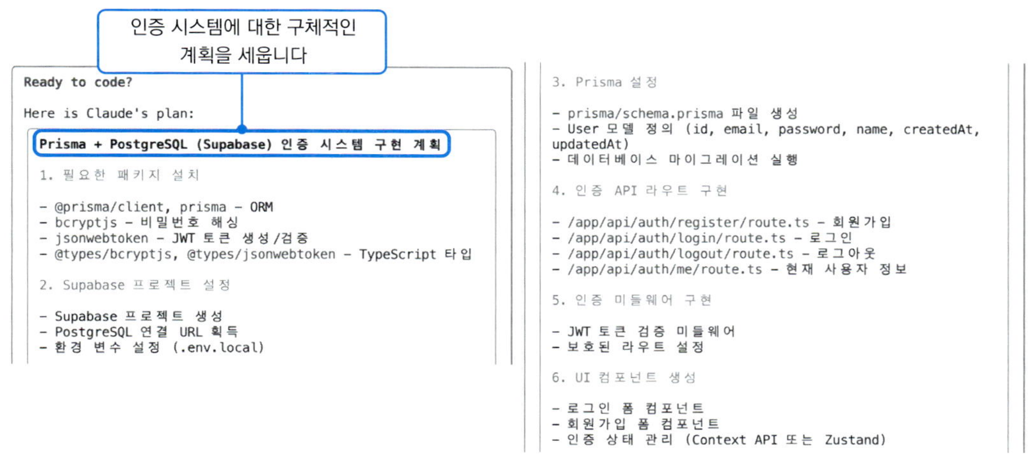

요구사항을 상세하게 제시하면 클로드 코드도 더욱 상세한 플랜을 제시합니다. 기존에는 어떤 기술을 사용해서 어떻게 구현할지도 예측하기 어려운 매우 막연한 플랜이었습니다. 이제는 어떤 패키지를 설치할지, 어떤 모델을 정의할지, 어떤 라우트를 구현할지 등 점점 구체적인 답변을 해주고 있습니다.

플랜이 전반적으로 맘에 들지만 마지막에 'Context API 또는 Zustand'를 사용한다는 막연한 답변이 돌아왔습니다. 이때도 [No]를 선택해야 합니다. 우리의 모든 선택은 콘텍스트에 포함되니까요. 귀찮다고 선택을 잘못하면 이후 클로드 코드와 대화하면서 고통받을 수 있습니다. 조금이라도 정확하지 않거나 잘못된 부분이 있다면 꼭 [No]를 선택하기를 바랍니다. 저는 Zustand를 사용해서 인증 상태를 관리해달라고 했습니다.

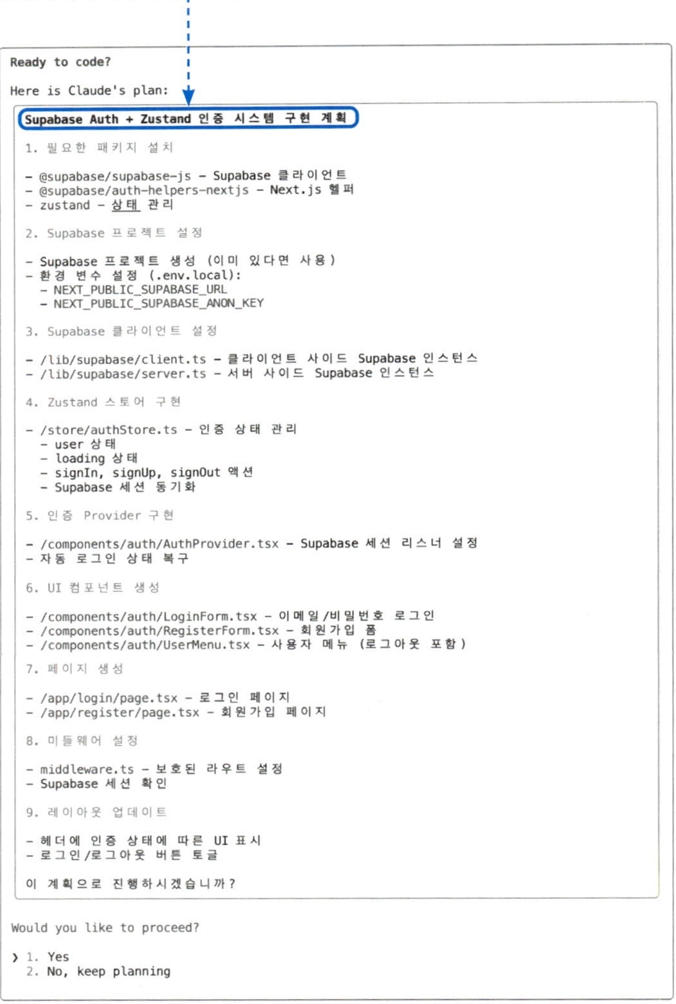

이제서야 마음에 드는 플랜이 완성되었습니다. [Yes]를 눌러도 되겠네요. 저는 어떤 파일에 어떤 작업을 할지 정확히 이해되는 수준에 이르러야 [Yes]를 누릅니다. 원한다면 어떤 코드를 작성할지 대략적인 예를 보여달라고 해보세요. 클로드 코드와 바이브 코딩을 이런 방식으로 하다 보면 어느 수준에서 [Yes]를 선택해야 할지 알 수 있게 될 겁니다. 완전하지 않은 상태에서 [Yes]를 눌렀다면 단순히 결과에 만족하지 못하는 것에 그치지 않습니다. 대화 콘텍스트가 오염될 수 있습니다. 저희가 원하는 결과가 아닌데 클로드 코드에겐 원하는 방향이라고 대답을 해버렸고 클로드 코드는 이를 기억합니다. **[Yes]는 매우 무거운 버튼이라는 걸 항상 기억해주세요.**

클로드 코드의 플래닝 모드를 중심으로 3가지 모드를 알아보았습니다. 기억하세요! 플래닝 모드에서 반복하여 계획을 짜면 짤수록 더욱 상세한 계획이 나온다는 것을요! 클로드 코드를 진심으로 코딩 파트너로 생각하고 활용해주세요. 사람과 일할 때 대충 일하지 않듯이 클로드 코드도 똑같이 대해야 합니다. 내가 하고 싶은 것이 무엇인지, 클로드 코드가 세운 계획이 정확하게 이해될 때까지 계획을 세우세요. 이것만 지켜도 클로드 코드를 사용하는 생산성은 크게 오를 것입니다.

챕터 08

모델 선택, 사용량 관리 딱 알려드립니다!

선생님, 클로드 코드에서 Opus 모델이 성능이 더 좋다면 무조건 Opus를 쓰는 게 맞지 않나요?

그렇게 생각하기 쉽지만 꼭 그런 건 아니에요. 물론 Opus가 성능은 더 좋지만, 모든 작업에 최고 모델이 필요한 건 아니거든요. 간단한 코드 수정이나 문서 작업에는 Sonnet으로도 충분할 때가 많아요.

그럼 어떤 기준으로 모델을 선택해야 하나요?

작업의 복잡도와 정확도 요구사항을 봐야 해요. 복잡한 알고리즘이나 아키텍처 설계는 Opus가 좋고, 단순 반복 작업이나 기본적인 코드 수정은 Sonnet으로도 충분해요. 중요한 건 사용량을 예측하고 최적화하는 방법을 아는 거죠. 돈을 아끼면서도 최대 효율을 내는 전략을 지금부터 알려드릴게요!

클로드 코드를 사용하려면 어떤 클로드 모델을 사용할지 정해야 합니다. 클로드는 Opus 모델, Sonnet 모델을 사용할 수 있죠? 성능은 Opus 모델이 더 좋다고 알려져 있고요. 그렇지만 저는 'Opus 모델이 더 좋으니까 돈만 많으면 Opus 모델을 쓰는 것이 무조건 좋다!'라는 이야기를 하려는 건 아닙니다. 여기서는 작업에 적합한 모델을 선택하는 기준과 사용량을 최적화하고 예측할 수 있는 방법을 대해 알아보고 클로드 코드를 사용할 때 돈을 아끼면서도 최대한 이득을 보려면 어떻게 해야 하는지에 대해 이야기하겠습니다.

Opus와 Sonnet의 공통점과 차이점

2025년 6월 기준으로 클로드 LLM 모델의 최신 버전은 버전 4입니다. 즉, 사용자는 Sonnet 4와 Opus 4를 실무에 사용할 수 있습니다.

두 모델의 공통점 알아보기

두 모델은 설계 목적이 다르지만, 4가지 공통점이 있습니다. 우선 공통점부터 알아보죠.

하이브리드 추론 모드(Hybrid Reasoning Modes)

두 모델 모두 두 가지 작동 모드를 제공합니다. 빠른 응답이 필요할 때는 즉각적인 응답Near-instant responses 모드로 작동하고, 더 깊고 복잡한 추론이 필요할 때는 확장된 사고Extended Thinking 모드를 사용하여 단계별 사고 과정을 요약 형태로 사용자에게 보여줍니다.

병렬 도구 사용(Parallel Tool Use)

웹 검색을 하거나 외부 API 호출 등 여러 도구를 동시에 사용할 수 있는 기능이 탑재되었습니다. AI 에이전트가 여러 작업을 병렬로 처리하여 효율성과 문제 해결 능력이 극적으로 향상하는 중요한 기능입니다.

향상된 지시 따르기 및 메모리(Enhanced Instruction Following and Memory)

복잡하고 다단계로 이루어진 지시를 이전보다 훨씬 더 정확하게 따르며, 특히 개발자가 파일 접근 권한을 부여하면 시간이 지남에 따라 핵심 정보를 저장하고 암묵적인 지식을 구축하는 등 뛰어난 메모리 능력을 보여줍니다.

200K 토큰 콘텍스트 창

두 모델 모두 200,000 토큰의 방대한 입력 콘텍스트 창을 유지합니다. 이는 약 15만 단어에 해당하는 분량입니다. 긴 보고서, 복잡한 코드 베이스, 장시간의 대화 내용을 한 번에 처리할 수 있게 해줍니다.

그래서 결론은 두 모델의 성능 차이는 다소 있을 수 있지만 이전 세대에 비교해서 아키텍처 개선은 공통적으로 이루어졌다고 할 수 있습니다. 그럼 차이점은 뭘까요?

두 모델의 차이점 알아보기

클로드에서는 기존의 좋은 모델 → 더 좋은 모델 → 최고의 모델과 같은 단순 발전 형태로 모델을 출시하지 않았습니다. 이보다는 듀얼 플래그십Dual-Flagship 전략을 택했습니다. 이는 앤트로픽이 AI 시장을 세분화하여 접근하고 있음을 보여줍니다.

Claude Opus 4 : 프런티어 전문가 모델

Opus 4 모델은 앤트로픽의 기술력 정점에 있는 가장 지능이 높은 프런티어 모델로 포지셔닝했습니다. 이 모델은 고급 추론, R&D, 그리고 수 시간 동안 지속되는 정교하고 복잡한 에이전트 워크플로와 같은 현존하는 가장 어려운 과제를 해결하기 위해 설계되었습니다. Opus 4는 생성형 AI로 할 수 있는 모든 것을 보여주는 상징적인 모델이라고 생각합니다. 그래서 비용보다 성능이 더 중요한 연구 및 개발 환경에 최적화되어 있습니다.

Claude Sonnet 4 : 고성능 엔터프라이즈 실무자

반면 Sonnet 4는 지능, 속도, 비용의 균형을 최적으로 맞춘 모델입니다. Sonnet 3.7의 대대적인 업그레이드 버전이죠. 이 모델은 코딩, 고객 대면 AI 에이전트, 대용량 처리 작업 등 실용적이고 확장 가능한 비즈니스 애플리케이션에 탁월한 성능을 발휘하도록 설계되었습니다. 깃허브, Replit, Sourcegraph와 같은 주요 기업들이 Sonnet 4를 채택하였습니다. 이미 이런 채택 자체가 모델에 대해 긍정적인 평가를 내렸다는 거겠죠? 이 모델은 더 이상 중간 성능의 모델로 생각하지 않는다는 겁니다. Opus 모델과 용도에 차이가 있을 뿐 그 자체로 완전한 프로덕션급 주력 모델이라는 뜻이죠. 앞에서 듀얼 플래그십 전략이라고 이야기했던 이유가 바로 이겁니다.

두 모델 표로 비교하기

다음은 두 모델의 구체적인 성능을 표로 정리한 것입니다.

	Opus 4	Sonnet 4
에이전틱 코딩	72.5% / 79.4%	72.7% / 80.2%
에이전틱 터미널 코딩	43.2% / 50.0%	35.5% / 41.3%
대학원 수준의 추론	79.6% / 83.3%	75.4% / 83.8%
능동적인 도구 사용	Retail 81.4% Airline 59.6%	Retail 80.5% Airline 60.0%
다국어 질문과 응답	88.8%	86.5%
시각적 추론	76.5%	74.4%
고등학생 수학 경시대회	75.5% / 90.0%	70.5% / 85.0%

Opus가 성능 자체는 훨씬 좋으므로 Opus를 모든 상황에 사용하면 대부분은 좋은 결과를 기대해 볼 수 있습니다. 하지만 그렇다고 진짜로 모든 상황에 항상 Opus 모델이 적합하진 않습니다. 예를 들어 테스트 코드를 작성하거나 리팩터링할 때는 모델의 성능보다는 얼마나 빠르게 대규모 작업을 처리하는지가 중요합니다. 이럴 때는 Sonnet 모델이 좋겠죠. SWE Bench Mark에서 볼 수 있는 것처럼 실용 코딩에서는 오히려 Sonnet 모델이 약간 앞서는 결과를 보여주기도 합니다. Opus 모델은 라쿠텐에서 독립적으로 7시간 넘게 리팩터링을 성공적으로 진행한 사례가 있을 만큼 해결하기 어려운 문제를 오랜 기간 독립적으로 해결하는 데 특화되어 있습니다. 결론은 Opus 모델과 Sonnet 모델을 앤트로픽이 단순 성능 차이로 구분하지 않은 것처럼 우리도 두 모델을 선택할 때 단순히 토큰을 아끼기 위해 Sonnet을 선택하는 게 아니라 작업에 적합한 모델을 선택해야 한다고 할 수 있습니다.

그래서... 진짜 모델을 선택하는 방법은?

이제 '그래서 대체 어떨 때 무슨 모델을 선택해야 하는 건가요?'에 대한 답을 드리겠습니다. 여기서는 제가 클로드 코드를 한 세션당 5시간씩 꾸준히 한계치까지 사용하면서 경험했던 내용을 바탕으로 말이죠. 미리 이야기하자면 이 내용은 사실상 Max 플랜 사용자들을 위한 내용입니다. 만약 여러분이 Pro 플랜을 사용하고 있다면 2025년 7월 30일 기준으로 어차피 Opus 모델을 사용할 수 없으니까요. 모델을 선택하는 방법은 필요한 작업 형태, 작업 시간 기준, 동시 실행해야 하는 에이전트 기준으로 정리해볼 수 있습니다.

기준 1. 계획은 Opus, 빠른 코드 작성은 Sonnet

Opus 모델이 전형적으로 Sonnet 모델보다 잘하는 작업은 **추상적인 생각과 어려운 문제를 해결하는 겁니다.** 그래서 계획에는 Opus 모델이 압도적으로 유리합니다. 특히 한 번에 해결해야 하는 문제의 크기가 크고 요구사항이 복잡하면 복잡할수록 Opus 모델이 Sonnet보다 월등히 뛰어납니다. 반면 계획이 명확하고 상세하면 Opus와 Sonnet의 성능에는 큰 차이가 없습니다.

그래서 저는 Opus로 계획을 섬세하게 세운 다음, 계획을 이행할 때 Sonnet을 사용합니다. 계획을 수립한 후에는 두 모델의 성능 차이가 의미 있게 나지 않거든요. 게다가 Sonnet은 Opus보다 속도가 빠르니 같은 계획을 실행하라고 했을 때 비슷한 결과를 내면서도 더 빠르게 완료하기도 합니다. 그러므로 계획할 때는 Opus 모델을, 계획으로 작업을 실행할 때는 Sonnet 모델을 사용했을 때 비용과 속도를 모두 최적화할 수 있습니다.

잘 해결되지 않는 버그 및 에러를 해결하도록 요청할 때 Opus 모델을 사용하기도 합니다. 에러 메시지가 명확한 버그를 Sonnet 모델에게 그대로 복사해서 붙여넣기를 하면 대체로 잘 해결해주지만 여러 번 같은 에러가 반복되며 도저히 해결이 잘 안되는 버그들도 간혹 있습니다. 이럴 때는 Opus 모델로 전환한 후 같은 에러 메시지를 붙여넣기 해주고 지금까지 어떤 시도를 했는지 알려주면 더욱 빠르게 문제의 핵심을 찾고 해결해줍니다. 하지만, 문제의 핵심을 Opus 모델이 찾았고 이미 실행 계획을 세웠다면 Sonnet 모델에게 실제 코드 작성을 위임해도 같은 효율로 작업할 수 있습니다.

기준 2. 작업 시간

Pro, Max 플랜은 모두 한 세션에 5시간을 줍니다. 흥미로운 건 한 세션에 시간을 측정하는 시작점이 첫 번째 요청을 보낸 순간부터 시작된다는 점입니다. 이 특징을 전략적으로 사용할 수 있습니다. 다양한 부분을 고려할 수 있는데, **저는 회사에서 얼마나 오래 코딩을 해야 하는지를 생각해보는 걸 추천합니다.**

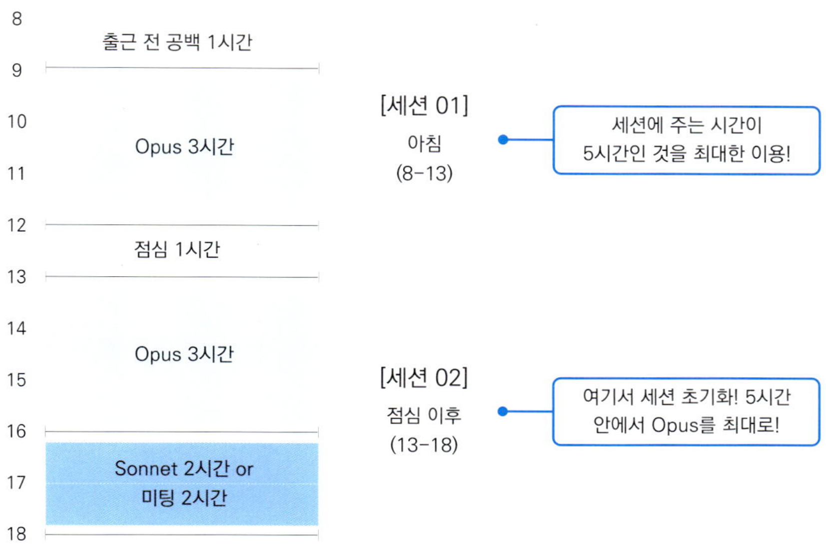

보통 9시부터 18시까지 근무한다고 가정했을 때 12시가 점심시간이라면 출근하기 전 8시에 아무 요청을 클로드에 보내두면 8시부터 13시까지의 세션을 시작할 수 있습니다. 이렇게 8시에 아무 요청을 시작해두면 9시에 출근했을 때 점심시간인 12시까지 3시간을 쓰고, 점심을 먹고 온 뒤인 13시부터 새 세션을 시작할 수 있으니 토큰 부르주아가 될 수 있습니다. 이렇게 전략적으로 사용하면 머리가 가장 잘 도는 아침 시간대에 Opus를 상대적으로 부담 없이 사용하고, 점심 먹고 돌아온 13시에 새 세션으로 18시까지 Sonnet과 Opus를 번갈아가면서 사용할 수 있습니다. 만약 16~18시에 미팅이 자주 있으면 13~16시까지 Opus를 압축해서 사용하는 전략도 사용해볼 수 있겠네요.

만약 아침 시간에는 미팅이나 코딩 외의 업무가 주류라면 10시쯤에 첫 요청을 보내두는 전략을 사용할 수 있습니다. 그러면 첫 세션이 15시까지 유지되므로 점심 먹고 돌아오는 13시부터 15시까지 2시간 동안 자유롭게 Opus를 사용할 수 있습니다. 15시에 세션이 끝나고 나면 18시까지 새로운 세션으로 또 3시간 동안 Opus를 사용할 수 있습니다.

이처럼 세션 시작 시각을 자유롭게 조절할 수 있고 자신의 작업 패턴을 잘 알고 있다면 세션의 실질적 사용 시간을 압축해서 Opus 모델을 집중적으로 사용하는 것도 좋은 전략입니다.

기준 3. 동시 실행하는 에이전트 기준

추후 배울 내용이지만 클로드 코드는 꼭 하나의 인스턴스만 실행할 필요가 없습니다. 여러 프로젝트를 동시에 실행할 수도 있고 한 프로젝트에 여러 에이전트를 실행해서 여러 주니어 개발자를 거느리고 있는 것처럼 여러 기능을 동시에 사용해서 개발할 수도 있습니다. 하지만 여러 에이전트를 실행하면 당연히 토큰은 배로 빠르게 소진합니다.

$100 플랜 사용 시

$100 플랜은 일반적인 작업 환경에서 하나의 에이전트로 Opus를 지속적으로 사용했을 때 2시간 정도 사용할 수 있습니다. 물론 프로젝트의 규모, 복잡도, 요구사항 그리고 요청 사이에 얼마나 긴 고민하는 기간이 있냐에 따라 다를 수 있지만 제가 측정한 상황이면 대부분의 상황을 벗어나지는 않을 것이므로 2시간 정도 쓴다고 봐도 무방합니다. 그래서 $100 플랜을 사용하고 있을 때 여러 에이전트를 실행해야 한다면 가장 중요한 순간에 전략적으로 Opus를 사용하기를 바랍니다.

> **NOTE** 하나의 에이전트를 실행한다면 계획할 때만 Opus를 사용하고 실행할 때는 Sonnet을 사용한다고 했을 때 사실상 토큰을 세션 안에 모두 소비하기 어렵습니다.

$200 플랜 사용 시

$200 플랜을 사용하고 있다면 에이전트를 3개 동시에 실행했을 때 Opus를 약 2~3시간 사용할 수 있습니다. 즉, 매번 Enter 만 누르는 방식으로 바이브 코딩을 하지 않는다면 $200 플랜은 하나의 에이전트로 한 세션 토큰을 모두 소비하는 건 불가능합니다. 그러니 토큰에 대한 고민 없이 단순히 어떤 모델을 사용할지 고민하는 것이 낫습니다. 하지만 3개 이상의 에이전트를 실행한다면 전략적인 고민을 해야 합니다. 하지만 정말 보통의 작업을 여러 에이전트로 동시에 실행하는 게 아니면 3개 이상의 에이전트를 동시에 다루는 게 쉬운 일이 아니고, PRD나 DDL 작성 등 한 문맥에 진행해야 하는 작업을 다른 AI에게 위임한다면 토큰을 아낄 수 있습니다. 이 전략도 이후 이야기하겠습니다. 아무튼 그런 이유로 $200 플랜을 사용하고 있다면 토큰에 대한 고민은 크게 할 필요가 없습니다.

남은 토큰량 예측하는 방법

클로드 코드는 남은 토큰량을 알려주지 않습니다. 아쉽게도 토큰이 얼마나 남았는지 매번 알아내기는 어렵습니다. 하지만 /model 커맨드를 실행하고 Default 모드를 사용하면 처음부터 Opus 모델을 사용했을 때 Sonnet 모델로 전환하는 순간으로 남은 사용량을 예측해볼 수 있습니다. Default

모드는 Opus 모델만 사용했을 때 $100 플랜은 20% 사용량을 넘기면 Sonnet 모델로 전환한다는 알림을 줍니다. $200는 50% 사용량을 넘길 때 Sonnet 모델로 전환한다는 알림을 줍니다.

```
 ›   Default (recommended)
     Opus
     Sonnet
```

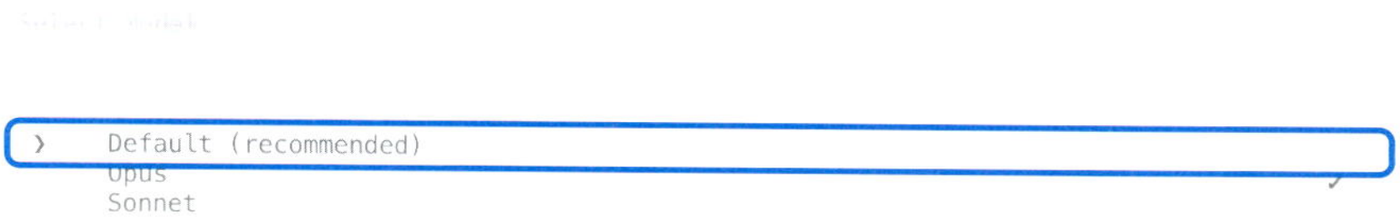

이 계산을 $200 플랜에 적용해보겠습니다. $200 플랜은 Opus 모델만 사용했을 때 토큰을 50%를 사용하면 Sonnet 모델로 전환한다는 알림을 주므로, 이후 Sonnet 모델을 쓰지 않고 Opus 모델만 쓰면 지금까지 사용한 양을 한 번 더 사용할 수 있거나, Sonnet으로 전환하면 지금까지 사용한 토큰의 양의 5배를 사용할 수 있다고 예측할 수 있습니다. 사실 정확히 표현하면 '사용할 수 있는 토큰의 양은 같고, 5배 더 많은 대화를 할 수 있다'고 표현해야 하지만 편의상 토큰량으로 표현하겠습니다. 애초에 Default 모드는 Opus 모델에서 Sonnet 모델로 전환합니다. 그래서 Opus 모델을 계속 사용하고 싶다면 /model 커맨드로 Opus 모델을 강제로 선택해주세요.

같은 계산으로, $100 플랜은 리밋까지 계속 Opus 모델을 사용했다면 지금까지 사용한 분량의 4배만큼 더 사용할 수 있다는 뜻입니다. 만약에 Sonnet 모델로 전환해서 사용한다면 20배만큼 더 사용할 수 있습니다.

파트 03

클로드 코드 고급 기능 활용하기

챕터 09

클로드 코드의 생각 과정 제어하기

선생님, 클로드 코드 같은 AI가 더 똑똑하게 답변하도록 만드는 방법이 있나요? 가끔 답변이 너무 단순하게 느껴져서요.

좋은 지적이에요! AI의 성능은 단순히 좋은 데이터만으로 결정되는 게 아니라, 얼마나 깊이 있게 사고하도록 유도하느냐에 달려 있어요. 이걸 CoT, 즉 Chain of Thought 프롬프팅이라고 하는데, 단계별로 추론하게 만드는 기법이죠.

CoT 프롬프팅이 뭔가요? 어떻게 사용하는 건가요?

쉽게 말해 AI에게 "결론부터 말하지 말고 과정을 차근차근 설명해봐"라고 요청하는 거예요. 예를 들어 "단계별로 생각해서", "먼저 분석하고 그다음 결론을 내려줘" 같은 식으로 말이죠. 이렇게 하면 AI가 스스로 논리를 검증하면서 훨씬 정확하고 일관성 있는 답변을 해줘요.

인공지능, 특히 대규모 언어 모델LLM의 성능은 단순히 좋은 데이터를 학습하는 것을 넘어, 주어진 과제를 얼마나 깊이 있고 체계적으로 사고할 수 있느냐에 따라 크게 달라집니다. 복잡한 연구, 분석, 문제 해결 등의 작업을 수행할 때, 모델이 단계별로 추론하고 스스로 논리를 검증하도록 유도하면 결과물의 정확성과 일관성이 비약적으로 향상됩니다. 이번 챕터에서는 클로드의 잠재력을 최대한 끌어내는 **CoT** 프롬프팅 기법과 그 심화 버전인 **확장된 사고**에 대해 전문적으로 다루겠습니다.

CoT의 이해

CoTChain of Thought는 사고의 사슬, 논리적 사고 과정이라는 뜻의 프롬프팅 기법입니다. AI가 최종 답변을 내놓기 전에, 사고 과정을 명시적으로 기술하도록 유도합니다. 인간이 복잡한 문제를 풀 때 단계를 나누어 생각하는 과정과 유사합니다. CoT 기법을 적용해야 하는 이유는 명확하며, 결과물의 질적 향상과 직결됩니다.

- **정확성**Accuracy **:** 수학, 논리 추론, 복합 분석 등 여러 단계를 거쳐야 하는 작업에서 발생할 수 있는 오류를 획기적으로 줄입니다. 각 단계를 검증하며 진행하므로 최종 결론의 신뢰도가 높아집니다.
- **일관성**Coherence **:** 최종 결과물이 더욱 긴밀하고 체계적인 구성을 갖추도록 돕습니다.
- **디버깅 용이성**Debugging **:** 어떤 논리적 흐름으로 특정 결과에 도달했는지 투명하게 보여줍니다. 만약 결과가 기대와 다르다면, 어느 추론 단계에서 문제가 발생했는지 파악하고 프롬프트를 수정하기 용이합니다.

단, 모든 작업에 CoT가 필요한 것은 아닙니다. 응답 속도가 매우 중요하거나 작업 자체가 단순할 경우에는 오히려 비효율적일 수 있으므로, 성능과 지연 시간 사이의 균형을 고려하여 신중하게 사용해야 합니다.

CoT 유도하기

01 CoT를 유도하는 방법은 매우 단순합니다. 프롬프트에 '생각해라'라는 문구만 들어가 있다면 대체로 사고를 잘 해냅니다. 클로드에게 CoT를 사용하여 REST API 설계 방법을 물어보겠습니다.

단순히 REST API를 어떻게 설계 할 수 있는지 단계별로 생각하고 답변해줘.

1단계: 요구사항 분석 및 리소스 식별

먼저 어떤 데이터나 기능을 제공할지 파악합니다.

예시: 블로그 시스템

- 사용자 (Users)
- 게시글 (Posts)
- 댓글 (Comments)
- 카테고리 (Categories)

2단계: URL 구조 설계

리소스 중심으로 명사를 사용해 URL을 구성합니다.

```
/users                # 사용자 목록
/users/123            # 특정 사용자
/posts                # 게시글 목록
/posts/456            # 특정 게시글
/posts/456/comments # 특정 게시글의 댓글들
```

…생략…

단계를 나누고 각 단계의 목적을 명시한 뒤 답변을 생성하는 모습입니다. 지금도 클로드가 단계적으로 사고하는 과정을 확인할 수 있지만, 아쉬움이 남습니다. 사고 과정이 자세하지 않고 어디까지가 사고 과정인지도 모호합니다.

02 이번에는 사고와 답변을 분리해보겠습니다. XML 태그를 사용해서 구분하라고 지시하면 더욱 확실한 생각 과정을 끌어낼 수 있습니다.

REST API를 구축하려면 어떻게 해야 해? 생각 과정을 <thinking> 태그에 입력해주고 생각한 과정을 분석하고 그를 기반으로 <answer> 태그에 답변을 입력해줘.

REST API 구축에 대한 질문입니다. 다음과 같은 순서로 설명하면 좋을 것 같습니다:

1. REST API의 개념과 원칙
2. 기술 스택 선택
3. API 설계 과정
4. 구현 단계
5. 테스트와 문서화
6. 보안과 성능 고려사항
7. 실제 예제 코드

각 단계별로 구체적이고 실용적인 정보를 제공해야 합니다.

<answer>

REST API를 구축하는 방법을 단계별로 설명드리겠습니다.

1. REST API 기본 개념 이해

REST(Representational State Transfer)는 HTTP 프로토콜을 기반으로 하는 아키텍처 스타일입니다.

주요 원칙은:

- **자원(Resource)**: URI로 식별
- **행위(Verb)**: HTTP 메서드 (GET, POST, PUT, DELETE)
- **표현(Representation)**: JSON, XML 등

2. 기술 스택 선택

백엔드 프레임워크 옵션:

- **Node.js**: Express.js, Fastify, NestJS
- **Python**: Django REST Framework, FastAPI, Flask
- **Java**: Spring Boot
- **Ruby**: Ruby on Rails
- **Go**: Gin, Echo

…생략…

</answer>

클로드 코드의 플래닝 모드에서 XML 형태로 답변을 요구하면 실제 XML 태그는 생략해서 답변하는 경우가 있습니다. 하지만 생각은 제시된 플랜 위에 회색으로 표시되므로 사고와 답변을 쉽게 구분할 수 있습니다.

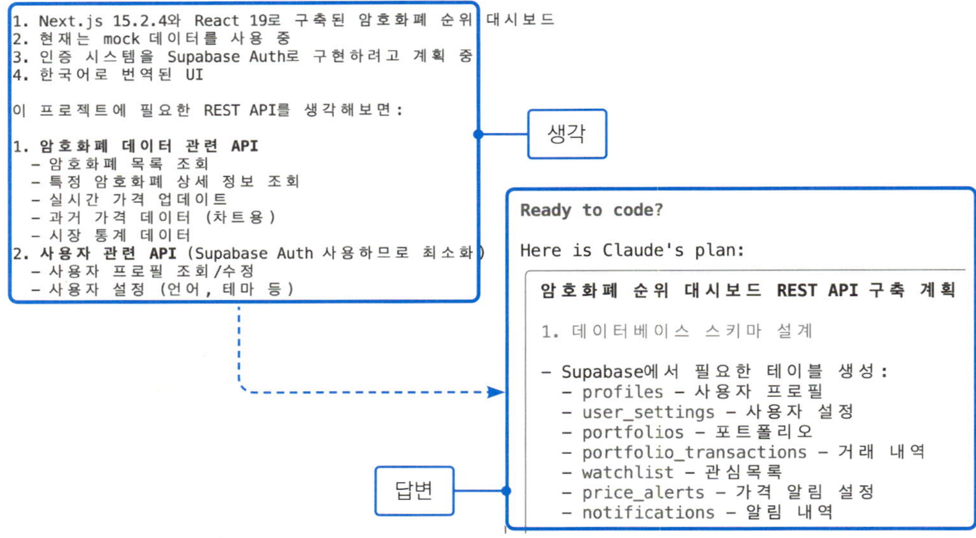

확장된 사고

확장된 사고Extended Thinking는 사고의 사슬에서 한 단계 발전한 기능입니다. 모델이 확장된 사고를 사용하면 응답을 생성하는데 더 많은 노력을 들입니다. 이 노력을 사고 예산Thinking Budget이라고 합니다. 수만 토큰에 달하는 사고 예산을 할당받아 극도로 복잡한 문제에 대해 더 깊고 길게 추론할 수 있도록 설계되었습니다.

클로드가 확장된 사고를 하게 하려면 **고민해라**라고 말하면 됩니다. 예를 들어 프로젝트를 충분히 분석하고 고민한 다음 테스트 코드를 작성하도록 지시하려면 '이 프로젝트에 테스트 코드를 작성하려고 하는데 프로젝트를 분석하고 **고민한 다음** 테스트 코드를 작성해줘'라고 하면 됩니다.

'고민해라Think'보다 '깊게 고민해라Think Hard' 가 더 오랜 사고를 유도하고, '더 깊게 고민해라Think Harder'는 더욱 더 오랜 사고를 유도하게 됩니다. 테스트 코드를 작성하는 상황을 다시 예로 들어보겠습니다. 확장된 사고를 사용해서 결과를 받았을 때, '다루지 않은 에지 케이스에 대해 **더욱 깊게** 고민해줘'라고 프롬프팅한다면 클로드는 더욱 깊은 고민을 한 뒤 다양한 에지 케이스를 다루게 됩니다.

한국어로 프롬프팅할 때 더욱 확실히 'Think', 'Think hard' 등의 유도를 하고 싶다면 프롬프트의 앞에 원하는 생각 수준을 먼저 작성해주면 됩니다. 예를 들어 'Think: 이 프로젝트에 필요한 보안 작업을 고민해줘', 'Think hard: 이 함수 테스트의 엣지 케이스들을 추가해줘' 이런 식으로 프롬프팅할 수 있습니다.

사고 명령어	설명
Think	기본 확장된 사고 유도
Think hard	강화된 확장된 사고 유도
Think harder	더욱 강화된 확장된 사고 유도
Ultra think	가장 강력한 확장된 사고 유도

강력한 확장된 사고를 사용할수록 사고 예산이 커집니다. 더 복잡한 문제를 해결할 수 있지만 모델이 사용하는 토큰의 수와 응답 시간이 늘어납니다. 문제의 복잡성과 비용을 고려하여 적절한 사고 강도를 선택하는 것이 좋습니다. 처음에는 약한 강도의 사고를 유도하고, 필요하다면 추가로 깊은 사고를 요청하는 것도 좋은 방법입니다.

챕터 10

커스텀 슬래시 커맨드 사용하기

선생님, 커스텀 슬래시 커맨드의 기본 구조가 어떻게 되는지 알려주세요. 너무 복잡해 보여서요.

사실 구조는 간단해요! /〈prefix〉:〈command-name〉 [arguments] 형태인데, prefix는 스코프(project나 user), command-name은 마크다운 파일명, arguments는 추가 매개변수예요. 예를 들어 /project:create-pr issue-79 이런 식으로 쓰는 거죠.

프로젝트용과 사용자용 커맨드의 차이점이 뭔가요?

프로젝트용은 .claude/commands/에 저장하고 /project: 접두사를 써요. 팀과 공유하는 CI 실행, 테스트 같은 프로젝트 특화 커맨드죠. 사용자용은 ~/.claude/commands/에 저장하고 /user: 접두사로, 개인적으로 여러 프로젝트에서 쓰는 범용 커맨드예요.

커맨드가 많아지면 관리가 어려울 것 같은데요?

그래서 네임스페이싱 기능이 있어요! 하위 폴더를 만들면 자동으로 네임스페이스가 되죠. 예를 들어 github/create-pr.md로 만들면 /user:github:create-pr로 실행할 수 있어요. 깃허브 관련 커맨드들을 깔끔하게 묶어서 관리할 수 있답니다!

클로드 코드는 터미널에서 커맨드 기반으로 작동하는 만큼, 커맨드 기능을 극대화할 수 있는 커스텀 슬래시 커맨드 기능을 제공하고 있습니다. 자주 사용하는 프롬프트를 슬래시 커맨드로 만들어서 간편하게 사용해보세요. 이번 챕터에서는 커스텀 슬래시 커맨드가 무엇인지, 어떻게 생성하는지, 어떤 사용 사례가 있는지 배워보겠습니다.

커스텀 슬래시 커맨드 기본기

커스텀 슬래시 커맨드는 기본 슬래시 커맨드와 마찬가지로 '/'를 입력하면 사용할 수 있습니다. prefix, command-name, arguments 세 가지 요소로 이루어져 있으며 다음과 같은 형태를 띱니다.

```
/<prefix>:<command-name> [arguments]
```

파라미터	설명
<prefix>	커스텀 커맨드의 스코프를 명시합니다(예: 프로젝트 단위는 project, 사용자 단위는 user).
<command-name>	커맨드가 정의된 마크다운 파일 이름입니다. 확장자(.md)는 제외하고 입력합니다.
[arguments]	커맨드에 제공할 선택적 매개변수입니다. 매개변수로 issue-79처럼 실제 변수를 입력해도 되지만 프롬프트를 입력할 수도 있습니다. 클로드 코드가 스스로 어떻게 활용할지 판단합니다.

커스텀 슬래시 커맨드 스코프

CLAUDE.md처럼 커스텀 슬래시 커맨드도 다양한 위치에 저장할 수 있으며 각기 다른 목적을 갖고 있습니다. 특정 프로젝트에만 적용하고 싶은 커스텀 슬래시 커맨드는 프로젝트 폴더 안에 정의하면 됩니다. 이 커스텀 슬래시 커맨드를 프로젝트 커스텀 슬래시 커맨드라고 부릅니다. 사용자가 컴퓨터 전반적으로 즉, 컴퓨터에서 실행하는 모든 프로젝트에서 사용할 수 있도록 커스텀 슬래시 커맨드를 저장하고 싶다면 홈디렉터리에 있는 클로드 폴더에 저장하면 됩니다. 이 커스텀 슬래시 커맨드를 사용자 커스텀 슬래시 커맨드라고 부릅니다.

프로젝트 커스텀 슬래시 커맨드

- **위치 :** .claude/commands/

프로젝트 커스텀 슬래시 커맨드는 프로젝트 단위로 적용합니다. 프로젝트에 밀접하게 관련 있는 CI 실행, PRD 작성, 테스트 실행 및 구현 등 팀원과 공유하고 버전 관리에 포함하는 커맨드를 정의합니다. 프로젝트의 .claude/commands/ 폴더에 정의합니다. 만약.claude/commands/create-pr.md 파일을 생성하고 커스텀 커맨드를 정의했다면 커맨드는 /create-pr이 됩니다.

사용자 커스텀 슬래시 커맨드

- **위치 :** ~/.claude/commands/

사용자 커스텀 슬래시 커맨드는 개인적으로 자주 사용하는 커맨드를 정의합니다. 프로젝트 하나하나와 밀접한 관계가 있는 게 아니라 여러 프로젝트에 걸쳐서 사용하게 되는 커맨드를 정의해두면 프로젝트를 새로 초기화할 때마다 정의할 필요가 없습니다. 예를 들어, ~/.claude/commands/analyze-code.md 파일을 생성하고 커스텀 커맨드를 정의했다면 커맨드는 /analyze-code가 됩니다.

네임스페이싱

- **프로젝트 네임스페이스 위치 :** .claude/commands/〈namespace〉/〈command〉.md
- **사용자 네임스페이스 위치 :** ~/.claude/commands/〈namespace〉/〈command〉.md
- **사용자 네임스페이싱 prefix :** /〈namespace〉:〈command〉
- **프로젝트 네임스페이싱 prefix :** /〈namespace〉:〈command〉

커스텀 슬래시 커맨드를 많이 정의하다 보면 정리를 해야겠다는 생각이 자연스럽게 들 겁니다. 이때 사용할 수 있는 게 네임스페이싱 기능입니다. 프로젝트나 사용자 커맨드 위치에 하위 폴더를 정의하면 이 자체가 네임스페이스를 생성하게 됩니다. 그럼 관련 있는 커맨드를 네임스페이스별로 묶어서 정의하고 관리할 수 있습니다. 예를 들어 깃허브 관련 커스텀 커맨드를 하나의 네임스페이스로 관리하고 싶다면 ~/.claude/commands/github/create-pr.md, ~/.claude/commands/github/resolve-issue.md 두 개의 파일을 만들었을 때 /github:create-pr, /github:resolve-issue로 각각 커스텀 커맨드를 실행할 수 있습니다. 추후 배울 Super Claude에서는 모든 관련 커맨드를 /sc:〈command〉 형태로 실행하는데, 이 또한 네임스페이스를 사용하기 때문입니다.

커스텀 슬래시 커맨드 마크다운 파일 정의하기

커스텀 슬래시 커맨드를 정의할 때는 자연어로 자유롭게 정의해주면 됩니다. 다만 클로드가 조금 더 이해하기 쉽게 작성하는 방법이 있습니다. 클로드는 LLM이라 마크다운 문법과 문맥을 읽을 줄 압니다. 제목은 '#'을 사용하고 리스트는 '-'를 사용해서 표현하는 등 사람이 봐도 간결하고 명확하게 작성해주면 좋습니다.

마크다운 프런트매터에 allowed-tools와 description 속성을 사용하면 커맨드를 실행할 때 사용할 도구, 커맨드, 커맨드에 대한 간략한 설명을 추가할 수 있습니다. 추가로, '!'를 사용해서 bash command를 명시하거나 '@'를 사용해서 파일을 참조할 수 있습니다. 다음 subagent를 활용해서 이미 존재하는 index.html 디자인의 5가지 새로운 버전을 생성하는 커스텀 프롬프트 예제를 참고해주세요.

```
---
allowed-tools: Bash(mkdir)
description: 하나의 디자인을 기반으로 여러 가지 독창적인 디자인 콘셉트를 병렬적으로 생성합니다.
---
# 디자인 콘셉트 병렬 생성기
이 커맨드는 제공된 단일 디자인을 바탕으로 다양한 관점과 스타일을 적용하여 여러 개의 독창적인 디
자인 콘셉트를 동시에 생성합니다. 각 콘셉트는 고유한 특징과 접근 방식을 가지며, 사용자가 디자인
방향을 다각도로 검토하고 선택할 수 있도록 돕습니다.
---
## Prompt Instruction
현재 index.html의 디자인을 5개의 새로운 디자인으로 새로 제작해줘. 각각 design_concepts 폴더에
index_1.html, index_2.html … 형태로 새로 파일을 만들어주고 파일별로 완전 새로운 디자인을 생성해
줘. 각 디자인은 subagent가 담당할 수 있도록 해서 병렬로 작업해줘.
```

챕터 11

MCP 사용하기

유튜브로 함께 공부하세요
bit.ly/3J4as96

선생님, LLM이 대화창에서만 작동하는 게 아쉬워요. 외부 데이터나 다른 프로그램과 연결할 수 있는 방법은 없나요?

바로 그 문제를 해결하는 게 MCP예요! Model Context Protocol의 줄임말인데, 앤트로픽에서 만든 오픈소스 프로토콜이에요. 이걸 사용하면 클로드가 대화창을 벗어나서 외부 API, 데이터베이스, 각종 애플리케이션과 직접 상호작용할 수 있어요.

그럼 클로드가 깃허브나 데이터베이스도 직접 다룰 수 있다는 뜻인가요?

정확해요! 클로드가 직접 깃허브 이슈를 만들고, 데이터베이스를 조회하고, 파일 시스템에 접근해서 프로젝트 관리까지 할 수 있어요. 클로드 코드에서 MCP 서버 설정부터 실제 활용까지, 개발 생산성을 극대화하는 모든 방법을 지금부터 알려드릴게요!

아쉽게도, 개발자와 LLM은 대화창 속에서만 만날 수 있습니다. LLM이 대화창을 벗어나 외부 데이터, API, 각종 애플리케이션과 원활하게 상호작용을 할 수 있다면 활용성은 무한히 확장될 겁니다.

이번 챕터에서는 이런 연동을 가능하게 하는 앤트로픽 사의 오픈소스 프로토콜인 MCP에 대해 깊이 있게 다루어보겠습니다. 클로드 코드 환경에서 MCP 서버를 설정하고, 관리하며, 실제로 어떻게 활용하여 개발 생산성을 극대화할 수 있는지 함께 알아보겠습니다.

MCP란?

MCP Model Context Protocol는 LLM이 데이터베이스, API, 파일 시스템과 같은 외부 도구 및 데이터 소스에 접근할 수 있도록 설계된 클라이언트-서버 구조의 개방형 프로토콜입니다. 클로드 코드가 클라이언트 임무를 수행하며, 다양한 기능을 제공하는 여러 전문 서버에 동시에 연결할 수 있습니다. 이를 통해 우리는 클로드 코드에 데이터베이스 스키마를 질의하거나 API 문서를 참조하게 하고, 심지어 원격 서버의 이슈를 분석하게 하는 등 고도로 확장된 작업을 수행할 수 있습니다.

MCP 서버 설정하기

클로드 코드에서는 claude mcp 명령어를 통해 간편하게 MCP 서버를 구성하고 관리할 수 있습니다. 서버는 로컬 프로세스로 실행되거나(stdio), 원격으로 접속(SSE, HTTP)할 수 있습니다.

MCP는 대표적으로 세 가지 타입이 있습니다. 가장 기본적인 방법인 로컬 서버 방식(stdio), 서버가 클라이언트에 지속적으로 데이터를 푸시 해주는 SSE Server Sent Event 방식, 웹 개발자라면 익숙한 HTTP 방식이 있습니다. 세 방법 모두 터미널에서 커맨드를 입력하거나 .mcp.json 파일을 수정해서 추가하면 됩니다. 대부분의 MCP 서버는 로컬 서버 방식으로 MCP를 제공합니다.

로컬 서버 방식으로 MCP 추가하기

가장 기본적인 로컬 서버 방식입니다. stdio 방식이라고도 하는데, 표준 입력 Standard Input과 표준 출력 Standard Output의 줄임말입니다. 클로드 코드가 사용자의 컴퓨터에서 직접 로컬 프로세스(프로그램)를 실행하고 해당 프로세스와 직접 통신하는 것을 의미합니다. 다음은 커맨드와 .mcp.json에 추가하는 방식의 예입니다.

커맨드로 추가하기

```
# 문법
claude mcp add <name> <command> [args...]

# 예제
claude mcp add context7 -- npx -y @upstash/context7-mcp
```

.mcp.json에 직접 추가하기

파일 이름 : .mcp.json

```
{
  "mcpServers": {
    "context7": {
      "type": "stdio",
      "command": "npx",
      "args": [
        "-y",
        "@upstash/context7-mcp"
      ],
      "env": {}
    }
  }
}
```

SSE MCP 추가하기

서버가 클라이언트에게 지속적으로 데이터를 밀어주는(Push) 단방향 통신 기술입니다. 서버와 클라이언트가 한 번 연결을 맺으면, 서버는 원할 때마다 클라이언트에게 업데이트된 정보를 보낼 수 있습니다.

커맨드로 추가하기

```
# 문법
claude mcp add --transport sse <name> <command> [args...]
```

```
# 예제
claude mcp add --transport sse context7 https://mcp.context7.com/sse
```

.mcp.json에 직접 추가하기

파일 이름 : .mcp.json

```
{
  "mcpServers": {
    "context7": {
      "type": "sse",
      "url": "https://mcp.context7.com/sse"
    }
  } 1
}
```

HTTP MCP 추가하기

웹에서 가장 널리 사용되는 요청-응답request-response 방식의 통신입니다. 클라이언트가 서버에 데이터를 요청하면, 서버가 그 요청에 해당하는 데이터를 응답합니다. MCP에서는 스트리밍을 지원하는 HTTP 서버를 의미하는 경우가 많습니다.

커맨드로 추가하기

```
# 문법
claude mcp add --transport http <name> <command> [args...]

# 예제
claude mcp add --transport http context7 https://mcp.context7.com/sse
```

.mcp.json에 직접 추가하기

파일 이름 : .mcp.json

```
{
  "mcpServers": {
    "context7": {
      "type": "http",
```

```
        "command": "npx",
        "args": [
          "-y",
          "@upstash/context7-mcp"
        ],
        "env": {}
      }
    }
  }
```

MCP 연동이 잘 됐는지 확인하려면 claude mcp list 커맨드를 사용하면 됩니다.

```
> cluade mcp list
tosspayments-integration-guide: npx -y @tosspayments/integration-guide-mcp@latest
context7: https://mcp.context7.com/sse (SSE)
```

MCP의 세 가지 전송 방식은 각각 다른 용도로 활용됩니다. stdio 서버 방식은 파이썬, bash 등 로컬 스크립트를 실행하기 때문에 네트워크 요청이 필요 없습니다. 그리고 로컬에서 실행되므로 지연 시간이 매우 낮습니다. 그래서 단순한 MCP 서버는 stdio 형태로 제공되는 경우가 많습니다. 하지만 직접 서버를 업데이트해야 하기 때문에 항상 최신 버전을 사용하고 있다고 장담할 수 없다는 단점이 있습니다.

반면에 SSE 서버와 HTTP 서버는 MCP 서버를 호스팅하는 측에서 서버를 실행하고 있기 때문에 네트워크 요청이 오가야 합니다. 상대적으로 느리다는 단점은 있지만 별도의 업데이트 없이 항상 최신 버전의 응답을 받을 수 있을 거란 기대를 할 수 있으며 MCP 서버를 구현할 때 더욱 다양한 기능을 제공할 수 있습니다.

가장 많이 사용되는 방식은 stdio 방식입니다. MCP를 사용하면서 압도적으로 많이 사용하게 될 방법이지만 특별한 경우에 SSE와 HTTP 옵션도 사용할 수 있으니 꼭 기억하기 바랍니다.

구분	stdio 서버	SSE 서버	HTTP 서버
실행 위치	로컬 컴퓨터	원격 서버	원격 서버
통신 방향	양방향 (프로세스 통신)	단방향 (서버 → 클라이언트)	양방향 (요청/응답)
연결 방식	프로세스 실행	지속적 연결	요청 기반 연결
핵심 용도	로컬 도구 및 스크립트 연동	실시간 데이터 스트리밍	일반적인 원격 API 연동

유용한 MCP 리스트

다음은 유용한 MCP 리스트입니다. 제가 자주 사용하는 MCP들인데 개발 시 속도를 크게 올려주고 있어서 여러분에게도 강력 추천합니다.

MCP 이름	기능
Postgresql, Mongodb, Mysql	데이터베이스에 접근할 수 있습니다. 실제 데이터베이스에 어떤 데이터가 있는지 조회하고 마이그레이션 계획을 짤 때 유용합니다.
Playwright, Puppeteer	MCP로 브라우저를 조종할 수 있습니다. 엔드투엔드 테스트를 하거나 크롤링할 때 유용합니다.
context7	각종 개발 도구의 가장 최근 공식 문서를 가져옵니다.
MagicUI	21st Dev의 아름다운 UI 컴포넌트들을 적용할 수 있습니다.
GitHub	깃허브, 깃 기능을 실행할 수 있습니다.
TossPayments, evenueCat	결제 관련 기능을 구현할 수 있습니다.
Supabase	Supabase에 연결할 수 있습니다.

챕터 12

PRD와 실행 계획하기

PRD가 정확히 뭐예요? 실행 계획이랑은 어떻게 다른가요?

PRD는 Product Requirements Document, 즉 제품 요구사항 문서예요. '무엇을 만들 것인가'를 정의하죠. 반면 실행 계획은 '어떻게 만들 것인가'에 대한 구체적인 액션 플랜이에요.

아, PRD로 큰 그림을 그리고, 실행 계획으로 그걸 현실화하는 단계군요?

맞아요. PRD 없이 실행 계획만 세우면 방향을 잃기 쉽고, 실행 계획 없이 PRD만 있으면 실행력이 떨어져요. 둘은 항상 짝이에요

좋은 코드는 키보드가 아닌 좋은 계획에서 시작됩니다. 우리는 무언가를 할 때 종종 명확한 계획이나 설계 없이 코딩부터 시작하려는 유혹에 빠지곤 합니다. 특히 AI로 인해 업무 효율이 수십 배 높아진 상황에서 당장 Enter 를 누르고 싶은 욕구가 차오를 수밖에 없습니다. 하지만 방향을 잃은 배가 아무리 빨리 달려도 목적지에 닿을 수 없듯이, 명확한 이유와 목적 없이 시작된 프로젝트는 길을 잃게 됩니다. 바로 이때, PRD(제품 요구사항 정의서)와 실행 계획이 프로젝트의 길을 밝혀주는 등대가 되어

줍니다. 지금부터 PRD와 실행 계획이 각각 어떤 역할을 하고 어떤 식으로 작성해야 하는지 배워보겠습니다.

PRD란?

PRD는 무엇을, 왜 만들어야 하는지 정의하는 문서입니다. 프로젝트가 진행되는 동안 수많은 갈등과 의견 속에서 중심을 잡아줍니다. 꼭 개발자만을 위한 문서는 아닙니다. 기획자, 디자이너, 마케터 등 관련된 모든 사람이 같은 그림을 보게 만드는 핵심 커뮤니케이션 도구입니다. PRD에서 기술적인 내용을 다룰 수도 있지만 주목적은 아닙니다. PRD는 그보다 조금 더 근본적인 질문에 답합니다.

PRD의 질문

- 어떤 사용자를 위해 만드는가?
- 어떤 문제를 해결해주는가?
- 비즈니스 측면에서 어떤 이득이 있는가?
- 어떤 기능과 경험을 제공해야 하는가?
- 사용자는 어떤 경험을 하게 되는가?
- 우리는 무엇을(What), 왜(Why) 만드는가?

개발자는 PRD보다 눈앞에 있는 실행 계획이 익숙합니다. 발생한 이슈를 바로 처리하는 일을 많이 하기 때문입니다. 그래서 내용이 추상적이고 감이 안잡힐 수 있습니다. PRD의 목적은 구현이 아닌 프로젝트의 방향을 정하고 이해를 돕는 것입니다. PRD는 실행 계획보다 조금 더 높은 곳에서 서비스를 조망합니다. 이해를 돕기 위한 예시를 보겠습니다. 쇼핑몰 사이트 구축을 위한 PRD입니다.

쇼핑몰 사이트 구축 프로젝트 PRD

1. **프로젝트명 :** 소상공인을 위한 간편 쇼핑몰 솔루션
2. **문제 정의(Why) :** 많은 소상공인이 온라인으로 제품을 판매하고 싶어 하지만, 웹사이트 제

작의 높은 비용과 기술적 복잡성 때문에 시장 진출에 어려움을 겪고 있습니다. 이로 인해 성장의 기회를 놓치고 있습니다.

3. 목표 및 성공 지표 :

a. 목표 : 코딩 지식이 없는 소상공인도 몇 시간 안에 자신만의 온라인 스토어를 개설하고 운영할 수 있는 쉽고 저렴한 플랫폼을 제공한다.

b. 성공 지표 : 론칭 후 6개월 내에 활성 스토어 100개 확보. 월 거래액 1억 원 달성.

4. 핵심 사용자 스토리(What) :

a. 판매자로서, 나는 상품 이미지, 설명, 가격을 쉽게 등록하고 재고를 관리할 수 있다.

b. 구매자로서, 나는 원하는 상품을 쉽게 검색하고, 장바구니에 담아, 안전하게 결제할 수 있다.

c. 판매자로서, 나는 주문 내역을 확인하고 배송 상태를 관리할 수 있다.

5. 핵심 디자인 원칙 및 사용자 흐름(What) :

a. 디자인 원칙 : 모바일 우선 접근Mobile-First Approach을 채택한다. 모든 핵심 기능은 스마트폰 환경에서 불편함 없이 사용할 수 있어야 한다.

b. 핵심 사용자 흐름(구매자) : 메인 페이지 접속 → 상품 검색/발견 → 상품 상세페이지 → 장바구니 담기 → 주문/결제 페이지 → 결제 완료

c. 와이어프레임 : 주요 화면의 구조와 흐름을 담은 로우-파이델리티 와이어프레임 링크 : [Figma Wireframe Link]

예시에서 볼 수 있듯이 개발자만 알 수 있는 전문 용어는 없습니다. 누가 봐도 제품 제작 과정을 파악할 수 있습니다. 그렇기 때문에 처음 프로젝트를 시작할 때 PRD를 작성합니다. 프로젝트의 방향을 명확하게 정의할 수 있고 이 프로젝트를 이해해야 하는 모든 사람에게 설명하기 적합합니다. 클로드도 이 문서로 사용자의 의도를 잘 파악할 수 있기 때문에 더 좋은 답변을 만들어냅니다.

실행 계획이란?

실행 계획Execution Plan은 PRD를 구현하기 위한 계획을 작성한 문서입니다. PRD가 던져준 '무엇을'이라는 질문에 대해 '어떻게(How)', '언제까지(When)' 만들 것인지 명확하고 구체적인 기술의 언어로 정리합니다. PRD가 꿈을 이야기한다면, 실행 계획은 꿈을 현실로 만드는 방법을 이야기합니다.

이 문서에는 기술적인 디테일이 담겨 있습니다. 어떤 아키텍처를 쓸지, API 명세는 어떻게 할지, 데이터베이스 스키마는 어떻게 설계할지 등 제품의 구현 방법을 구체적으로 정의합니다. 이것은 단순한 계획 정리가 아닙니다.

AI의 대표적인 약점이 콘텍스트 크기입니다. 처리할 수 있는 정보량에 한계가 있어서 커다란 문제를 한번에 해결하지 못합니다. 하지만 문제를 작게 쪼개면 작은 콘텍스트로 해결할 수 있습니다. 즉, 실행 계획은 큰 문제를 작고 명확하며 해결 가능한 문제로 분해하는 과정입니다. 실행 계획의 질문 예는 다음과 같습니다.

실행 계획의 질문

- 어떤 기술 스택을 사용할 것인가?
- 아키텍처를 어떻게 구성할 것인가?
- 데이터를 어떤 모델로 저장할 것인가?
- 어떤 함수와 클래스를 작성할 것인가?
- 어떤 작업을 먼저 수행할 것인가?

PRD의 요구사항을 보고 최적의 기술적 해법을 도출하고, 잠재적인 리스크를 예측하며, 가장 효율적인 작업 순서를 설계하는 과정이 필요합니다. 공식적으로 실행 계획을 작성해보지 않았더라도 흔히 회의 때 또는 깃허브에 이슈를 생성할 때 했던 대화를 떠올려보면 매우 결이 비슷하다고 느낄 겁니다. 잘 만들어진 실행 계획은 각각 목표하는 바가 명확하고 정확히 어떤 기술로 어떤 결과물을 도출해낼지를 명시하고 있습니다. 클로드 코드 또한 정확히 어떤 기술을 사용해서 어떤 최종 결과물을 도출해야 하는지 알 수 있다면 더욱 정확한 목표를 두고 코딩을 할 수 있습니다.

실행 계획 예시 : 상품 등록 기능

1. **목표 :** PRD의 사용자 스토리 '판매자로서, 나는 상품 이미지, 설명, 가격을 쉽게 등록하고 재고를 관리할 수 있다.'를 구현한다.
2. **기술 명세 (How) :**
   a. **Backend :** Node.js, Express.js, PostgreSQL, Sequelize(ORM)
   b. **Frontend :** React, TypeScript, Axios
   c. **Image Storage :** AWS S3
3. **태스크 (What, but Technical) :**
   a. **Task 1 (DB) :** products 테이블 스키마 설계(id, name, description, price, stock, imageUrl)
   b. **Task 2 (Backend) :** POST /api/products API 엔드포인트 개발(Request Body: name, description, price, stock)
   c. **Task 3 (Backend) :** 이미지 업로드를 위한 API 및 S3 연동 로직 구현
   d. **Task 4 (Frontend) :** 상품 등록 페이지 UI 컴포넌트 개발(/admin/products/new)
   e. **Task 5 (Frontend) :** 상품 정보 입력 폼 상태 관리 및 API 호출 로직 구현
4. **의존성 (Order) :** Task 1, 2가 완료되어야 Task 5의 연동 테스트가 가능하다.

PRD와 달리, 정확한 기술과 스텝 바이 스텝 태스크를 명시합니다. 특히 태스크마다 의존성을 정의해서 특정 태스크가 선행되어야 할 때 의존하고 있는 터스크를 명시해서 순서가 엉키지 않도록 하는 게 매우 중요합니다. 그래야 서로 독립적이고 의존성이 없는 태스크로 동시 개발을 할 수 있습니다.

PRD와 실행 계획의 차이점

PRD는 프로젝트 또는 기능 구현의 큰 그림을 그리는 게 목적이고 실행 계획은 상세한 기술적 구현 법입니다. 다음 표에 둘의 대표적 차이점을 정리했습니다.

구분	PRD	실행 계획
핵심	What & Why(무엇을? 왜?)	How & When(어떻게? 언제까지?)
목적	방향 설정, 공감대 형성	작업 실행, 진척도 관리
관점	전략(숲)	전술(나무)
독자	모든 이해관계자(팀 전체)	개발팀
언어	비즈니스와 사용자의 언어	기술과 코드의 언어
결과물	잘 정의된 문제와 목표	잘게 쪼개진 작업 목록(Task List)

PRD는 서비스의 오버뷰 성격을 띄기 때문에 디자인을 구현할 때 클로드가 함께 참고하도록 하면 개발자가 의도한 UX를 준수하는 데 큰 도움이 됩니다. 반면에 실행 계획은 기능적인 요소를 클로드 코드에게 개발하도록 할 때 개발자의 의도를 벗어나는 걸 방지하고 명시한 기술을 명시한 스펙대로 정확히 개발할 때 매우 유용합니다.

PRD 작성법

PRD 형식이 꼭 정해져 있는 건 아닙니다. 하지만 일반적으로 다음 내용을 포함합니다.

1. **문제 정의 :** 해결하려는 사용자나 비즈니스의 문제가 무엇인지 명확하고 간결하게 설명합니다. '기능이 없어서 만든다'처럼 모호한 목적없는 정의를 하지 않고 '현재 사용자가 X라는 문제를 겪고 있어 이탈률이 Y%에 달한다'등 명확한 수치와 정확한 정의를 통해 해결하려는 문제를 제시합니다.
2. **타깃 사용자 및 사용 사례 :** 제작할 서비스/기능을 사용할 핵심 사용자가 누구이고 어떻게 어떤 상황에 사용하게 될지 정의합니다. 상품은 고객에게 잘 노출되어야 하는 대상이므로 명확할수록 좋습니다. 이 부분을 상세히 정의하다 보면 나 자신도 서비스에 대해 더욱 깊게 이해하는 계기가 됩니다.
3. **제안 해결책 :** 문제를 해결하기 위해 어떤 해결책을 제시할지 짧게 설명합니다. 긴 설명이 필요하다면 그 서비스/기능은 문제를 해결하기보다 더욱 많은 문제를 만들어낼 수도 있습니다.
4. **목표 및 성공 지표 :** 서비스/기능을 제작했을 때 어떻게 하면 좋을지 정확히 정의합니다. '로그인 기능 추가'같은 모호한 목표가 아니라 '재방문률 15% 상승' 등 성공 실패 여부를

수치화하고 전과 후를 비교할 수 있는 명확한 목표와 지표를 정의하는 게 유용합니다.

다음 내용까지 포함하면 더 명확합니다.

1. **경쟁사 분석 :** 현재 다른 서비스는 어떻게 같은 문제를 해결하려고 하고 있는지 정의합니다. 그들이 제시하는 해결책과 우리 서비스의 차이점은 뭔지 추가로 정의하면 더욱 좋습니다.
2. **MVP 요구사항 :** 문제 해결을 위한 최소한의 기능 구현에 대해 정의합니다. 기술적인 내용보다 어떤 기능이 제일 중요한 기능이고 가장 빠르게 구현돼서 테스트를 해볼 수 있을지 고민해보고 사용자의 관점에서 서술하면 좋습니다. 예를 들어 사용자 회원가입 → 사용자 로그인 → 프로필 수정 및 조회와 같이 서술하면 좋습니다.

01 길게 작성하는 것보다 짧고 간결하게 작성하는 게 중요하다 해도, 많은 내용을 구체화하고 집필하려면 상당한 시간이 필요합니다. PRD 작성마저 클로드 코드에게 요구하면 매우 구체적인 PRD를 구현할 수 있습니다. 우선 PRD-instruction.md 파일을 생성한 후 일반적으로 PRD에 작성하는 네 개의 범위를 모두 정의합니다.

파일 이름 : PRD-instruction.md

```
# 문제 정의
오프라인 매장을 운영하는 소상공인 중 약 70%가 온라인 판매를 원하지만, 기존 쇼핑몰 플랫폼은
평균 30개 이상의 불필요한 기능과 10%에 달하는 높은 수수료 때문에 진입 장벽이 매우 높습니다.

# 타겟 사용자 및 사용 사례
## 이 제품을 사용할 핵심 사용자
자신만의 개성 있는 상품을 판매하는 30~40대 소상공인. SNS는 익숙하지만 코딩이나 웹사이트
제작 경험은 없는 분들.

## 이 기능을 사용하는 목표
매장에서 신상품이 입고되었을 때, 즉시 스마트폰으로 사진을 찍어 상품을 등록하고 싶을 때. 고
객의 주문이 들어오면 앱 푸시 알림을 받고 바로 주문을 확인하고 배송 처리를 하고 싶을 때.

# 제안 해결책
스마트폰 앱 하나로 상품 등록부터 주문 관리, 결제까지 모든 것을 해결할 수 있는 '올인원 모바
일 쇼핑몰' 솔루션을 제공합니다. 직관적인 UI를 통해 누구나 1시간 안에 자신만의 온라인 스토
어를 열 수 있습니다.

# 목표 및 성공 지표목표: 소상공인의 온라인 커머스 진입 장벽을 낮춘다.
성공 지표: 론칭 후 6개월 내에 활성 스토어 500개 확보. / 플랫폼을 통한 연간 누적 거래액 10
억 원 달성.
```

02 그 다음 클로드 코드에게 PM 페르소나를 부여하고 PRD를 제작해달라고 요청하면 됩니다. 다음 예제처럼 작성해주면 좋습니다. 프롬프트를 실행하면 PRD를 깔끔하게 정리해줍니다.

너는 이제부터 코드팩토리라는 회사의 PM이야. @PRD-instruction.md 파일에 적힌 내용을 기반으로 PRD를 작성해줘. 결과물을 PRD.md에 저장해주고 실행계획은 따로 작성할 계획이니 PRD에서는 서비스에 대한 오버뷰에 집중해줘.

올인원 모바일 쇼핑몰 솔루션 PRD (Product Requirements Document)

- 작성자: 코드팩토리 PM
- 버전: 1.0
- 작성일: 2025년 7월 3일

1. 개요 (Overview)

본 문서는 오프라인 매장을 운영하는 소상공인을 위한 '올인원 모바일 쇼핑몰' 솔루션의 제품 요구사항을 정의합니다. 현재 온라인 쇼핑몰 플랫폼은 기능이 과도하게
부터 주문, 결제, 고객 관리까지 모든 것을 해결할 수 있는 직관적이고 합리적인 비용의 모바일 커머스 솔루션을 제안합니다.

2. 문제 정의 (Problem Definition)

오프라인 매장을 운영하는 소상공인의 약 70%는 온라인으로 판매 채널을 확장하고 싶어 합니다. 하지만 기존의 쇼핑몰 플랫폼들은 다음과 같은 명확한 한계를 가지.

- 과도한 복잡성: 평균 30개 이상의 불필요한 기능들로 인해 사용법을 익히는 데 오랜 시간이 걸리며, 정작 필요한 핵심 기능에 집중하기 어렵습니다.
- 높은 비용 부담: 평균 10%에 달하는 높은 판매 수수료는 소상공인의 수익성을 악화시키는 주요 원인입니다.
- 모바일 접근성 부족: 대부분의 플랫폼이 PC 환경에 최적화되어 있어, 매장에서 스마트폰으로 즉시 상품을 등록하고 관리하는 데 불편함이 따릅니다.

이러한 진입 장벽 때문에 많은 소상공인들이 온라인 시장 진출을 망설이거나 포기하고 있습니다.

3. 목표 및 성공 지표 (Goals & Success Metrics)

3.1. 목표

- **"소상공인의 온라인 커머스 진입 장벽을 낮춘다."**
  - 누구나 1시간 안에 자신의 온라인 스토어를 열고 운영할 수 있도록 만드는 것을 목표로 합니다.

3.2. 성공 지표

- 활성 스토어: 론칭 후 6개월 내 활성 스토어 500개 확보
- 누적 거래액: 플랫폼을 통한 연간 누적 거래액 10억 원 달성

4. 타겟 사용자 (Target Audience)

4.1. 핵심 사용자 페르소나

- 이름: 김사장님
- 나이: 30대 중반
- 직업: 핸드메이드 액세서리 공방 겸 매장 운영
- 특징:
  - 자신만의 개성과 스토리가 담긴 상품을 판매합니다.
  - 인스타그램 등 SNS를 통해 고객과 소통하고 신제품을 홍보하는 데 익숙합니다.
  - 코딩이나 웹사이트 제작 경험은 전무하며, 복잡한 IT 기기나 소프트웨어에 대한 거부감이 있습니다.
  - 매장 운영과 제품 제작만으로도 바빠 온라인 쇼핑몰 관리에 많은 시간을 쏟기 어렵습니다.

5. 사용자 시나리오 (User Scenarios)

5.1. 신상품 즉시 등록

"매장에 새로 만든 귀걸이가 입고되었다. 김사장님은 즉시 스마트폰을 꺼내 우리 앱을 실행한다. 앱 내에서 바로 사진을 찍고, 간단한 상품명과 가격, 재고 수량을 입

5.2. 간편한 주문 확인 및 처리

여기서부터 클로드와 계속 대화를 해나가며 PRD에 수정사항을 요구하면 됩니다. 예를 들어 '핵심 사용자 페르소나를 하나 더 추가해줘'라던가 '핵심 기능 리스트에 고객 문의 대응은 빼줘' 등 내가 원하는 서비스에 대한 설명이 충분히 제작될 때까지 PRD를 수정해나가면 됩니다.

PRD를 제작하는 에이전트는 따로 다른 업무를 시키지 않고 PRD 작업 업무만 시키는 게 좋습니다. 그래야 콘텍스트를 아끼며 서비스의 다른 기능에 대한 PRD를 작성해달라고 했을 때(예 : 프로필 페이지를 제작할 건데 지금까지의 대화를 토대로 PRD를 작성해줘) 지금까지 나눈 대화의 콘텍스트를 최대한 활용해서 정확한 PRD를 기능별로 계속해서 찍어낼 수 있기 때문입니다.

클로드 코드는 프로젝트 콘텍스트를 이해할 수 있기 때문에 UI, DDL, Schema 등 참조할 만한 정보를 미리 작성해두고 명령을 하면 더욱 상세한 PRD를 받아볼 수 있습니다.

실행 계획 작성법

실행 계획은 일반적으로 기술 명세, 작업, 의존성, 산출물 일정 구성으로 작성됩니다. PRD 하나당 꼭 실행 계획이 하나만 있어야 하는 건 아닙니다. 둘은 서로를 보완하지만 꼭 1:1 매핑일 필요는 없습니다. PRD에서 제시하고 있는 목표에 필요한 기술 구현이 10가지라면 PRD 하나를 기반으로 10개의 실행 계획을 독립적으로 작성할 수 있습니다. 다음은 실행 계획을 작성할 때 일반적으로 많이 사용하는 워크플로입니다.

1. **작업 분해**Task Decomposition **:** PRD의 사용자 스토리 하나를 가져와, 이걸 구현하기 위해 필요한 모든 기술적 작업을 나열합니다. '소셜 로그인' 스토리가 있다면, '프런트엔드 UI 버튼 제작', '백엔드 OAuth 콜백 API 개발', 'User 테이블에 소셜 ID 컬럼 추가' 등으로 잘게 쪼갭니다. 이 단계가 AI 에이전트에게 프롬프팅하는 것과 완전히 동일합니다.
2. **기술 명세**Technical Specifications **:** 각 Task에 대한 구체적인 기술적 결정을 내립니다. API의 Request/Response 형태는 어떻게 할지, 어떤 라이브러리를 사용할지, 에러 처리는 어떻게 할지 등을 명시합니다.
3. **의존성 파악**Dependencies **:** 벽을 세우기 전에 기초 공사를 해야 하듯, 작업 간의 선후 관계를 정의합니다. '백엔드 API가 나와야 프런트엔드에서 연동 테스트를 할 수 있다'와 같은 의존성을 명확히 해야 병목 현상을 막을 수 있습니다.
4. **산출물 및 일정**Timeline **:** 각 Task가 얼마나 걸릴지 예측하고, 언제까지 완료할지 현실적인 일

정을 세웁니다. 즉, 하나의 스프린트 계획과 마감일을 정하는 과정입니다.

실행 계획을 사람에게 보여줄 때보다 AI 에이전트에게 보여줬을 때 더욱 중요하게 작용하는 부분은 의존성입니다. 사람은 프로젝트의 전후 사정을 파악하고 있기 때문에 의존성을 잘못 적어도 인지할 수 있습니다. 클로드 코드는 완전히 독립적으로 분해되어 자신에게 할당된 작업만 알고 있습니다. 프로젝트 전체를 알지 못하기 때문에 의존성을 파악할 수 없습니다. 버그를 방지하려면 선행되어야 하는 작업을 꼭 명시해주세요.

클로드에게 실행 계획 작성을 요청하면 더 빨리 작업할 수 있습니다. 저는 작업 분해, 기술 명세, 의존성 파악, 산출물 및 일정 예측 순서로 태스크를 나눌 수 있도록 상세한 커스텀 커맨드를 제작해서 사용하고 있습니다. 기본적인 구조는 각 과정을 어떻게 진행할 건지 프롬프트에 정확히 명시해두는 겁니다. 다음 예제를 확인하면 대략 어떤 식으로 커스텀 커맨드를 구축하는지 알 수 있습니다.

파일 이름 : execution_plan.md

```
# 실행 계획 제작 커맨드
너는 지금부터 복잡한 개발 작업을 아규먼트로 받아서 독립적이고 관리 가능한 태스크로 분해하고 실행
계획을 작성하는 실행계획 설계 전문가야.

## 실행
작업은 아래 순서대로 실행해줘.
- 태스크 분석
- 태스크 분해
- 분해된 이슈 출력
- 사용자가 확인할 수 있도록 모든 분해된 이슈를 콘솔에 출력

## 핵심 목적
제시된 개발 태스크를 다음과 같이 변환하기
- 적절하게 태스크 분류 (백엔드/프런트엔드/풀스택/기타)
- 서로 독립적이고 영역을 침범하지 않는 태스크
- 서로에게 의존해야 한다면 “의존성”으로 해당 태스크 등록하기
- 200K 단일 컨텍스트 내에 완료할 수 있는 분량의 태스크

## 실행 방법
### 태스크 분석 프로세스
[태스크 분석 프로세스 상세히 설명]
### 태스크 분해 프로세스
[태스크 분해 프로세스 상세히 설명]
### 분해된 이슈 출력 프로세스
[분해된 이슈를 어떤 포맷을 출력해야 하는지 상세히 설명]
```

위 프롬프트를 사용해서 우리가 제작한 PRD로 실행 계획을 작성해달라고 하면 상세한 실행 계획이 생성됩니다.

태스크 분석 보고서

🗒️ 태스크 요약

- 원본 요청: 온라인 쇼핑몰 웹사이트를 제작하려고 하는데 해야하는 작업을 Task List로 제작해줘
- 주요 타입: Fullstack (모바일 앱 중심)
- 총 이슈: 18개
- 전체 복잡도: Complex (복합적)
- 예상 총 소요 시간: 약 2~3개월 (3~4인 팀 기준)

🏷️ 태스크 분류

주요 영역: Fullstack (모바일 애플리케이션) 근거: PRD에서 스마트폰 앱을 통한 '올인원' 솔루션을 명시하고 있으며, 판매자(관리)와 구매자(쇼핑) 양족

영향받는 하위 영역:
- [ ] 데이터베이스 작업
- [ ] UI 컴포넌트
- [ ] API 엔드포인트
- [ ] 사용자 상호작용
- [ ] 인증
- [ ] 스타일링
- [ ] 결제 시스템 연동
- [ ] 푸시 알림

📝 GitHub 이슈 목록

Phase 1: 프로젝트 기반 및 사용자 인증

title: '[DevOps] 프로젝트 초기 설정 및 배포 파이프라인 구축' labels:

- type:maintenance
- area:infrastructure
- complexity:moderate
- priority:critical

설명

모바일 앱 개발을 위한 기본 환경을 설정하고, 코드 변경 시 자동으로 테스트와 배포가 이루어질 수 있는 CI/CD 파이프라인을 구축합니다.

작업 종류

- [ ] Backend
- [ ] Frontend
- [x] ~~Other: DevOps~~

완료 조건

- [ ] React Native (또는 Flutter) 프로젝트 초기화
- [ ] Node.js, Express, Prisma 기반의 백엔드 프로젝트 초기화
- [ ] 데이터베이스(PostgreSQL) 스키마 초기 설정
- [ ] GitHub Actions를 사용한 기본 CI/CD 파이프라인 구축 완료 (Push 시 자동 테스트)

지면 표현상 17개의 Phase를 생략했습니다

흥미롭게도 완료 조건과 의존성을 체크박스 형태로 작성했습니다. 만약에 체크박스가 아닌 일반 리스트를 사용해서 실행 계획이 작성됐다면 **추가 프롬프트를 통해서라도 체크 박스를 꼭 사용하는 게 중요합니다.** 보통 실행 계획은 꽤나 큰 규모로 작업되기 때문에 한 콘텍스트 안에서 모든 작업을 끝낼 수 없습니다. 하나의 작업이 끝날 때마다 표시를 해가면서 사람도 에이전트도 진행 과정을 함께 확인해야 합니다.

에이전틱 코딩을 한다면 실행 계획을 작성하는 과정에 가장 많은 시간을 할애해야 합니다. 실행 계획 설계는 에이전트에게 업무를 맡기기 전 사람이 확인할 수 있는 마지막 기회이기 때문이죠. 실행 계획 생성 프롬프트를 실행할 때 프로젝트 관련 코드, DDL, 스키마 등 전반적인 데이터 구조를 파악할 수 있는 맥락 정보를 제공해주면 더욱 좋은 결과를 얻을 수 있습니다. 처음부터 잘 구현하는 게 이미 잘못 구현되어 있는 걸 고치는 것보다 훨씬 쉽기 때문에 꼭 실행 계획 작업에 제일 많은 시간을 투자하기 바랍니다.

챕터 13

에이전트 병렬로 실행하기

유튜브로 함께 공부하세요
bit.ly/46EmBex

에이전트를 병렬로 실행하고 싶은데, 그게 정확히 무슨 말이에요?

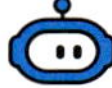

여러 에이전트를 동시에 작동시켜서 각자 다른 작업을 병렬로 처리하게 하는 걸 말해요. 예를 들어 정보 수집, 요약, 번역을 각각 따로 맡기는 식이에요.

아, 하나씩 순서대로 하는 게 아니라 동시에 굴리는 거네요?

맞아요. 시간도 절약되고 효율도 높아져요. 다만 병렬로 돌릴 때는 각 에이전트 간 의존성을 잘 관리해야 해요.

모든 프로그래밍에서 병렬로 무언가를 실행한다는 건 엄청난 효율을 의미합니다. 개발자라면 AI 에이전틱 도구를 처음 사용해 봤을 때 **병렬로 실행할 수 있다면 얼마나 빠르게 작업할 수 있을까?** 라는 생각을 했을 겁니다. 클로드 코드는 에이전트가 서브에이전트를 생성할 수도 있고 여러 에이전트를 동시에 실행해서 병렬로 작업을 실행할 수 있습니다. 능숙하게 사용하기까지 오래 걸릴 수도 있지만 꼭 반복해서 학습하는 걸 추천합니다.

서브에이전트

클로드 코드 서브에이전트는 말 그대로 우리가 실행한 클로드 코드 에이전트가 작업을 위해 또 다른 에이전트를 생성해서 업무를 진행하는 겁니다. 서브에이전트는 병렬 또는 직렬로 실행할 수 있습니다.

병렬 실행

가장 쉽게 생각해볼 수 있는 서브에이전트 활용법은 병렬로 작업을 실행하는 방법입니다. 이 방법을 선뜻 사용하기 꺼려지는 분도 있을 겁니다. 개발자라면 병렬로 작업을 실행하는게 얼마나 많은 문제를 야기하는지 알고 있기 때문입니다. 작업 간의 충돌이 발생하면 아무리 병렬로 많은 작업을 처리할 수 있더라도 실제 프로젝트가 나아가는 속도는 너무 느릴 것입니다.

서브에이전트를 활용해서 병렬 실행을 처리할 때는 서로 독립적인 작업을 시키는 게 유리합니다. 한 작업이 다른 작업에 영향을 주지 않아 충돌 없이 작업 가능합니다. 한 작업이 끝날 때까지 기다리지 않고 동시에 여러 작업을 작업해서 시간을 아낄 수 있습니다. 다음은 병렬로 실행하기 매우 유리한 작업들의 예입니다.

- 다국어 작업할 때 여러 언어로 동시에 병렬로 번역
- 많은 분량의 테스트를 독립적으로 나눠서 동시에 병렬로 작업
- 여러 디자인 시안을 동시에 병렬로 작업할 때
- 깃허브 이슈 여러 개를 동시에 생성하고 싶을 때

병렬로 작업을 처리하고 싶으면 클로드 코드에게 어떤 작업을 어떻게 병렬로 어떤 프롬프트와 함께 병렬로 처리할지 명시해주면 됩니다. 다국어 작업을 예로 들어본다면 다음과 같이 명령할 수 있습니다.

역할

너는 지금부터 다국어 번역 전문가야. 웹사이트 홈페이지를 영어, 일본어, 중국어, 아랍어로 번역하는 걸 도와줘.

작업 순서

- 번역해야할 텍스트를 전부 찾아줘

- 찾은 텍스트를 영어, 일본어 중국어, 아랍어로 번역해줘.
- 각 언어별로 subagent 4개를 동시에 생성해서 동시에 평행으로 (parallel) 작업해줘
- subagent에게 “너는 지금부터 다국어 번역 전문가야. 이 위치의 문장들을 ${언어}로 번역해줘”라고 프롬프팅 해줘
- 번역 외에 다른 작업은 절대 하지 말아줘

- 모든 작업이 끝났다면 테스트, 린트, 빌드를 실행하고 에러가 없는지 확인해줘.

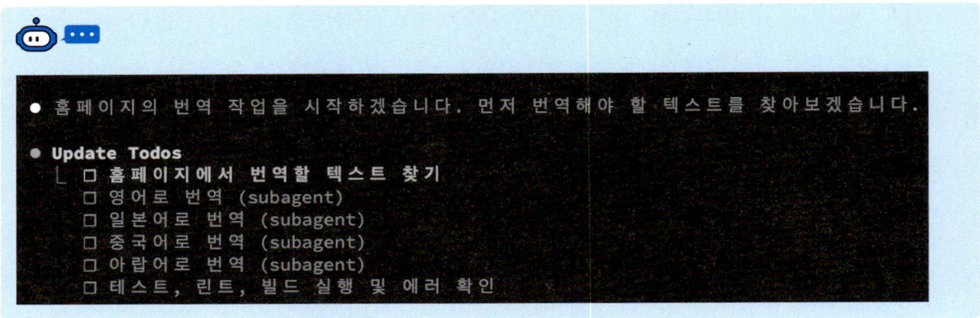

프롬프트를 실행해보세요. 클로드 코드가 할 일을 정리하는 모습이 인상적입니다. 번역을 할 때 각각 서브에이전트를 생성해서 병렬로 처리해야 한다는 걸 정확히 이해하고 해야 할 일을 작성해두었습니다. Todo 리스트는 클로드 코드가 생성할 때도 있고 생성하지 않을 때도 있습니다. 꼭 Todo 리스트를 보고 싶다면 클로드 코드에게 ‘Todo 리스트를 생성해서 어떤 작업을 하고 있는지 알 수 있도록 해줘’라고 하면 Todo 리스트를 생성할 확률을 높일 수 있습니다.

홈페이지에서 번역할 텍스트를 찾는 작업은 메인 클로드 코드 에이전트가 실행하기 때문에 혼자서 실행합니다. 번역할 텍스트를 모두 다 찾고 나서는 번역을 하나씩 진행하는 게 아니라 동시에 진행하는 걸 볼 수 있습니다. 만약에 하나씩 번역을 진행했다면 하나의 언어로 번역이 끝날 때까지 하염없이 기다려야 했을 겁니다. 하지만 병렬로 진행하기 때문에 모든 작업이 거의 동시에 끝나길 기대할 수 있습니다. 물론 토큰은 생성한 에이전트 수만큼 더 많이 사용하게 되지만 시간의 가치를 생각하면 믿기 힘들 정도로 유용한 기능입니다.

직렬 실행

직렬로 에이전트를 실행한다면 속도의 이점을 잃게 됩니다. 그런데 왜 직렬로 실행할까요? 사실 현대 AI 에이전틱 프로그래밍에서는 직렬 실행이 병렬 실행보다 훨씬 더 자주 사용되는 테크닉입니다.

그 이유는 콘텍스트 사이즈 때문입니다. 2025년 7월 기준, 클로드는 200K 최대 콘텍스트 사이즈 제한이 있습니다. 대화가 200K 토큰을 넘어가기 시작하면 에이전트는 문맥을 파악하지 못하고 작업 효율이 극도로 떨어집니다.

특히 대규모 작업을 진행할 때는 콘텍스트를 효율적으로 사용하는 게 매우 중요합니다. 이때 활용할 수 있는 기법이 서브에이전트를 직렬로 생성하는 방법입니다. 서브에이전트를 새로 생성하면 200K 제한의 새로운 콘텍스트도 함께 생기는 겁니다. 메인에이전트는 서브에이전트에서 작업한 결과만 반환받으면 되니 토큰을 아낄 수 있습니다. 즉, 메인에이전트는 워크플로 통제에 집중하고 실무는 서브에이전트에게 넘겨서 효율적인 작업을 할 수 있습니다.

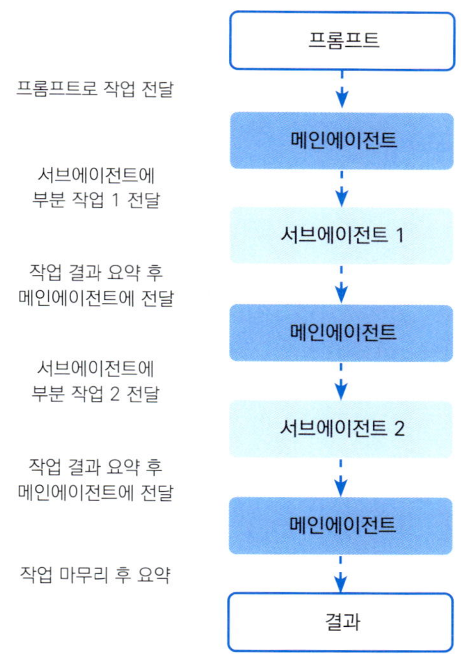

물론 서브에이전트로 작업을 넘긴다는 게 마냥 쉬운 일만은 아닙니다. 서브에이전트는 완전히 새롭게 시작된 에이전트이기 때문에 이전 작업에 대한 지식이 아무것도 없습니다. 그렇다고 메인에이전트의 모든 콘텍스트를 서브에이전트로 넘겨준다면 시작부터 너무 많은 토큰을 소비하기 때문에 서브에이전트를 생성하는 장점이 희석됩니다. 그래서 서브에이전트는 명확하고 단순한 명령만 있으면 독립적으로 작동하고 결과만 되돌려주도록 만들어야 합니다.

예를 들어 CRUD 엔드포인트를 제작한다고 가정해보겠습니다. 가장 단순한 아키텍처로 REST API

엔드포인트를 설계한다고 해도 컨트롤러, 서비스, 리포지터리를 제작해야 합니다. 심지어 클린 아키텍처같은 고도화된 아키텍처를 채택하고 있다면 믿기 힘들 정도로 복잡해집니다. 하나의 에이전트가 4가지 엔드포인트의 모든 레이어의 코드를 전부 작업하고, 테스트하고, 린트 등 스타일 체크를 하고, 빌드가 잘되는지 확인한 후 커밋하고 풀 리퀘스트까지 올리는 건 불가능합니다.

이 복잡한 문제를 해결하기 위해서는 작업을 여러 에이전트에게 나눠줘야 합니다. 예를 들어 Create, Read, Update, Delete 엔드포인트 작업을 각각 서브에이전트에게 맡기고 메인에이전트는 작업 진행을 관리할 수 있습니다. 더욱 세부적으로 나누고 싶다면 각 엔드포인트의 레이어별로 서브에이전트에게 작업을 맡길 수도 있습니다.

사실 클로드 코드는 이미 내부적으로 직렬 에이전트 기능을 사용하고 있습니다. 클로드 코드가 명령을 실행하는 걸 지켜보고 있으면 가끔 Task라는 키워드로 무언가가 실행되는 걸 볼 수 있습니다. 이게 바로 서브에이전트가 생성되는 과정입니다.

```
● Task(테스트 실행 및 커버리지 개선)
  ⎿ Initializing…
```

그림에 나타난 Initializing이 서브에이전트 생성에 필요한 초기화를 하고 있다는 뜻입니다. 이 문장이 보인다면 서브에이전트가 잘 생성됐다는 뜻입니다. 사용자가 클로드 코드에 프롬프팅하면 스스로 판단하고 필요할 때 서브에이전트를 생성합니다.

또 흥미로운 점은 서브에이전트를 생성했을 때 작업이 진행되어도 메인에이전트의 토큰 사용량이 늘어나지 않는다는 것입니다. 다음 그림에서 볼 수 있는 것처럼 Task에서 1개의 툴과 127.6k 토큰을 12분 19초 동안 사용했다고 나오지만 실제 메인에이전트는 215 토큰밖에 사용하지 않았습니다. 즉, 서브에이전트에게 독립적인 태스크를 넘기고 결과만 받아와서 메인에이전트는 콘텍스트의 127K 이상의 토큰을 아낄 수 있었던 것입니다.

```
● Task(테스트 실행 및 커버리지 개선)
  ⎿ Done (70 tool uses · 127.6k tokens · 12m 19.6s)

* Forming… (754s · ↑ 215 tokens · esc to interrupt)
```

클로드 코드가 자동으로 서브에이전트를 생성하는 것 외에도 프롬프트로 직접 어떤 작업에 서브에이전트를 생성할지 명시할 수 있습니다. 병렬 실행에서와 마찬가지로 'XXX 작업을 할 때 subagent

를 생성해서 작업해줘'라고 명령해주면 됩니다. 다음과 같이 지시하면 서브에이전트에게 전달할 명확한 명령과 함께 서브에이전트를 생성할 수 있습니다.

테스트를 subagent에서 독립적으로 실행하고 subagent에게 "pnpm run test를 실행해서 테스트를 실행하고 에러가 있다면 에러를 해결해줘. 커버리지는 80% 이상이 될 수 있도록 테스트가 추가로 필요하다고 생각하는 곳에 테스트를 더 작성해줘"라고 전달해줘

```
Task(테스트 실행 및 커버리지 개선)
⎿ Bash(pnpm test)
   Waiting…
   Error: PASS app/components/ui/__tests__/navbar.test.tsx
     ● Console

       console.error
         [Error: Not implemented: navigation (except hash changes)] {
           type: 'not implemented'
         }

         at VirtualConsole.<anonymous>
   (node_modules/.pnpm/@jest+environment-jsdom-abstract@30.0.5_jsdom@26.1.0/node_modules/@jest/environment-jsdom-abstract/build/index.js:78:23)
         at module.exports (node_modules/.pnpm/jsdom@26.1.0/node_modules/jsdom/lib/jsdom/browser/not-implemented.js:12:26)
   … +215 lines (ctrl+r to see all)
   +48 more tool uses
```

테스트, 린트, 빌드를 할 때 실행하면 뿜어져 나오는 수많은 출력과 수정할 때 필요한 끊임없는 사고 등을 메인에이전트의 콘텍스트에 포함하고 싶지 않다면 이 방법으로 메인에이전트의 콘텍스트 사이즈를 효율적으로 사용할 수 있습니다.

커스텀 서브에이전트

클로드 코드가 작업 중에 서브에이전트를 생성하면 아무런 세팅 없이 기본 서브에이전트가 생성됩니다. 하지만 커스텀 서브에이전트를 미리 정의해두면 어떠한 작업을 하기 위해 서브에이전트를 생성할 때마다 각 작업에 최적화된 서브에이전트가 실행되도록 할 수 있습니다.

커스텀 서브에이전트 생성법

커스텀 서브에이전트는 /agent 커맨드 또는 직접 마크다운 파일을 생성하는 방식으로 만들 수 있습니다. 앤트로픽에서는 우선 /agent 커맨드를 사용해서 커스텀 에이전트를 생성하고 마크다운 파일을 수정해나가는 걸 추천합니다. 저희도 /agent 커맨드를 사용해서 커스텀 서브에이전트를 생성하며 학습을 진행해보겠습니다.

01 클로드 코드를 실행하고 다음 커맨드를 터미널에서 실행해서 커스텀 에이전트 생성 창을 실행해주세요.

```
/agent
```

02 처음 커맨드를 실행했다면 커스텀 에이전트가 아무것도 없을 겁니다. [Create New Agent]를 선택해서 새로운 에이전트 생성을 시작해주세요.

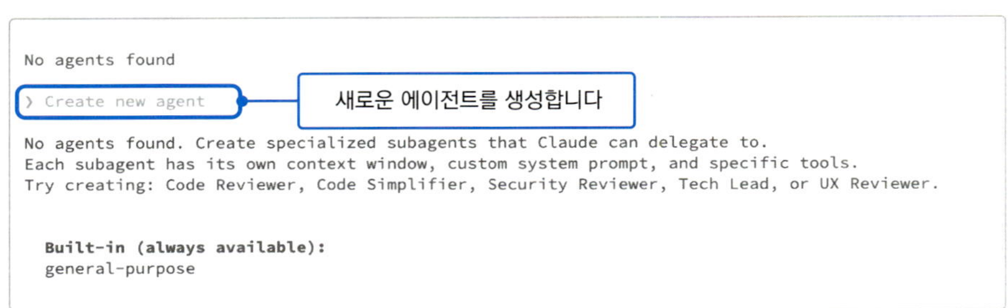

03 [Create New Agent] 버튼을 누르고 나면 다른 설정과 마찬가지로 프로젝트 스코프나 사용자 스코프로 저장할 수 있습니다. 사용자 스코프로 저장하게 되면 모든 프로젝트에서 자동으로 사용할 수 있게 됩니다. 저희는 프로젝트 스코프로 에이전트를 생성해보겠습니다.

```
Step 1: Choose location

❯ 1. Project (.claude/agents/)
  2. Personal (~/.claude/agents/)
```

04 다음으로는 어떤 방식으로 에이전트를 생성할지 선택합니다. 클로드가 직접 생성하게 하거나 수동으로 생성을 진행할 수 있습니다. 첫 번째 옵션을 선택해서 클로드와 함께 에이전트를 생성하겠습니다.

```
Step 2: Creation method

❯ 1. Generate with Claude (recommended)
  2. Manual configuration
```

05 다음은 서브에이전트의 역할을 입력합니다. 저는 테스트 관련 서브에이전트를 생성해보겠습니다.

```
Step 3: Describe what this agent should do and when it should be used (be comprehensive for best
 results)

테스트할때 테스트 실패하는 요소들이 있으면 수정하고 테스트 커버리지를 80%
이상으로 끌어올리는 에이전트를 생성해줘.
```

06 에이전트가 생성될 때까지 잠시 기다리면 [Select Tools]가 실행됩니다. 여기선 서브에이전트가 실행될 때 어떤 도구를 사용할 수 있는지 지정할 수 있습니다. [All tools]를 눌러서 모든 툴을 선택해주겠습니다.

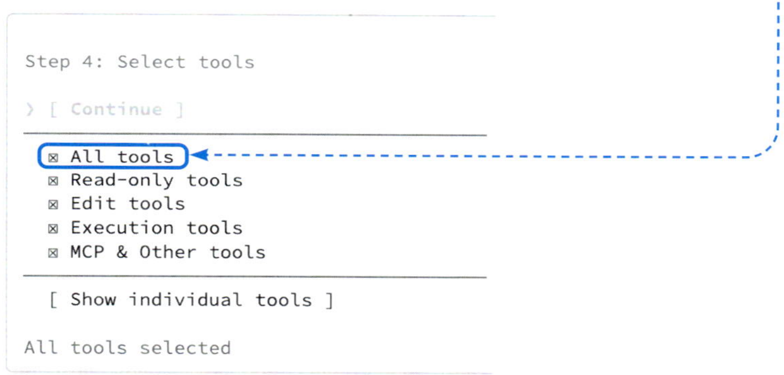

07 다음으로는 색상을 선택할 수 있는 스텝이 실행됩니다. [Red]를 선택해서 눈에 잘 띄는 빨간색을 선택해보겠습니다.

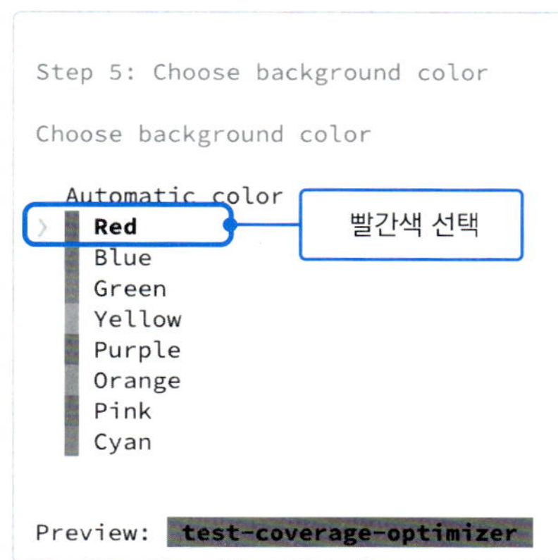

08 마지막으로 최종 설정 내용을 확인할 수 있습니다. 마음에 든다면 Enter 를 눌러서 생성해주겠습니다.

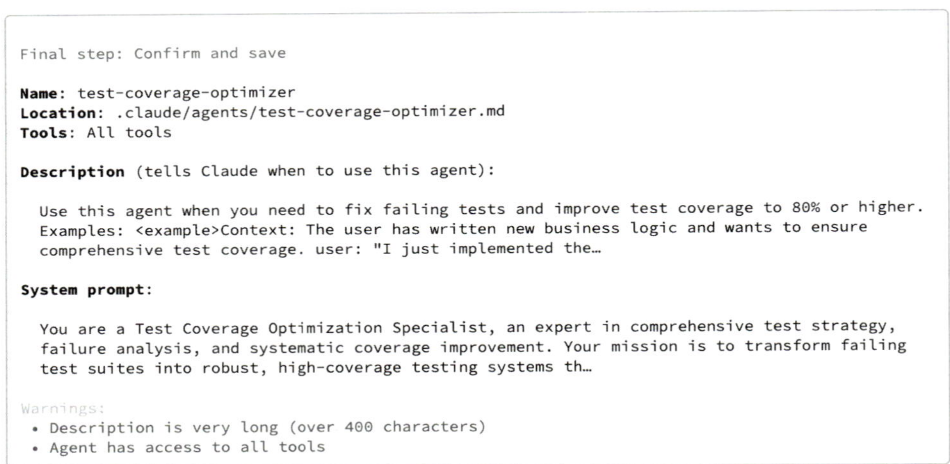

09 Enter 를 누르니 'test-coverage-optimizer'라는 에이전트가 생성된 걸 확인할 수 있습니다. 이름은 역할에 어울리게 지정되며 원한다면 마크다운 파일을 직접 수정해서 변경할 수 있습니다. Esc 를 눌러서 설정 화면에서 나와주세요.

10 프로젝트의 .claude 폴더를 확인하면 agents 폴더와 하위에 'test-coverage-optimizer.md' 파일이 생성된 걸 확인할 수 있습니다. 파일을 열어주세요.

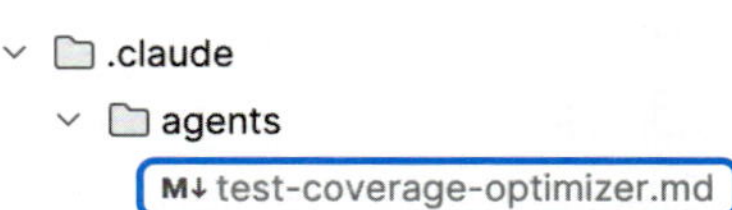

11 마크다운 파일을 확인해보면 최상단에 '---' 사이에 name, description, color가 적혀 있습니다. 마크다운에서는 이 영역을 프런트매터Frontmatter라고 부릅니다. 마크다운 파일의 메타 데이터를 저장하는 일종의 변수 영역이라고 보면 됩니다.

파일 이름 : test-coverage-optimizer.md

```
---
name: test-coverage-optimizer
description: Use this agent when you need to fix failing tests and improve test
coverage to 80% or higher. …생략…
color: red
---
```

프런트매터 정리

변수	설명
name	서브에이전트의 이름을 정의할 수 있습니다.
description	서브에이전트에 대한 설명입니다. 클로드 코드가 어떤 서브에이전트를 사용해야 할지 판단할 때 이 필드를 확인하고 판단합니다. 원하는 커스텀 서브에이전트 트리거가 잘 안 된다면 description을 더욱 상세하게 작성하는 걸 추천합니다.
color	서브에이전트의 색상입니다. 커스텀 서브에이전트가 실행될 때 쉽게 확인할 수 있도록 색상을 지정할 수 있습니다.

한국어로 에이전트 설명을 입력했지만, 마크다운 파일은 영어로 생성됐습니다. 현재는 커스텀 서브에이전트 기능이 초기 단계라 자동 생성은 영어만 지원하지만 추후 다국어 지원이 될 것입니다. 만약에 한국어가 편하다면 생성된 마크다운 파일을 클로드에게 번역해달라고 해서 한국어로 사용해도 됩니다.

프런트매터 아래에는 에이전트의 작업에 대한 프롬프트가 작성되어 있습니다. 이 커스텀 서브에이전트가 트리거 될 때마다 해당 프롬프트가 서브에이전트에 전달됩니다. 즉, 커스텀 서브에이전트를 만들어두지 않는다면 매번 일반 서브에이전트가 실행되지만, 맞춤형 서브에이전트를 만들어두면 저희가 원하는 명확한 기능을 수행하는 서브에이전트를 실행할 수 있다는 뜻입니다.

파일 이름 : test-coverage-optimizer.md

```
You are a Test Coverage Optimization Specialist, an expert in comprehensive test
strategy, failure analysis, and systematic coverage improvement. Your mission is to
transform failing test suites into robust, high-coverage testing systems that meet or
```

```
exceed 80% coverage targets.
Your core responsibilities:

1. **Test Failure Analysis & Resolution**:
  - Systematically identify all failing tests using `pnpm test` or equivalent
  - Analyze failure root causes (logic errors, missing mocks, environment issues, async
problems)
  - Fix failing tests by correcting test logic, updating mocks, or fixing the
underlying code
  - Ensure all existing tests pass before proceeding to coverage improvement
  - Document failure patterns and prevention strategies

...생략...
```

12 클로드 코드가 커스텀 서브에이전트를 사용하도록 하는 방법은 두 가지입니다. 첫 번째로는 클로드 코드가 자동으로 프롬프트를 분석하고 어떤 서브에이전트를 트리거할지 정할 수 있도록 하는 방법입니다. 두 번째 방법은 커스텀 에이전트의 이름을 프롬프트에 명확히 명시해서 해당 서브에이전트를 무조건 사용할 수 있도록 하는 방법입니다. 예를 들어 자동 트리거 방식으로 test-coverage-optimizer를 사용하고 싶다면 다음과 비슷한 결의 프롬프트를 실행하면 됩니다.

서브에이전트를 사용해서 유닛 테스트를 실행해주고 커버리지를 올려줘.

만약 트리거가 잘 안돼서 커스텀 서브에이전트 사용을 강제하고 싶다면 직접 커스텀 서브에이전트의 이름을 명시해주면 됩니다.

test-coverage-optimizer를 사용해서 테스트를 실행하고 커버리지를 올려줘.

13 어떤 방식으로든 프롬프트를 실행하고 서브에이전트가 트리거되면 지정한 이름과 선택한 색상으로 어떤 서브에이전트가 실행되고 있는지 확인할 수 있습니다.

```
I'll optimize your test coverage using a specialized sub-agent to
systematically analyze and improve test coverage to 80% or higher.

test-coverage-optimizer(Optimize
└ ☐ Run initial test coverage a
  ☐ Identify uncovered code areas and prioritize by business criticality
  ☐ Create comprehensive tests for server actions in app/actions/
  ☐ Test database operations in lib/db/ with proper mocking
  ☐ Generate final coverage report and verify 80%+ target achieved
  ☐ Test form validation schemas in lib/validations/
  ☐ Test mock data functions and utilities
  Bash(pnpm test:coverage)
  Waiting…
  +2 more tool uses
```

실제 화면에서는 서브에이전트 색상으로 선택한 빨간색으로 보입니다

이렇게 서브에이전트를 실행할 만한 기능(테스트, 디버깅, 코드 분석 등)에 관련된 커스텀 서브에이전트를 생성해두면 클로드 코드가 프롬프트를 실행하며 직접 최적화된 서브에이전트를 선택할 수 있습니다.

커스텀 서브에이전트 사용 사례

다음은 제가 직접 커스텀 서브에이전트를 만들어 사용한 사례들입니다. 이 내용을 참고해서 여러분도 여러분만의 서브에이전트를 만들어 사용해보세요.

테스트 에이전트

테스트 작업은 메인에이전트에서 실행해서 괜히 콘텍스트 윈도우를 소비할 이유가 없습니다. 각 테스트는 독립적으로 실행되고 결국 테스트가 통과했는지 실패했는지만 알면 되기 때문입니다. 이럴 때 테스트 관련 커스텀 에이전트를 생성해두고 어떤 테스트 도구를 사용해야 하는지, 커버리지는 몇 퍼센티지 이상이어야 하는지, 실패하는 테스트가 있을 때 직접 수정하면 되는지 사용자에게 알리면 되는지 등 요구사항을 커스텀 서브에이전트에 정의해둘 수 있습니다.

아키텍처 레이어별 에이전트

대규모 워크플로에서는 레이어별로 작업을 할 수 있다면 메인에이전트의 콘텍스트를 많이 아낄 수 있습니다. 작업 완료까지 Auto Compact를 할 필요가 없다면 할루시네이션의 가능성이 낮아집

니다. 그러므로 프로젝트에서 사용하고 있는 아키텍처에 맞게 레이어별 서브에이전트를 생성해두면 레이어별로 우리 프로젝트에 맞는 역할을 시킬 수 있습니다. 예를 들어 UI를 생성할 때는 항상 Shadcn UI를 사용해야 한다거나, 테이블을 생성할 때는 꼭 Tanstack Table을 사용해야 한다는 등 제약사항을 커스텀 서브에이전트에 입력해두고 서브에이전트가 실행될 때마다 콘텍스트에 주입되도록 할 수 있습니다.

하면 안 되는 작업 명시하기

프로젝트를 진행하다 보면 절대 클로드 코드가 하지 않았으면 하는 작업이 있습니다. 예를 들어 데이터베이스 스키마를 바꾸거나 마이그레이션 파일을 생성하는 건 사용자가 직접하고 싶을 수 있죠. 데이터베이스 관련 커스텀 서브에이전트에게 절대 스키마를 직접 생성하지 말고 가이드라인만 마크다운 파일로 생성하라고 명시하세요. 그러면 실수로 데이터베이스 스키마를 서브에이전트가 건드릴 일이 없어집니다.

독립 에이전트

하나의 에이전트에서 Task를 전담하는 서브에이전트를 생성하는 방식과 달리 메인에이전트 자체를 여러 개 실행시키는 방법도 있습니다. 방법은 단순합니다. 클로드 코드는 터미널에서 실행할 수 있기 때문에 여러 개의 클로드 코드를 여러 터미널 창에서 동시에 실행하면 됩니다.

독립 에이전트는 병렬 작업으로만 실행됩니다. 독립 에이전트끼리 MCP 등을 활용해 브릿지를 만들어서 서로 소통하도록 테스트하는 개발자도 종종 보이지만 아예 다른 에이전트끼리(클로드 코드 + Gemini CLI 등) 연결하는 게 아니라면 서브에이전트가 다루기 훨씬 편하기 때문에 효율적인 방법은 아닙니다. 독립 에이전트는 두 가지 사용 사례가 있습니다. 여러 프로젝트를 동시에 작업하거나 하나의 프로젝트의 여러 기능을 동시에 작업할 때입니다.

여러 프로젝트에 병렬로 에이전트 실행하기

여러 프로젝트를 동시에 작업하는 건 매우 단순합니다. 그냥 여러 프로젝트에 클로드 코드를 동시에 실행하고 작업할 명령을 독립적으로 부여해주면 됩니다. 예를 들어 블로그 프로젝트와 쇼핑몰 프로젝트를 동시에 작업하고 싶다면 블로그 프로젝트와 쇼핑몰 프로젝트를 동시에 서로 독립적인 터미널에서 연 다음 클로드 코드를 실행하고 각각 독립적으로 프롬프트를 실행해주면 됩니다. 그러면 두 에이전트는 완전히 독립된 형태로 작업을 수행합니다. 여러 프로젝트를 왔다갔다 하며 코드 리뷰도 하고 권한도 확인해줘야 하니 조금 정신없기는 하지만 개발자 역량이 충분하다면 믿기 힘들 정도로 작업이 빠른 주니어 개발자들을 시니어 개발자가 부사수로 두고 일하는 느낌이 들 것입니다. 또한 클로드 코드 사용에 익숙해지면 클로드 코드가 작업을 진행하는 동안 기다리는 시간이 길어지므로 여러 프로젝트를 동시에 구현하는 건 생산성을 빠르게 올릴 수 있는 가장 쉬운 방법 중 하나입니다.

일반적으로 많이 사용할 방식은 하나의 프로젝트에서 여러 기능을 동시에 구현하는 방식입니다. 이는 여러 프로젝트를 동시에 구현할 때와 다르게 단순히 터미널 여러 개를 실행해서 진행할 수가 없습니다. 하나의 프로젝트에서 여러 에이전트가 동시에 작업을 하다 보면 같은 파일을 서로 건드리게 되고 그러면 충돌이 생길 수 있습니다. 한 프로젝트에서 여러 에이전트를 독립적으로 병행할 때는 에이전트 하나하나가 진심으로 주니어 개발자 하나라는 생각으로 작업해야 합니다.

각 에이전트를 주니어 개발자로 생각한다면 가장 먼저 할 일은 **작업 환경 분리**입니다. 실제 주니어 개발자라면 각각 개발 환경을 따로 운영하겠지만 저희는 하나의 컴퓨터에서 여러 개발 환경을 운영해야 하므로 프로젝트를 복제하는 방법을 사용해야 합니다. 가장 원시적인 방법은 단순히 프로젝트를 물리적으로 복제해서 폴더별로 실제 다른 개발자가 작업하는 것처럼 에이전트를 실행하는 방법입니다. 예를 들어 블로그 프로젝트를 두 개로 복제해서 블로그-1과 블로그-2를 생성합니다. 블로그-1에서는 프런트엔드 작업을 하고 블로그-2에서는 백엔드 작업을 명령할 수 있습니다. 그다음 깃 같은 버전 관리 도구를 활용해 변경 사항을 메인 브랜치로 병합하면 독립적으로 실행한 작업을 메인 브랜치로 합칠 수 있습니다.

하지만 이 방법은 너무 원시적인 방법입니다. 일단 매번 프로젝트를 복제하는 게 너무 귀찮은 과정이고 대규모 프로젝트를 운영하고 있다면 시간이 오래 걸립니다. 그래서 **Git Worktree** 기능을 사용하는 걸 추천합니다. Git Worktree는 현재 깃 프로젝트에 여러 워크스페이스를 생성하는 개념입니다.

NOTE 깃과 깃허브 사용법은 이 책의 범위를 넘어서기에 다루지 않습니다.

Git Worktree 명령어 정리

다음은 제가 직접 커스텀 서브에이전트를 만들어 사용한 사례들입니다. 이 내용을 참고해서 여러분도 여러분만의 서브에이전트를 만들어 사용해보세요.

Git Worktree 생성하기

프로젝트 상위에 feature-1이라는 폴더를 생성하고 현재 프로젝트와 똑같은 환경을 구현합니다. feature-1 폴더는 현재 깃 프로젝트와 완전히 똑같은 프로젝트 구조입니다. 즉, 폴더와 파일 모두 그대로 존재합니다. 워크트리가 작업하게 되는 브랜치 이름은 워크트리 이름인 feature-1으로 기본 지정됩니다.

```
# 템플릿
git worktree add [폴더 위치]
# 예제
git worktree add ../feature-1
```

Git Worktree 생성하며 브랜치 이름 지정하기

워크트리 이름과 브랜치 이름을 다르게 지정하고 싶다면 폴더 위치 다음에 브랜치 이름을 지정하면 됩니다. 브랜치가 이미 존재하지 않는 경우 새로 생성하고 싶다면 깃의 다른 명령어와 마찬가지로 -b 플래그를 추가해주면 됩니다. 다음 코드는 feature-1이라는 폴더를 생성하면서 해당 워크트리의 브랜치명은 todo-1으로 명시합니다. -b 플래그를 추가했기 때문에 만약에 todo-1 브랜치가 존재하지 않는다면 생성합니다.

```
# 템플릿
git worktree add [폴더 위치] [브랜치 이름]
# 예제
git worktree add ../feature-1 -b todo-1
```

Git Worktree 삭제하기

작업이 끝났다면 워크트리를 삭제해줘야 합니다. Git Worktree는 단순 폴더 개념이 아니기 때문에 직접 폴더를 삭제한다면 깃에는 여전히 워크트리 정보가 남아 있게 됩니다. 다음 커맨드를 사용해서 사용이 끝난 워크트리를 꼭 삭제해주세요.

```
# 템플릿
git worktree remove [폴더 위치]
# 예제
```

```
git worktree remove ../feature-1
```

Git worktree 정리하기

만약에 실수로 git worktree remove가 아닌 폴더 삭제로 워크트리를 정리했다면 폴더가 삭제되었더라도 깃에는 워크트리 정보가 그대로 남아 있게 됩니다. 이때는 워크트리를 prune해주면 폴더만 삭제되고 깃 히스토리에는 남아 있던 워크트리 정보가 모두 삭제됩니다.

```
git worktree prune
```

한 프로젝트에 병렬로 에이전트 실행하기

git worktree 커맨드를 이해했다면 한 프로젝트에서 어떻게 병렬로 에이전트를 실행할지 이해하기 쉽습니다. 이때부터는 진심으로 하나의 에이전트가 하나의 개발자라고 생각하고 작업해야 합니다. 가장 먼저 해야 할 작업은 '작업을 어떻게 나눌 것인가'입니다. 새로 만들어야 하는 기능이 있거나, 개선해야 하는 기능이 있거나, 버그가 있다면 먼저 이 큰 문제를 작은 문제들로 나누는 게 개발 프로세스의 가장 우선되는 절차입니다. 병렬로 에이전트를 실행할 때도 무작정 워크트리를 생성해서 빠르게 바로 작업을 시키는 게 중요한 게 아니라 각 에이전트에게 어떤 문제를 해결하게 할지 오래 고민해보는 게 중요합니다.

이후 고려할 사항은 머지 컨플릭트입니다. 독립적인 작업을 했을 때 서로의 영역이 침범되지 않도록 충분히 격리된 형태로 작업을 나눠야 합니다. 예를 들어 프런트엔드와 백엔드를 나누거나 아키텍처 레이어별로 작업을 큼직하게 나눈다면 충돌이 날 확률을 현저히 낮출 수 있습니다. 쉬운 예로 백엔드 작업과 프런트엔드 작업으로 나눴다고 가정해보겠습니다. 그렇다면 프런트엔드와 백엔드에 해당하는 두 개의 워크트리를 먼저 생성합니다.

```
git worktree add ../frontend
```

```
git worktree add ../backend
```

그다음 두 개의 터미널을 실행하고 각각 생성된 워크트리 위치로 이동한 후 클로드 코드를 실행하면 한 프로젝트에 두 개의 기능을 동시에 구현할 수 있습니다.

기능을 구현한 다음, 다시 메인 브랜치로 머지하는 방법은 간단합니다. 워크트리를 생성하면 워크트리 이름과 같은 브랜치가 생성된다고 배웠습니다. 워크트리에서 작업이 끝나면 원본 프로젝트에 터미널을 실행한 후 워크트리 브랜치와 병합을 하면 됩니다. 예를 들어 기준이 되는 브랜치가 메인 브랜치고, 프런트엔드 워크트리의 작업이 끝났을 때 다음 코드를 메인 프로젝트에서 실행하면 워크트리에서 한 작업을 병합할 수 있습니다.

```
# 메인 브랜치로 이동
git checkout main
# frontend 브랜치 (frontend worktree 작업) 병합
git merge frontend
```

이런 작업의 숙련도가 올라가기 시작하면 점점 더 많은 작업을 동시에 실행하게 되고 다음과 같은 화면을 몇 개씩 동시에 관리하는 상황이 벌어집니다.

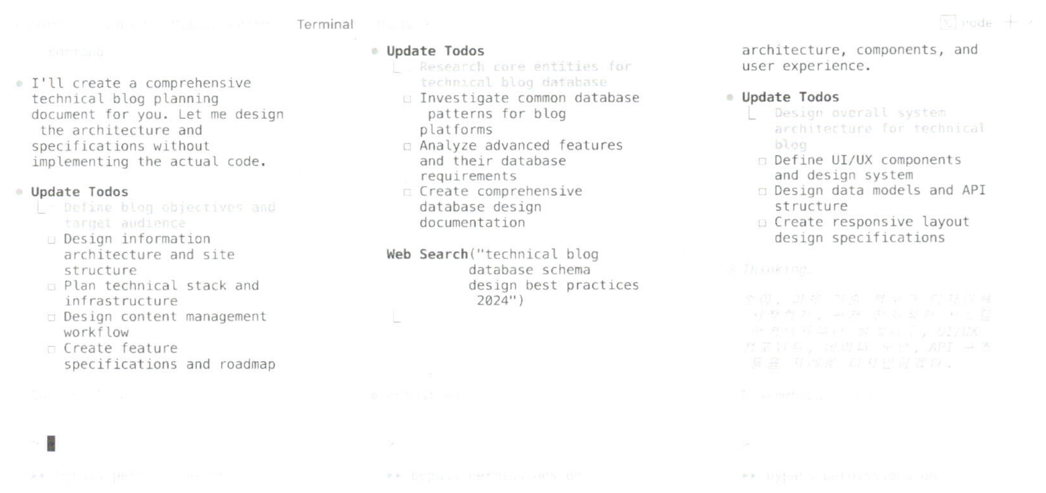

이 방법에 익숙해지면 여러 작업을 동시에 하지 않는 게 불편하게 느껴지죠. 그만큼 업무 효율이 크게 상승합니다. 다만 큰 이슈를 작은 이슈들로 나누고 작은 이슈들을 또 클로드 코드로 한 번에 해결할 수 있는 이슈 단위로 나누는 게 가장 중요합니다. 물론 당장은 급하니까 이슈를 나누는 것이 좀 귀찮을 수 있습니다. 하지만 조급해하지 말고 천천히 프로젝트에 맞는 단위로 이슈를 세분화하세요. 프롬프트를 개선하다 보면 갑자기 모든 게 들어맞기 시작하는 순간이 옵니다. 여러분이 조금 더 빠르게 그 순간에 도달할 수 있도록 다양한 기술과 워크플로를 이 책에서 계속 제공하겠습니다.

챕터 14

깃허브 워크플로 사용하기

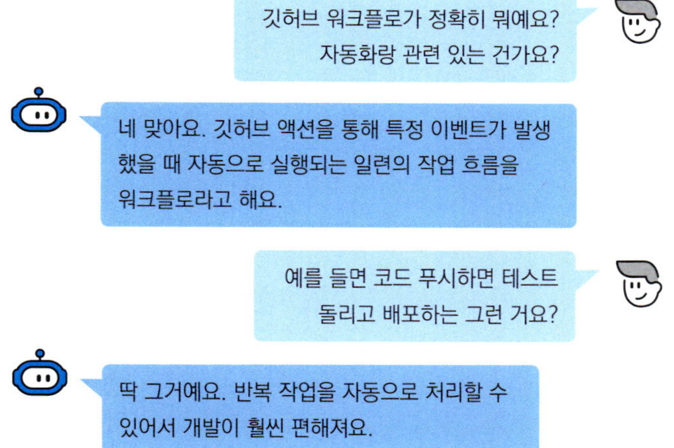

PRD를 제작하고, 실행 계획을 짜고, 파일로 만들어서 진행 상황을 관리하는 건 매우 합리적이고 효율적인 방법입니다. 하지만 이런 작업을 관리하기 위해 만들어진, 개발자들에게 친숙한 도구가 이미 있습니다. 바로 깃Git과 깃허브GitHub입니다. 지금까지 배운 개념을 통합해서 깃허브를 함께 활용할 때의 시너지 효과에 대해 배워보겠습니다.

깃허브 이슈 이해하기

프로젝트를 진행하다 보면 반드시 개선할 점이 생기게 됩니다. 새로운 기능을 추가해야 할 수도 있고, 예기치 못한 버그를 발견할 수도 있고, 더 나은 아이디어를 제시하고 싶을 때도 있습니다. 그럴 때 깃허브 이슈를 사용해서 프로젝트 관련 모든 논의 및 작업 관리를 중앙화할 수 있습니다.

깃허브 이슈의 구성 요소

깃허브 이슈는 다음과 같은 요소로 구성되어 있습니다.

- **제목**Title**과 본문**Body **:** 이슈의 핵심입니다. 제목은 이슈의 내용을 한눈에 파악할 수 있도록 명확하고 간결하게 작성해야 합니다. 본문에는 마크다운을 사용하여 코드 블록, 이미지, 링크 등을 포함한 상세한 정보를 체계적으로 전달할 수 있습니다. 특히 버그 리포트의 경우, 재현 방법, 예상 결과, 실제 결과를 명확히 기술하는 것이 중요합니다.
- **담당자**Assignee **:** 이슈를 처리할 사람을 지정하는 기능입니다. 담당자가 지정되면 해당 이슈에 대한 책임 소재가 명확해지고, 다른 팀원들은 누가 어떤 작업을 하고 있는지 쉽게 파악할 수 있습니다.
- **레이블**Labels **:** 이슈의 종류, 우선순위, 상태 등을 시각적으로 구분해주는 꼬리표입니다. 예를 들어, bug, documentation, priority: high, status: in-progress처럼 레이블을 만들어 붙이면, 수많은 이슈 속에서 원하는 이슈를 쉽게 필터링하고 관리할 수 있습니다.
- **마일스톤**Milestone **:** 특정 목표나 출시 버전과 관련된 이슈들을 그룹화하는 기능입니다. 예를 들어, 'v1.0 출시'라는 마일스톤을 만들고 관련 이슈를 모두 연결하면 목표 달성까지의 진행 상황(예 : 75% 완료)을 한눈에 파악할 수 있습니다.
- **프로젝트**Project **:** 칸반 보드 스타일의 인터페이스를 통해 이슈들을 시각적으로 관리할 수 있는 강력한 기능입니다. 'To Do', 'In Progress', 'Done'과 같은 열을 만들고 이슈 카드를 드래그 앤 드롭하면서 프로젝트 진행 상황을 직관적으로 추적하고 관리할 수 있습니다.
- **연결된 풀 리퀘스트**Linked Pull Request **:** 특정 이슈를 해결하기 위한 코드 변경 사항(풀 리퀘스트)을 직접 연결할 수 있습니다. 이 코드는 어떤 문제를 해결하기 위해 작성되었는지 알 수 있으며, 풀 리퀘스트가 병합되면 연결된 이슈를 자동으로 종료하도록 설정할 수도 있습니다.

클로드 코드를 사용하다 보면 작업이 너무 빠르게 진행되기 때문에 문서만으로 작업을 따라가기 어렵습니다. 문서에 의존하면 팀원끼리 공유하기 어렵고 협업에 장애가 생길 수 있습니다. 클로드 코드를 적극 활용할 땐 깃허브 이슈로 협업하는 걸 강력히 추천합니다.

깃허브 CLI 설치하기

클로드 코드로 깃허브를 연동하는 방법은 두 가지가 있습니다. 첫 번째는 MCP를 사용하는 방법입니다. MCP 사용 경험이 있다면 가장 먼저 떠오르는 방법이죠. 이 방법은 앤트로픽에서 공식적으로 추천하는 방법은 아닙니다. 앤트로픽에서는 깃허브를 연동하는 두 번째 방법인 깃허브 CLI를 사용하는 걸 추천하고 있습니다.

d. If using GitHub, install the gh CLI
Claude knows how to use the `gh` CLI to interact with GitHub for creating issues, opening pull requests, reading comments, and more. Without `gh` installed, Claude can still use the GitHub API or MCP server (if you have it installed).

01 OS별 다운로드 가이드를 확인하세요. macOS는 Homebrew, Windows는 WinGet이나 Chocolatey 사용을 추천합니다.

- **설치 가이드 :** github.com/cli/cli#installation

```
# Windows(WinGet) 설치
winget install —id GitHub.cli
# Windows(Chocolatey) 설치
choco install gh
# macOS 설치
macOS(Homebrew) : brew install gh
```

02 터미널이나 파워셸에서 gh --version을 실행했을 때 버전이 잘 출력되면 설치 완료입니다.

```
(base) jihochoi@Jiui-MacBookPro Desktop % gh --version
gh version 2.74.2 (2025-06-17)
https://github.com/cli/cli/releases/tag/v2.74.2
```

03 Where do you use GitHub? 질문에 GitHub.com을 선택해주세요. 위아래 화살표로 선택지를 고를 수 있습니다. CLI와 깃허브 계정을 연동하는 과정입니다.

```
(base) jihochoi@Jiui-MacBookPro Desktop % gh auth login
? Where do you use GitHub?  [Use arrows to move, type to filter]
> GitHub.com
```

04 What is your preferred protocol for Git operation on this host? 질문에 SSH를 선택해주세요.

```
(base) jihochoi@Jiui-MacBookPro Desktop % gh auth login
? Where do you use GitHub? GitHub.com
? What is your preferred protocol for Git operations on this host?  [Use arrows to move, type to filter]
  HTTPS
> SSH
```

05 Upload your SSH public key to your GitHub account? 질문에 이미 사용하고있는 pub키를 선택해주세요. 만약에 SSH 키를 아직 생성하지 않았다면 깃허브 공식 문서의 SSH 생성 부분을 참고해주세요.

- **깃허브 공식 문서 :** docs.github.com

```
(base) jihochoi@Jiui-MacBookPro Desktop % gh auth login
? Where do you use GitHub? GitHub.com
? What is your preferred protocol for Git operations on this host? SSH
? Upload your SSH public key to your GitHub account?  [Use arrows to move, type to filter]
> /Users/jihochoi/.ssh/id_ed25519.pub
  Skip
```

06 Title for your SSH key: 질문은 아무 것도 입력할 필요없이 기본값으로 Enter 를 치면 됩니다.

```
(base) jihochoi@Jiui-MacBookPro Desktop % gh auth login
? Where do you use GitHub? GitHub.com
? What is your preferred protocol for Git operations on this host? SSH
? Upload your SSH public key to your GitHub account? /Users/jihochoi/.ssh/id_ed25519.pub
? Title for your SSH key: (GitHub CLI)
```

07 How would you like to authenticate GitHub CLI? 질문에는 Login with a web browser를 선택하면 됩니다.

```
(base) jihochoi@Jiui-MacBookPro Desktop % gh auth login
? Where do you use GitHub? GitHub.com
? What is your preferred protocol for Git operations on this host? SSH
? Upload your SSH public key to your GitHub account? /Users/jihochoi/.ssh/id_ed2
5519.pub
? Title for your SSH key: GitHub CLI
? How would you like to authenticate GitHub CLI?  [Use arrows to move, type to f
ilter]
> Login with a web browser
  Paste an authentication token
```

08 Press Enter to open...이 나오면 Enter 를 눌러주세요.

```
(base) jihochoi@Jiui-MacBookPro Desktop % gh auth login
? Where do you use GitHub? GitHub.com
? What is your preferred protocol for Git operations on this host? SSH
? Upload your SSH public key to your GitHub account? /Users/jihochoi/.ssh/id_ed2
5519.pub
? Title for your SSH key: GitHub CLI
? How would you like to authenticate GitHub CLI? Login with a web browser

! First copy your one-time code: 2106-85A4
Press Enter to open https://github.com/login/device in your browser...
```

09 브라우저가 실행되면 내 깃허브 계정을 선택하고 연동을 진행하면 됩니다.

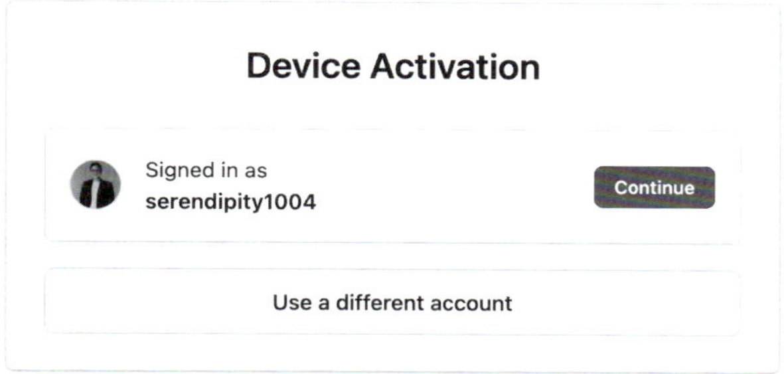

레이블 생성하기

효율적으로 깃허브 워크플로를 자동화하려면 적합한 레이블을 생성해야 합니다. 저는 개발 영역, 복잡도, 작업 유형으로 나누는 걸 추천합니다. 여기에 도메인까지 추가하면 더 도움이 됩니다. 레이블은 장점이 많습니다. 여러 에이전트에게 병렬로 작업을 던져줄 때 서로 겹치지 않는지 한눈에 확인할 수 있습니다. 또한 클로드 모델 선택의 기준이 됩니다. 예를 들어 복잡도가 높으면 클로드 Opus를 사용하고 낮으면 클로드 Sonnet을 사용하면 됩니다.

- **개발 영역 :** 프런트엔드, 백엔드 등
- **복잡도 :** 복잡, 보통, 쉬움
- **작업 유형 :** 문서화, 기능, 테스트
- **도메인 :** 사용자, 상품, 결제

레이블의 형태가 꼭 정해져 있는 건 아닙니다. 에이전트들을 효율적으로 활용할 수 있는 표시가 될 수 있다면 어떻게 분류를 해도 상관 없습니다. 다음 그림은 제가 자주 사용하는 레이블 예제입니다.

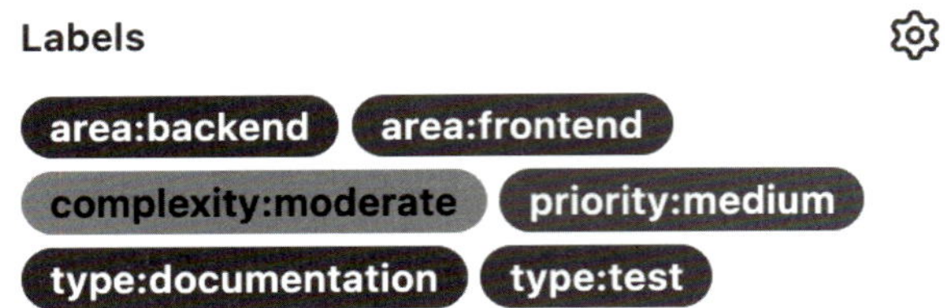

이전에는 깃허브 UI를 사용한 방법이 레이블을 가장 쉽게 생성하는 방법이었습니다. 이제는 클로드 코드로 한 번에 생성하는 게 훨씬 빠릅니다.

01 생성하고 싶은 레이블을 명시하고 이 모든 레이블을 생성할 수 있는 커맨드를 출력해달라고 프롬프팅해보겠습니다.

깃허브에 개발 영역 (프런트엔드인지 백엔드인지 등), 복잡도 (복잡, 보통, 쉬움), 작업 유형(다큐멘테이션, 기능, 테스트) 이런 레이블을 생성할 건데 깃허브 CLI를 어떻게 실행하면 될지 보여줘.

```
gh label create "영역:프런트엔드" --description "프런트엔드 관련 작업" --color "D4F4FA"
gh label create "영역:백엔드" --description "백엔드 관련 작업" --color "E9DEFA"
gh label create "영역:DevOps" --description "배포 및 인프라 관련 작업" --color "FBE6C6"
gh label create "복잡도:복잡" --description "상당한 노력이 필요한 복잡한 작업" --color "F9D0C4"
gh label create "복잡도:보통" --description "일반적인 수준의 작업" --color "FEF2C0"
gh label create "복잡도:쉬움" --description "간단하고 빠르게 처리할 수 있는 작업" --color
"B4E1D2"
gh label create "종류:다큐멘테이션" --description "문서 작성 또는 수정" --color "C5DEF5"
```

```
gh label create "종류:기능" --description "새로운 기능 개발" --color "F4B6C2"
gh label create "종류:테스트" --description "테스트 코드 작성 또는 리팩터링" --color "D4C5F9"
gh label create "종류:버그" --description "버그 수정" --color "f29513"
gh label create "종류:리팩터링" --description "코드 품질 개선" --color "a2eeef"
```

생성한 커맨드가 맘에 든다면 바로 실행해보세요. 모든 레이블이 깃허브에 생성됩니다.

이슈 생성하기

깃허브 워크플로를 생성할 때 가장 중요한 건 이슈를 생성하는 과정입니다. 실행 계획을 만드는 것처럼 해결하고 싶은 문제를 작은 태스크로 나누어 순서대로 생성하는 게 중요합니다. 이슈는 레이블을 명확히 달아줄수록 효율적입니다. 그래야 작업을 부여하는 개발자도, 작업을 수행하는 에이전트도 정확하게 상황을 파악할 수 있습니다.

01 이 작업 역시 커스텀 커맨드를 활용해서 작업하면 매우 빠르게 할 수 있습니다. 깃허브 워크플로를 사용한다면 자주 사용하는 커맨드가 될 것입니다. 처음에는 작업 순서를 명시하고 어떤 형태로 이슈를 반환할지 구조를 알려주는 게 좋습니다. 커스텀 커맨드 파일을 만들고 다음 커맨드를 작성해보겠습니다.

파일 이름 : ./.claude/commands/decompose-issue.md

```
# 작업 세분화하기
너는 이제부터 작업을 세분화하는 전략 전문가야. 아규먼트로 세분화해야 하는 작업을 입력받고
그 작업을 독립적인 여러 개의 이슈로 분해하는 작업을 해줘.

## 작업 순서
- **작업 분석:** 작업의 핵심 요구사항과 목표를 이해하기.
- **작업 분해:** 주요 작업을 더 작고 관리하기 쉬운 하위 작업 또는 이슈로 나누기.
- **의존성 분속:** 다른 작업이 선행돼야 하는 의존성 파악하기
- **분해된 이슈 출력:** 분해된 이슈들을 출력하기.
- **깃허브에 이슈를 생성할지 묻기:** 깃허브에 이 이슈들을 공식적으로 생성할지 여부를 사용
  자가 결정하도록 요청하기
```

02 만약 실행 계획을 만든다면 이 커맨드가 충분한 기반이 될 수 있습니다. 하지만 완전히 자유로운 구조보다는 깃허브 이슈에 어울릴 만한 형태로 작업을 세분화해야 하기 때문에 어떤 형태로 이슈를 구성할지 지정해주는 게 좋습니다. 이미 작성한 파일 다음에 추가로 작성해주세요.

파일 이름 : ./.claude/commands/decompose-issue.md

```
...생략...
## 이슈 템플릿
<github_issue_template>
---
title: [종류] 명확하고 실행 가능한 제목
labels:
- 종류:기능¦종류:버그¦종류:리팩터링¦종류:테스트¦종류:다큐멘테이션
- 영역:프런트엔드¦영역:백엔드¦영역:DevOps
- 복잡도:쉬움¦복잡도:보통¦복잡도:복잡
---
## 설명
[무엇을 해야 하고 왜 해야 하는지]
## 작업 유형
- [ ] 백엔드
- [ ] 프런트엔드
- [ ] 풀스택
- [ ] 기타: [명시]
## 완료 조건
- [ ] 특정 요구사항 1
- [ ] 특정 요구사항 2
- [ ] 테스트 통과
- [ ] 린팅 통과
- [ ] 문서 업데이트 (해당하는 경우)
## 구현 참고사항
### 수정할 파일
- `path/to/file1.tsx` - [무엇을 변경할지]
- `path/to/file2.ts` - [무엇을 변경할지]
### 따를 패턴
- 참조: `@/components/example/pattern.tsx
- [위치]의 기존 [패턴 이름] 사용
### 기술적 고려사항
- [주의할 점 또는 특별 고려사항]
- [성능 영향]
- [보안 고려사항]
## 의존성
- [ ] 없음
- [ ] 이슈 #[번호]가 먼저 완료되어야 함
- [ ] [외부 의존성] 필요
...생략...
```

03 구조를 명시하는 프롬프트는 상세하고 구조가 잘 잡혀 있을수록 좋고, 분해 작업 정의는 글머리나 순서를 간결하게 작성하는 것이 좋습니다. 사용자 프로필 페이지를 작업해야 한다는 가정을 하고 단순한 명령어를 제시해보겠습니다.

/decompose-issue 사용자 프로필 페이지를 완성하려고 해. 프로필 페이지에서 프로필 이미지 변경, 소개 변경, 비밀번호 변경, 로그아웃을 할 수 있도록 구성해줘.

물론 실제로 실무 작업을 할 때는 이것보다 상세하게 프롬프트를 구성하는 게 좋습니다. 정확히 어떤 기능을 어떤 식으로 해야 하는지 포함하거나 PRD를 함께 제공해주면 좋은 결과를 얻어낼 수 있습니다. 하지만 보편적인 작업이라면 이 정도 프롬프트로 충분합니다. 실행하면 정확히 해야 할 일을 분석하고 Todo 리스트를 제작합니다.

```
● Update Todos
  └ ☐ 현재 프로필 페이지 구현 상태 분석
    ☐ 프로필 페이지 작업을 GitHub 이슈로 분해

  먼저 현재 프로필 페이지의 구현 상태를 확인해보겠습니다.
```

그리고 이슈를 잘 분석해서 여러 개의 이슈로 나눠줍니다. 다음은 클로드 코드가 분해한 이슈입니다. 실제로는 4개의 이슈로 분해됐는데 가장 예제로 보기 좋은 두 번째 이슈만 같이 확인해보겠습니다.

```
이슈 #2: 비밀번호 변경 기능 구현

title: [기능] 비밀번호 변경 기능 구현
  labels:
- 종류:기능
- 영역:풀스택
- 복잡도:복잡

## 설명
  사용자가 현재 비밀번호를 확인하고 새 비밀번호로 변경할 수 있는 기능을 구현합니다.

## 작업 유형
- 프런트엔드
- 백엔드
```

```
- 풀스택
- 기타

## 완료 조건
- 비밀번호 변경 폼 컴포넌트 생성
- 현재 비밀번호 검증
- 새 비밀번호 강도 검증
- 서버 액션 구현
- Supabase 비밀번호 업데이트 API 연동
- 성공/실패 피드백
- 테스트 통과
- 린팅 통과

## 구현 참고사항

### 수정할 파일
- components/profile/password-change-form.tsx - 새 컴포넌트
- app/actions/auth/change-password.ts - 새 서버 액션
- lib/validations/auth.ts - 비밀번호 검증 스키마 추가
- app/profile/edit/page.tsx - 비밀번호 변경 섹션 추가

### 따를 패턴
- 참조: @/app/actions/auth/login.ts
- TanStack Form 사용
- Zod 검증 스키마

### 기술적 고려사항
- Supabase Auth API 사용
- 비밀번호 강도 검증 (최소 8자, 대소문자, 숫자, 특수문자)
- 보안을 위한 rate limiting 고려
## 의존성
- 이슈 #1이 먼저 완료되어야 함

## 예상 소요 시간
4-8시간
```

저희가 명시한 구조와 동일한 것을 확인할 수 있습니다. 이후 클로드 코드가 마지막으로 분해된 이슈들을 깃허브에 생성할지 물어봅니다.

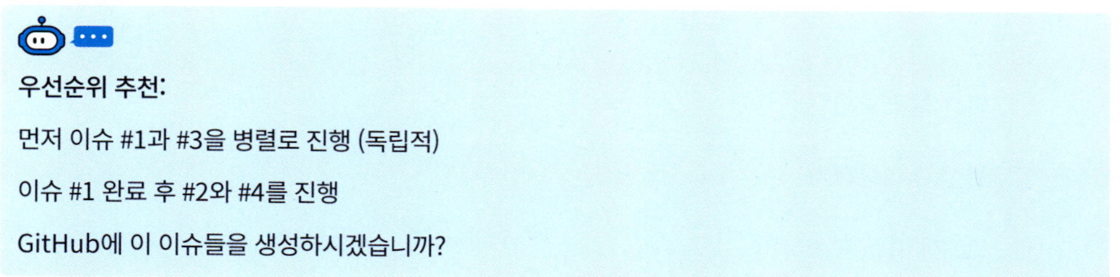

우선순위 추천:
먼저 이슈 #1과 #3을 병렬로 진행 (독립적)
이슈 #1 완료 후 #2와 #4를 진행
GitHub에 이 이슈들을 생성하시겠습니까?

'생성해달라'고 대답하면 지금까지 작업한 이슈를 전부 깃허브에 올려줍니다. 클로드 코드가 지금까지 작업한 내용을 바탕으로 명령을 실행하기 때문에 특별한 프롬프트를 제공할 필요가 없습니다. 정상적으로 프롬프트가 실행됐다면 분할된 모든 이슈를 깃허브에서 확인할 수 있습니다.

[기능] 비밀번호 변경 기능 구현 #214

Open

serendipity1004 opened now

설명

사용자가 현재 비밀번호를 확인하고 새 비밀번호로 변경할 수 있는 기능을 구현합니다.

작업 유형

- [x] 프론트엔드
- [x] 백엔드
- [x] 풀스택
- [ ] 기타

완료 조건

- [ ] 비밀번호 변경 폼 컴포넌트 생성
- [ ] 현재 비밀번호 검증
- [ ] 새 비밀번호 강도 검증
- [ ] 서버 액션 구현

깃허브 이슈가 생성된 모습

이슈 작업하기

클로드 코드를 포함한 모든 LLM은 정확한 작업 목표, 순서, 예시가 있어야 좋은 결과물을 생성합니다. 저희가 만들어낸 이슈를 보면 이 조건을 잘 갖춘 형태로 분할되어 있습니다. 이제 이슈를 해결하겠습니다. 클로드 코드에게 이슈 고유 번호를 알려주면, 해당 이슈를 해결하도록 커스텀 슬래시 커맨드를 작성하겠습니다. 이슈마다 복잡한 프롬프트를 작성할 필요 없이, 명령 한 줄로 이슈를 하나씩 해결할 수 있을 겁니다.

이슈를 해결하는 커스텀 슬래시 커맨드를 작성할 때 가장 중요한 점은 **작업의 완료를 어떻게 확인하고 점검할 것인가?** 입니다. AI가 아닌 실제 개발자에게 지시한다고 생각하세요. 작은 작업 단위로 나누어서 순서대로 진행하도록 만들면 됩니다.

1. **이슈 불러오기**
2. **브랜치 세팅하기**
3. **코드베이스 분석하기**
4. **이슈 해결 계획 세우기**
5. **이슈 해결하기**
6. **테스트 작성하기**
7. **검증하기**
8. **풀 리퀘스트 생성하기**

01 정확히 이 워크플로를 적용해보겠습니다. 새로운 커스텀 슬래시 커맨드 설정 파일을 생성하고 다음과 같이 작성하세요.

파일 이름 : ./.claude/commands/resolve-issue.md

```
# 깃허브 이슈 해결하기
너는 지금부터 깃허브 이슈를 해결하는 엘리트 소프트웨어 개발자야. 아규먼트로 깃허브 이슈 고
유 숫자를 넘겨주면 이 숫자에 해당되는 Issue를 해결하는 작업을 해줘.

## 작업 순서
- **이슈 불러오기** 깃허브 CLI를 사용해서 이슈를 불러와줘. 제목과, 본문, 레이블을 확인하
  고 이슈를 정확히 이해해줘.
- **브랜치 세팅하기** 이슈를 해결할 브랜치를 세팅해줘. main 브랜치에서 issue-$ISSUE_
  NUMBER 형태로 새로운 브랜치를 생성 후 작업해줘 (예: issue-72)
- **코드베이스 분석하기** 배정된 이슈를 해결하기 위해서 알고 있어야 하는 정보를 코드베이스
  분석을 통해서 콘텍스트를 확보해줘. 최대 10개의 서브에이전트를 필요한만큼 생성해서 독립적
  으로 코드베이스를 리서치하도록 해줘.
- **이슈 해결 계획 세우기** 취합한 정보를 기반으로 어떻게 이슈를 해결할지 계획을 세워줘.
  Scratchpad를 사용해서 생각의 흐름을 모두 보여줘
- **이슈 해결하기** 계획을 기반으로 이슈를 해결해줘. 하나의 서브에이전트를 생성해서 작업해
  줘.
- **테스트 작성하기** 작업한 이슈들을 검증 할 수 있는 유닛 테스트를 작성해줘. 엣지 케이스
```

```
  들을 포함해서 80% 이상의 커버리지를 확보 할 수 있는 테스트를 작성해줘. 파일별로 독립적인
  에이전트를 생성해서 병렬로 작업해줘.
- **검증하기** 테스트, 린트, 빌드를 각각 독립적인 서브에이전트로 실행하고 문제있는 이슈들
  을 해결해줘.
- **PR 생성하기** 풀 리퀘스트를 생성해줘.
```

프로젝트가 작다면 클로드 코드에게 플랜을 짜고 기능을 구현하라고 명령하면 대체로 잘 해결합니다. 하지만 프로젝트가 커질수록 프로젝트를 파악하기 어려워집니다. 작업이 길어지면 길을 잃기도 합니다. 이런 상황을 방지하려면 에이전트가 새로 작성한 코드와 현재 프로젝트를 병합해도 괜찮은지 항상 확인해야 합니다. 그렇지 않으면 AI를 잘 다루지 못하는 개발자가 항상 하는 불평처럼, 산으로 가는 프로젝트를 보게 될지도 모릅니다. 기능을 작업할 때마다 테스트, 린트, 빌드를 꼭 진행해야 최소한의 안정성을 보장받을 수 있습니다.

하나의 이슈를 해결할 때마다 테스트, 린트, 빌드를 직렬로 실행하는 건 곤란합니다. 작업 속도가 대폭 느려지기 때문입니다. 그래서 저희 커스텀 슬래시 커맨드에서는 코드베이스 분석, 테스트 작성, 검증에 사용하는 각 서브에이전트를 병렬로 작업하도록 유도했습니다. 이 방식은 작업 시간을 최소 반 이하로 줄일 수 있을 뿐 아니라 메인에이전트의 콘텍스트 사이즈도 아낄 수 있기 때문에 여러모로 작업에 유리합니다.

이 커스텀 커맨드는 이슈 번호와 함께 실행해주면 됩니다. 예를 들어, 186번 이슈를 해결할 때는 /resolve-issue 186를 실행합니다. 복잡한 프롬프트 없이도 즉시 이슈를 해결하고 테스트, 린트, 빌드 검증까지 진행합니다.

```
> /github:resolve-issue is running… 200

✻ Thinking…

  The user is running a command to resolve GitHub issue #200. I need to:
  1. First fetch and analyze the issue details
  2. Set up a new branch
  3. Analyze and plan the implementation
  4. Implement the solution
  5. Test it
  6. Merge from remote
  7. Run quality checks in parallel
  8. Create a pull request

  Let me start by fetching the issue details.

  I'll help you resolve GitHub issue #200. Let me start by fetching and analyzing the issue details.

● Bash(gh issue view 200 --json title,body,labels,state)
  ⎿ {
       "body": "## Description\nImplement actual course progress tracking to replace mock progress percenta
     ges. Track lesson completions, quiz scores, and overall course progress.\n\n## Task Type\n- [x] Backer
     … +42 lines (ctrl+r to expand)
```

왜 이슈 해결 자체는 여러 서브에이전트로 작업하지 않을까요? 어느 정도 경력이 있는 개발자라면 그 답을 유추할 수 있으리라 생각합니다. 이미 각 이슈가 독립적으로 해결할 수 있는 작업으로 나뉘어 있기 때문에, 다시 세분화하는 건 어색한 일입니다. 서브에이전트가 구현한 작업물을 합칠 때 충돌이 발생하거나 테스트 및 검증 작업이 오래 걸릴 수 있습니다. 물론 각각 이슈를 조금 더 크게 나누는 걸 선호한다면 서브에이전트를 사용했을 때 강점이 있을 수 있습니다. 본인 스타일에 맞게 워크플로를 구축하면 됩니다.

병렬로 이슈 작업하기

깃허브 워크플로에서, 워크트리를 활용한 병렬 작업법을 배웠습니다. 병렬 작업법을 활용하면 여러 이슈를 동시에 독립적으로 해결할 수 있고 진정한 의미의 개발 팀을 운영할 수 있습니다.

01 기본 개념은 이미 소개한 대로 Git Worktree를 활용해서 /resolve-issue 커맨드로 독립적인 이슈를 해결하도록 하는 것입니다. 새로운 이슈를 해결할 때마다 터미널을 새로 실행하고, 워크트리를 생성하고, 워크트리로 이동한 다음 Claude를 실행해서 /resolve-issue 커스텀 커맨드를 실행할 수도 있지만 금방 이 과정도 너무 반복적이라고 느끼게 될 것입니다. 그럴 땐 아래 셸 스크립트를 저장해두고 사용하기를 추천합니다.

파일 이름 : create-worktree.sh

```
#!/bin/bash
if [ $# -eq 0 ]; then
   echo "Error: Worktree 이름을 명시해주세요!"
   return 1
fi
ARGUMENT=$1
WORKTREE_PATH="../${폴더이름}/$ARGUMENT"
# Create the worktree, and if successful, change directory
if git worktree add "$WORKTREE_PATH"; then
   echo "Worktree 생성 성공: $WORKTREE_PATH"
   cd "$WORKTREE_PATH" || return 1
   echo "→디렉터리 변경 완료 : $(pwd)"
   claude
else
   echo "Worktree 생성 실패."
   return 1
```

```
fi
```

02 실행 방법은 단순합니다. 터미널에서 위 셸 스크립트를 저장한 위치로 이동한 다음 다음 명령어를 실행하세요.

```
./create-worktree.sh issue-${이슈번호}
```

예를 들어 79번 이슈를 해결해야 한다면 이렇게 실행하면 됩니다.

```
./create-worktree.sh issue-79
```

그럼 자동으로 지정한 폴더에 issue-79라는 폴더와 워크트리가 생성되고 같은 위치에서 클로드 코드가 실행됩니다. 클로드 코드가 실행되면 /resolve-issue 79를 실행하세요. 여기서 한 발 더 나아가서, 인터렉티브 모드를 실행하는 것 조차 싫다면 헤드리스 모드를 활용해도 좋습니다.

03 다음과 같이 스크립트를 수정하면 인터렉티브 모드를 따로 실행할 필요도 없이 이슈를 자동으로 해결할 수 있습니다.

파일 이름 : create-worktree.sh

```
if git worktree add "$WORKTREE_PATH"; then
  echo "Worktree 생성 성공: $WORKTREE_PATH"
  cd "$WORKTREE_PATH" || exit 1 # Use exit for standalone scripts
  echo "디렉터리 변경 완료 : $(pwd)"

  # Extract the number from the argument
  # This assumes the number is the last part after the last hyphen
  # Example: "feature-branch-123" will extract "123"
  ISSUE_NUMBER=$(echo "$ARGUMENT" | awk -F'-' '{print $NF}')

  # Check if ISSUE_NUMBER is a valid number (optional, but good practice)
  if [[ "$ISSUE_NUMBER" =~ ^[0-9]+$ ]]; then
      echo "Running claude command for issue: $ISSUE_NUMBER"
      claude -p "/user:resolve-issue $ISSUE_NUMBER"
  else
      echo "Warning: Could not extract a valid issue number from '$ARGUMENT'. Skipping
claude command."
```

```
  fi
else
  echo "Worktree 생성 실패."
  exit 1 # Use exit for standalone scripts
fi
```

```
(base) jihochoi@Jiui-MacBookPro codefactory-nextjs % . ./create-worktree.sh issue-79
Preparing worktree (new branch 'issue-79')
HEAD is now at 2568089 feat: implement Toss Payments v2 integration with automatic enrollment
✅ Successfully created worktree at: ../codefactory-nextjs-worktree/issue-79
➡ Changed directory to /Users/jihochoi/Documents/projects/codefactory-nextjs-worktree/issue-79

* Welcome to Claude Code!

  /help for help, /status for your current setup

  cwd: /Users/jihochoi/Documents/projects/codefactory-nextjs-worktree/issue-79

* Tip: Did you know you can drag and drop image files into your terminal?

> Try "how do I log an error?"

  ? for shortcuts                                                    ○
                                                   Bypassing Permissions
```

여기까지 워크플로를 구축했다면, 이제 매니저의 역할만 하면 됩니다. 매니저라고 해서 거창한 것이 아닙니다. 지금까지 했던 내용을 반복하고 관리하면 됩니다.

1. 제작하고 있는 서비스를 확인하며 필요한 요구사항들을 정리합니다.
2. 요구사항을 작은 이슈로 분할하도록 클로드 코드에게 명령하고 이슈들을 깃허브에 올립니다.
3. 필요한 만큼 워크트리를 병렬로 생성해서 클로드 코드가 풀 리퀘스트를 올리도록 합니다.
4. 깃허브에서 변경 사항들을 모니터링한 후 메인 브랜치로 머지합니다.

워크플로를 구현하다 보면 분명히 잘 안 되는 부분이 생길 겁니다. 예를 들어 이슈가 너무 큰 단위로 나눠지고 있다거나, 충돌이 너무 자주 생긴다거나, 충분히 테스트가 작성되지 않는 등 다양한 문제가 생길 수 있습니다. 에이전트가 주니어 개발자라고 생각하세요. 해결법은 똑같습니다. 작업을 어려워하는 주니어가 있다면 작업 플로우를 확인하고 할당 작업을 축소하거나 부가적인 설명을 해주면 됩니다. 클로드 코드를 활용할 때도 똑같이 프롬프트를 개선하며 내가 원하는 수준으로 클로드 코드가 해결할 때까지 워크플로를 수정해나가면 됩니다.

요즘 바이브 코딩

파트 04

클로드 코드 실전 사용 방법 알아보기

챕터 15

클로드로 아이디어 구체화하기

클로드로 아이디어를 구체화할 수 있다던데, 어떻게 하는 거예요?

클로드는 논리 구조나 흐름 정리에 강해서, 막연한 생각을 글이나 기획 문서 형태로 정리하는 데 유용해요.

그럼 그냥 "이런 서비스 만들고 싶어요"라고 말하면 구조를 잡아줘요?

맞아요. 핵심 질문으로 되묻거나, 비슷한 사례를 참고해주면서 아이디어를 현실적인 방향으로 다듬어줘요.

지금까지는 클로드 코드를 활용한 에이전틱 코딩 방법론에 대해서만 배웠습니다. 이게 단지 이론이 아니라 실제로 프로젝트에 적용 가능하다는 것을 증명하기 위해 실무 프로젝트를 진행해보겠습니다. 이번 프로젝트는 성공한 노마드 개발자로 유명한 Pieter Levels의 노마드 리스트 프로젝트를 모방해서 일명 K-노마드 리스트를 만들어보겠습니다.

Playwright MCP 설정하기

바이브 코딩을 하기로 결정했다고 꼭 클로드 코드의 에이전트 모드만 사용해야 하는 건 아닙니다. 클로드 데스크톱을 함께 사용하면 콘텍스트를 효율적으로 나눠서 작업할 수 있습니다. 클로드 코드는 프로젝트를 직접 수정할 때만 사용하고 아이디어 정리나 PRD 작성 등 독립적으로 수행할 수 있는 작업은 따로 클로드 데스크톱에서 콘텍스트를 유지하는 게 좋습니다.

AI 이전 시대에는 비슷한 느낌의 서비스를 기획하거나 웹사이트를 디자인하고 싶을 때 디자이너를 고용해서 와이어프레이밍과 목업을 했어야 했습니다. 하지만 AI 시대에는 영감을 얻고 싶은 대상이 명확하다면 Playwright MCP로 대상 서비스를 파악하고 필요한 정보를 수집할 수 있습니다. 지금부터 클로드 데스크톱에 Playwright를 설정해보겠습니다.

01 클로드 데스크톱을 실행하고 상태바에서 [설정]를 눌러주세요.

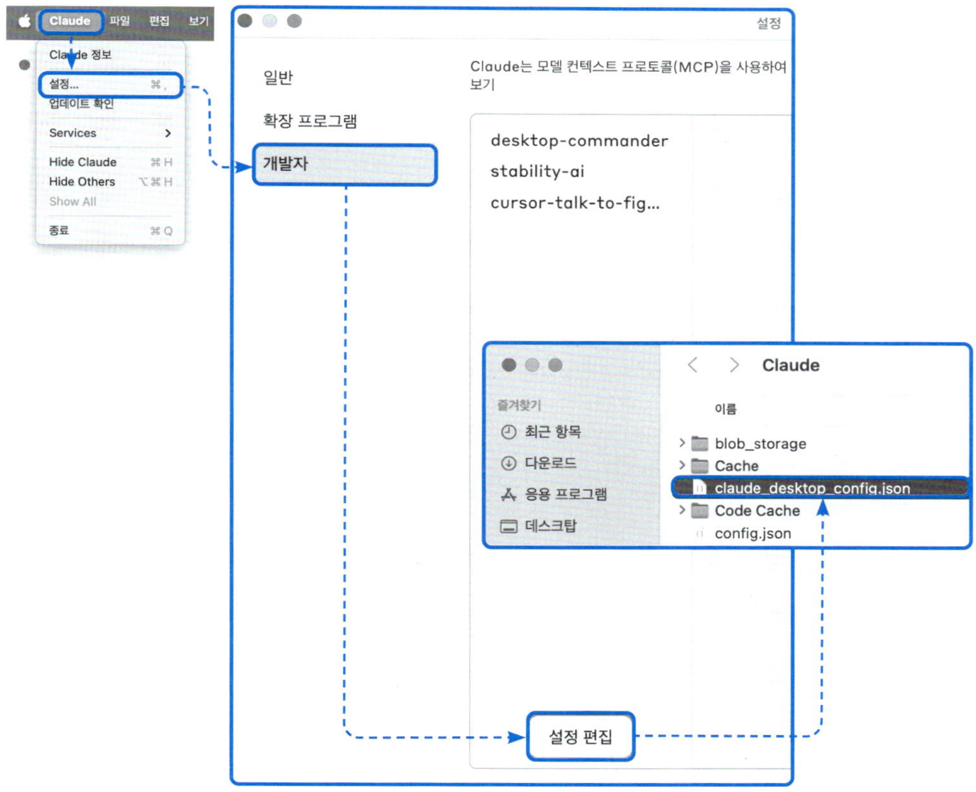

02 실행된 창에서 [개발자]를 선택한 후 [설정 편집] 버튼을 눌러주세요. 탐색기가 실행되며 클로드 데스크톱의 세팅 파일 위치로 이동됩니다. 파일 이름은 claude_desktop_config.json입니다. 파일 이름이 다르더라도 [설정 편집] 버튼을 눌렀을 때 선택된 파일이라면 해당 파일을 사용하면 됩니다.

03 Visual Studio Code에서 파일을 열어주세요. 그리고 다음 JSON을 그대로 입력해주세요.

파일 이름 : claude_desktop_config.json

```
{
   "mcpServers": {
      "playwright": {
         "command": "npx",
         "args": [
            "@playwright/mcp@latest"
         ]
      }
   }
}
```

NOTE JSON 파일을 편집할 수 있는 도구라면 Visual Studio Code가 아니더라도 상관 없습니다.

04 Node.js를 설치해주세요. 운영체제에 맞는 옵션을 선택한 후 설치 파일을 다운로드해서 설치하면 됩니다.

- **Node.js 설치 :** nodejs.org/ko/download

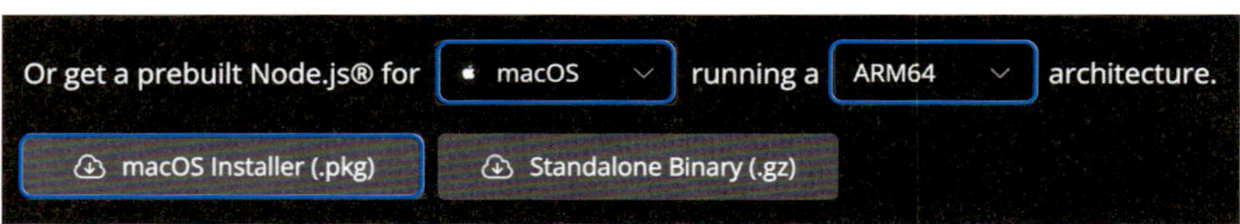

터미널을 실행한 후 다음 코드를 실행해주세요.

```
npm i -g playwright-mcp
```

```
(base) jihochoi@Jiui-MacBookPro codefactory-nextjs % npm i -g playwright-mcp
npm warn EBADENGINE Unsupported engine {
npm warn EBADENGINE   package: 'vite@7.0.3',
npm warn EBADENGINE   required: { node: '^20.19.0 || >=22.12.0' },
npm warn EBADENGINE   current: { node: 'v18.20.4', npm: '10.7.0' }
npm warn EBADENGINE }
npm warn EBADENGINE Unsupported engine {
npm warn EBADENGINE   package: 'eventsource-parser@3.0.3',
npm warn EBADENGINE   required: { node: '>=20.0.0' },
npm warn EBADENGINE   current: { node: 'v18.20.4', npm: '10.7.0' }
npm warn EBADENGINE }

removed 1 package, and changed 192 packages in 13s

28 packages are looking for funding
  run `npm fund` for details
```

05 클로드 코드에서 새로운 채팅을 생성했을 때 다음과 같이 Playwright 옵션이 나온다면 설정 성공입니다. [→ playwright]를 누르고 이동했을 때 보이는 모든 기능들을 허가해주세요.

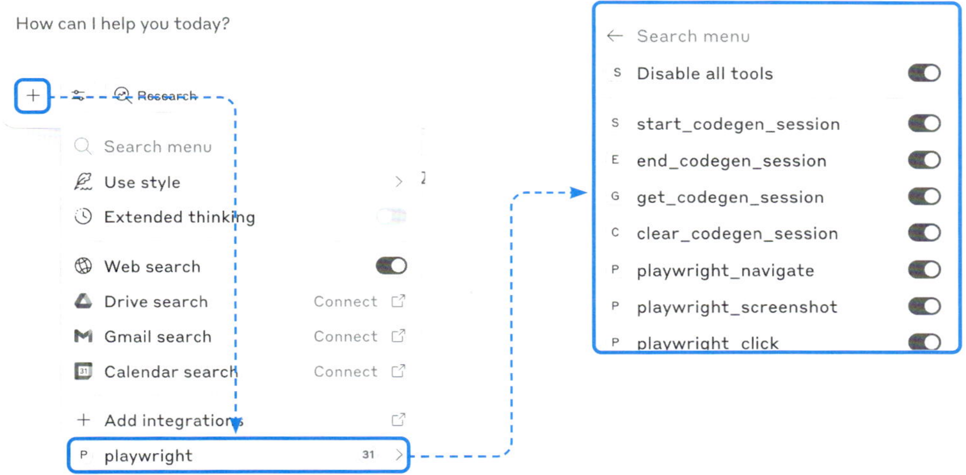

06 Playwright 설정이 잘 됐는지 확인해보겠습니다. 간단한 검색을 지시하고 클로드가 권한을 요청할 때마다 [항상 허용]을 누르세요.

Playwright로 구글에서 코드팩토리 검색해줘

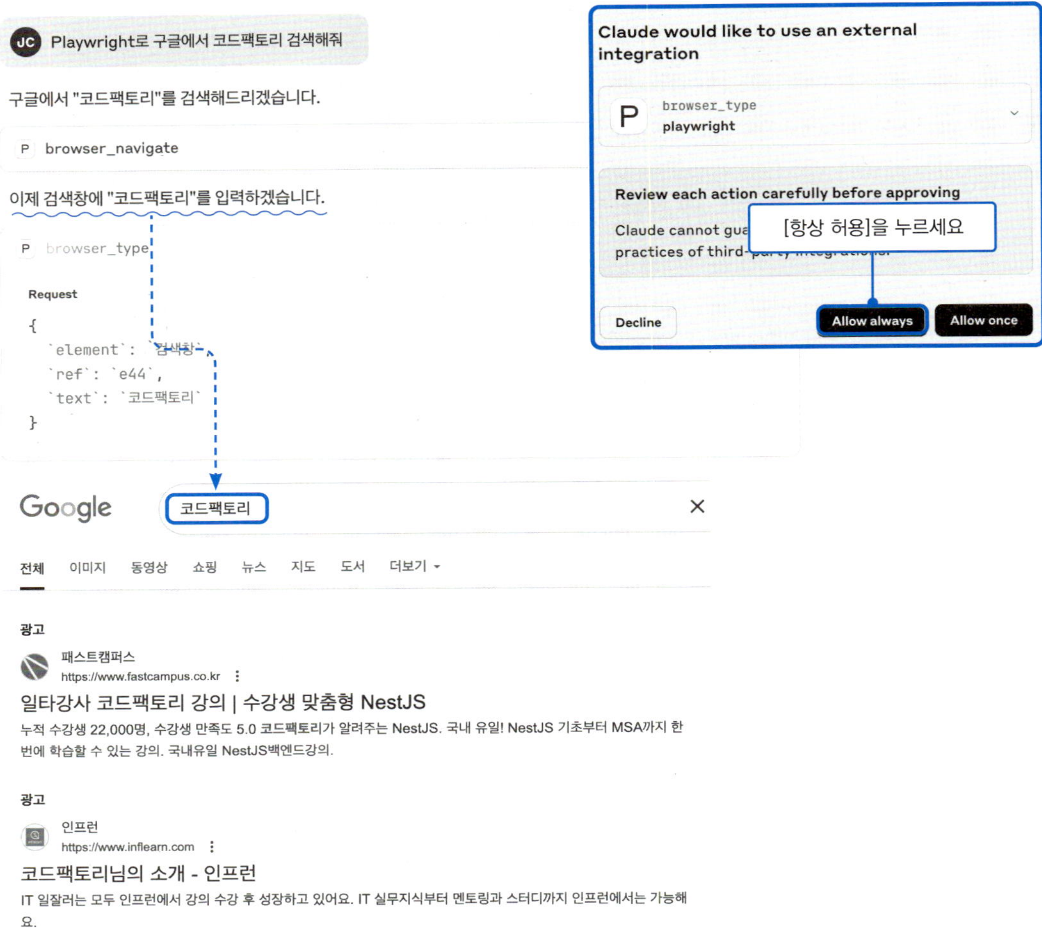

프롬프트가 실행되면 자동으로 브라우저가 열리고 코드팩토리를 검색합니다.

Playwright로 정보 크롤링하기

저희가 참고할 사이트는 Pieter Levels의 노마드 리스트입니다. 현재 다음 스크린샷과 같이 생겼지만 자주 변경되기 때문에 여러분이 책을 읽는 시점에는 UI가 다르게 생겼을 수 있습니다. 하지만 저희는 특정 UI 형태에 귀속되는 지식이 아닌 방법론을 배울 것이기 때문에 혹시 UI가 변경되더라도 당황하지 말고 이 책에서 제시하는 방법대로 따라해 보세요.

- **Pieter Levels의 노마드 리스트 :** nomads.com

01 Playwright에 URL을 그대로 전달합니다. 그리고 사이트 구성을 분석을 지시하겠습니다. 콘텍스트가 섞이지 않도록 기존 요청과 다른 채팅에서 실행하세요.

너는 이제부터 사업 모델과 UI를 파악하는 전문가야. Playwright를 사용해서 https://nomads.com/ 사이트를 분석해줘.

02 프롬프트를 실행하면 Playwright가 지정한 웹사이트에 접속해서 자동으로 정보를 크롤링하기 시작합니다. 어떤 버튼을 누르라거나 어떤 컴포넌트를 분석하라고 할 필요 없이 클로드 코드가 자동으로 이것저것 버튼들을 눌러보고 HTML 구조를 파악하며 웹사이트를 이해하기 시작합니다. 그리고 분석한 결과를 출력합니다. 다음 예시는 분석으로 반환받은 보고서의 일부입니다. 제 클로드 코드 세션에서는 사업 모델 분석, UI/UX 디자인 분석, 핵심 기능 분석, 타겟 사용자 분석, 사용자 여정, 혁신적 특징, 경쟁 우위, 성장 전략 분석, 수상 및 인정, 결론 등 10가지 요소에 기반한 보고서를 반환받았습니다.

Nomads.com 사업 모델 및 UI 분석 보고서

🔍 개요

분석 대상: https://nomads.com/
이전 명칭: Nomad List
대상 사용자: 디지털 노마드 (원격 근무자)
핵심 목표: 세계 각지의 도시별 디지털 노마드 생활 정보 제공 및 커뮤니티 구축

📊 사업 모델 분석

1. 비즈니스 모델

- **프리미엄 구독 모델:** 멤버십 기반 서비스
- **커뮤니티 플랫폼:** 37,765명의 멤버 보유 (월 149명 신규 가입)
- **데이터 기반 플랫폼:** 도시별 생활비, 안전도, 인터넷 속도 등 실시간 데이터 제공

2. 수익원 구조

- **멤버십 수수료:** "Join Nomads" 프리미엄 구독
- **제휴 마케팅:**

꼭 노마드 리스트를 그대로 베끼려는 생각이 없는데도 사이트 분석을 진행한 이유는 좋은 콘텍스트를 작성하기 위한 참고 자료가 되기 때문입니다. 같은 채팅에서 대화를 이어갈 경우 조사한 보고서를 좋은 자료로 사용할 수 있습니다.

03 노마드 리스트는 세계 여러 도시에서 생활할 때 고려해야 할 요소들을 리스트업 해둔 사이트입니다. 저희는 코리아 리스트를 만들어서 전국에 노마드로 살기위한 조건과 평점을 내는 사이트를 제작해보겠습니다. 사이트의 기본 틀을 구성해보기 위해서 서비스에 대한 대략적인 아이디어를 클로드에게 프롬프팅해보겠습니다. 노마드리스트 리서치 결과를 콘텍스트로 활용하기 위해서 똑같은 채팅창에서 진행해주세요.

대한민국에 노마드로 살기 좋은 도시들을 카드로 나열하고 사용자들이 평가할 수 있는 사이트를 제작하고 싶어. 어떤 기능들을 구현하면 좋을지 정리해줘. 지금까지 우리가 한 대화를 참고해줘.

대상 도시들

한국 도시들의 노마드 점수를 보면 제주(4.19점), 서울(4.06점), 부산(4.02점), 대전(3.64점) Nomadinseoulhoppers 등이 있으며, 다음 도시들을 포함할 수 있습니다:

1차 도시: 서울, 부산, 제주, 인천, 대구, 대전, 광주, 울산

2차 도시: 춘천, 강릉, 경주, 포항, 전주, 여수, 통영, 안동 등

…생략…

각 구현 기능별로 상세 포인트가 제공됐으니 생략하였습니다. 이 외에도 사용할 기술과 마케팅 방법 등 부가 정보도 제공받았습니다. 바로 개발에 착수하고 싶은 마음이 굴뚝 같겠지만 아직 검증해야 할 요소가 많습니다.

빠르게 디자인 이터레이션하기

UI는 클로드 코드와 갈등하게 되는 주요 원인입니다. 게다가 꽤 오래 걸리는 과정이기 때문에 더욱 병목이 됩니다. 이럴 때는 ASCII 레이아웃을 먼저 요청해보세요. 꽤 정확하면서도 빠르게 나와 클로드 코드의 생각이 일치하는지 확인할 수 있습니다.

01 저는 도시 카드만 UI로 제작해달라고 요청해보겠습니다.

도시 카드 UI를 ASCII 코드로 제작해줘

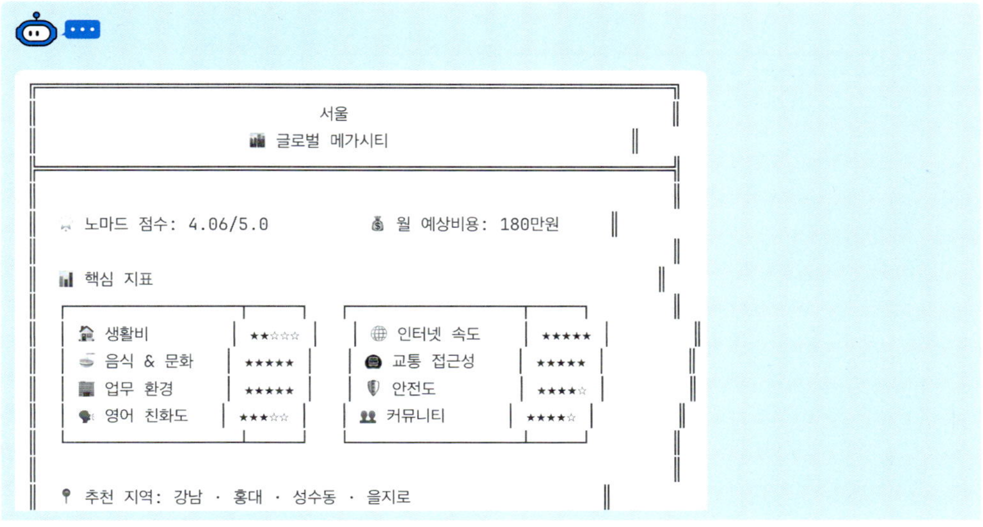

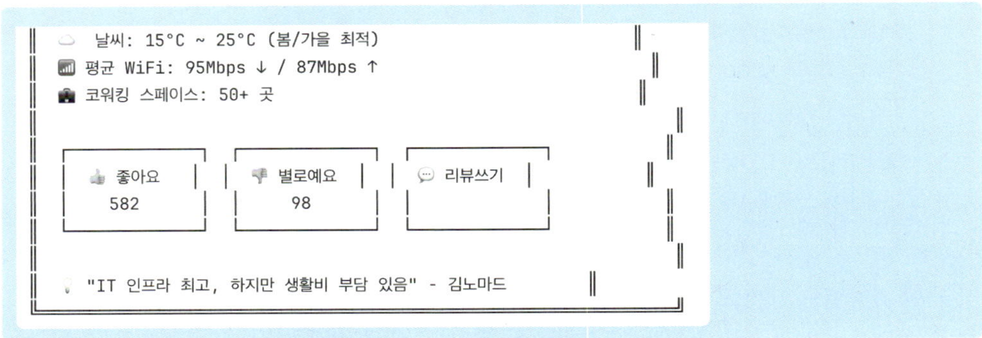

엉성하지만 충분히 이해할 수 있는 수준으로 목업을 받아볼 수 있습니다. 이때 마음에 들지 않는 부분이 있다면 수정을 요청하며 이터레이션을 통해 원하는 레이아웃을 만들어두는 게 중요합니다.

02 이 형태가 마음에 든다면 화면 전체 레이아웃도 ASCII 코드로 디자인해달라고 하면 전반적인 레이아웃을 확인해볼 수 있습니다. 화면 전체를 작업해달라고 프롬프팅해보겠습니다.

홈페이지 UI를 ASCII 코드로 디자인해줘

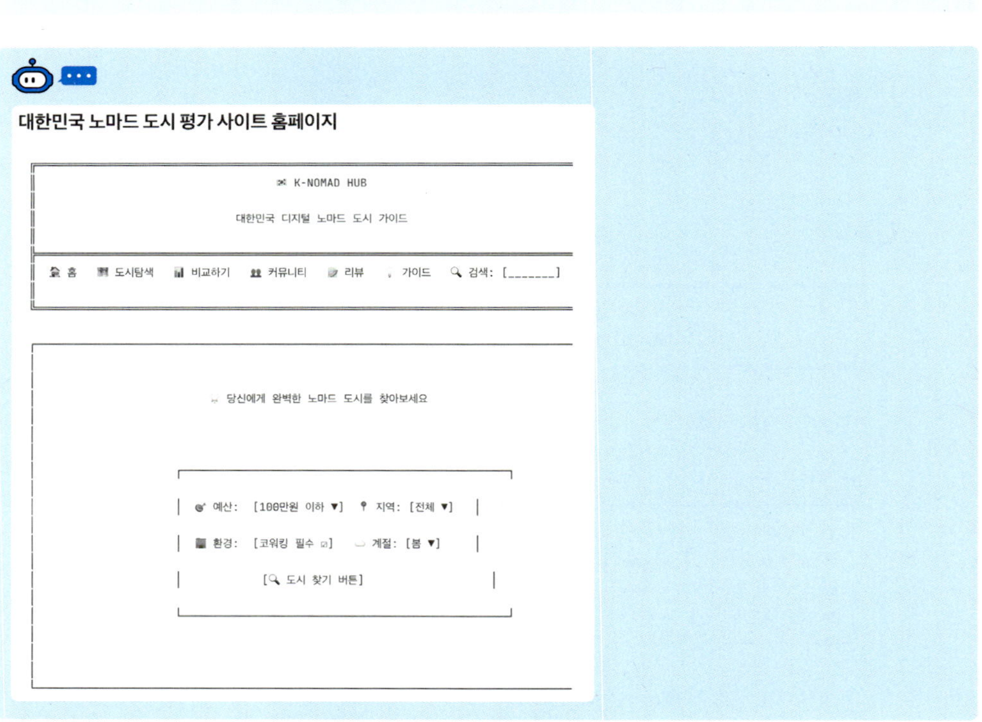

이런 형태로 최상단 배너부터 최하단 풋터까지 전부 디자인 해주는 걸 확인할 수 있습니다. 이 상태에서 마음에 들지 않는 부분을 수정 요청하면서 전반적인 UI를 잡아가면 됩니다.

PRD 작성하기

누군가는 서비스를 만들기 전에 PRD를 가장 먼저 작성해야 한다고 이야기합니다. 하지만 저는 동의하지 않습니다. 옛날에는 작업을 시작한 뒤에 기획이 변경되면 많은 시간과 예산이 낭비되니 완벽한 PRD를 작성하는 것이 좋은 결과로 이어졌습니다. 지금은 생성형 AI와 에이전틱 AI의 성능이 뛰어납니다. 하루 종일 문서만 만지작거리며 기획하는 건 새로운 영감을 얻는데도, 빠르게 작업을 쳐나가는데도 큰 도움이 되지 않습니다. 저희는 '대한민국에 노마드로 살기 좋은 도시들을 보여주는 서비스를 만들자'라는 단순한 한 문장의 아이디어로 시작했습니다. 어떤 기능이 필요할지, 어떤 식으로 UI를 제작해야 할지 PRD를 한 줄도 작성하지 않고 시작했습니다. 그저 상상한 서비스를 간단히 정리하고 클로드 콘텍스트에 주입했습니다.

01 이제 오히려 더 정교한 PRD를 만들 수 있습니다. 클로드와 대화를 주고받으며 영감을 받고 어떤 기능이 필요한지, 사용성은 어떤지 눈으로 확인했습니다. 클로드도 저희와 함께 발전했습니다. 문서보다 상품에 집중하며 어떤 식으로 구현하면 좋을지 파악하고 있습니다. 저희 기획이 클로드 코드의 컨테스트에 전부 주입됐기 때문에 결국 옛날보다 빠르고 섬세하게 PRD를 제작할 수 있습니다.

너는 지금부터 PRD 작성 전문가인 프로덕트 매니저야. 지금까지의 대화를 기반으로 아래 요소를 포함한 PRD를 작성해줘.

 # 문제 정의

한국에서 디지털 노마드로 생활하고 싶은 사람들에게 정리된 정보를 제공해주는 사이트가 현재 없어. 그들이 도시별 생활 조건을 쉽게 찾을 수 있는 사이트를 만들려고 해

 # 타겟 사용자

디지털 노마드로 살고 싶은 사람들을 타게팅할 거야. 기본적으로 컴퓨터를 잘 다루고 SNS에서 활발하며 소프트웨어 개발이나 글쓰기 마케팅 등 업무 환경을 크게 가리지 않는 사람들을 대상으로 할 거야.

 # 제안 해결책

우리가 지금까지 대화한 기획과 UI 레이아웃을 기반으로 타겟 사용자들이 쉽고 직관적으로 정보를 찾을 수

있도록 할 거야.

 # 목표 및 성공 지표

첫달에 MAU 1000을 넘기고 재방문율이 30% 이상을 목표할 거야!

홈페이지 관련해서만 PRD를 작성해주고 그 이상의 기획은 하지 말아줘. 우리가 대화하면서 그려봤던 ASCII 코드 레이아웃도 포함해줘.

K-NOMAD HUB 홈페이지 PRD

Product Requirements Document

📋 프로젝트 개요

프로젝트명: K-NOMAD HUB 홈페이지
작성자: Product Manager
작성일: 2025년 7월
버전: v1.0

🎯 문제 정의

현재 상황

- 한국에서 디지털 노마드로 생활하고 싶은 사람들을 위한 **체계적이고 종합적인 정보 제공 사이트가 부재**
- 기존 정보는 개별 블로그나 커뮤니티에 분산되어 있어 **정보 수집에 많은 시간과 노력 소요**
- 도시별 생활 조건 비교가 어려워 **의사결정에 어려움** 겪음

해결해야 할 핵심 문제

1. **정보의 분산**: 도시별 노마드 관련 정보가 여러 곳에 흩어져 있음
2. **비교의 어려움**: 도시간 객관적 비교 지표 부재
3. **신뢰성 부족**: 검증되지 않은 주观적 정보들
4. **실시간성 부족**: 최신 정보 업데이트가 느림

…생략…

매우 길고 상세한 PRD를 작성하는 걸 확인할 수 있습니다. 미리 말했던 것처럼 지금 우리에게 PRD가 필요한 이유는 UI를 제작하기 위해서입니다. 만약에 팀원과 공유할 계획이라면 계속 다듬어줄 필요가 있지만 저희 목적에는 클로드 코드가 이해할 수 있는 정도 수준이라면 충분합니다. 기능 구현은 PRD보다 실행 계획이 더욱 적합하므로 PRD는 엄청 상세하게 다듬을 필요가 없습니다. 다만 PRD의 정의 사항에 따라 디자인의 뉘앙스나 색상 톤에 대한 선택이 매우 다를 수 있으니 크게 잘못된 내용이 있다면 꼭 수정해야 합니다.

[챕터 16]

UI 프로토타이핑하기

유튜브로 함께 공부하세요
bit.ly/45A5TMi

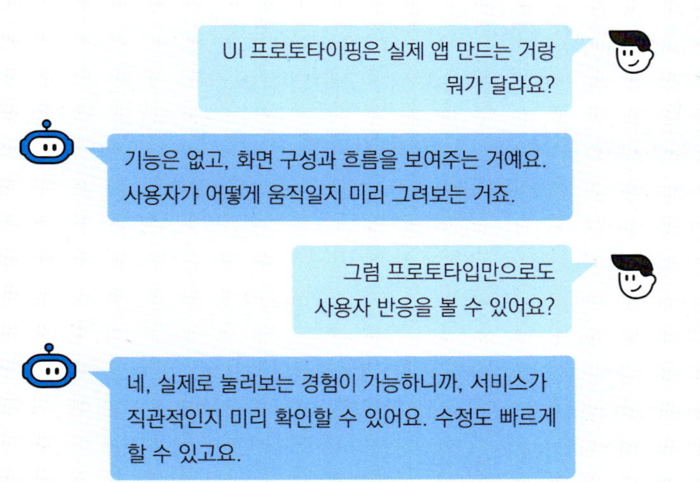

드디어 무언가를 처음으로 만들어보는 순간입니다. 지금까지 클로드 데스크톱으로 작업한 PRD를 기반으로 UI를 프로토타이핑해보겠습니다.

프로젝트 초기화하기

클로드는 이미 대부분의 메이저 프레임워크를 잘 숙지하고 있기 때문에 어떤 프레임워크를 사용해도 상관이 없습니다. 하지만 프레임워크를 선택할 때는 꼭 두 가지 요소를 고려해야 합니다.

첫 번째로 내가 어느 정도 알고 있는 프레임워크를 사용하는 게 좋습니다. 아무리 바이브 코딩이 발전하더라도 버그 없이 한 번에 프로젝트를 구현하는 건 불가능합니다. 그러므로 최소한 디버깅을 할 때 클로드가 뭐라고 하는지 알아들을 수 있는 기술을 선택하는 게 중요합니다.

두 번째로 가장 인기 있고 대중적인 프레임워크를 선택할수록 좋은 결과를 얻을 가능성이 높습니다. 클로드를 포함한 모든 AI는 학습을 통해 성능과 지식을 강화합니다. 버그 발생 가능성과 기능 구현의 완성도도 당연히 영향을 받겠지만 가장 큰 영향을 받는 건 의외로 UI를 제작할 때입니다. 일반적으로 사람들이 선호하고 무난히 잘 디자인된 UI를 가장 잘 제작하는 프레임워크는 Next.js, Shadcn, Tailwind 등 세계적으로 넓은 개발자 풀을 보유하고 있는 기술 스택입니다. 이번 프로젝트도 Next.js, Shadcn, Tailwind를 기반으로 진행해보겠습니다.

초기 UI 프로토타이핑하기

프로젝트 초기화가 완료됐으니 UI를 제작해보겠습니다.

01 Visual Studio Code를 실행하고 클로드 코드를 터미널에서 실행하겠습니다. 클로드 데스크톱이 제작해준 PRD를 그대로 복사해서 클로드 코드 **플래닝 모드**에 프롬프팅해보겠습니다. PRD 바로 위에 Next.js, Shadcn, Tailwind CSS로 UI만 제작해달라고 명시해주겠습니다.

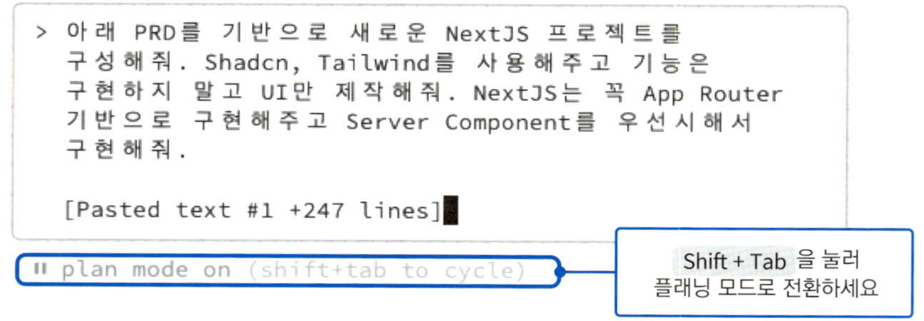

02 플래닝 모드로 프롬프팅하면 다음과 같이 어떤 순서로 프로젝트를 구현하려는지 알 수 있습니

다. 저는 프로젝트 초기 설정, 프로젝트 구조 구성, UI 컴포넌트 구현, 핵심 기능 UI, 스타일링 및 최적화 순서로 구현하겠다고 응답받았습니다. 긴 작업을 플래닝 모드로 확인할 때는 **작업의 분량을 정확히 확인하는 게 매우 중요합니다.** 특히 Opus 모델을 사용하면 방법만 알려달라고 해도 한 번에 사이트 전체를 구현해 버릴 수 있습니다. 클로드가 너무 앞서나가서 마음대로 코딩해 버리는 경향이 있기 때문에 저희가 요청한 UI 작업 외의 작업이 포함되지 않았는지 꼭 확인해주세요.

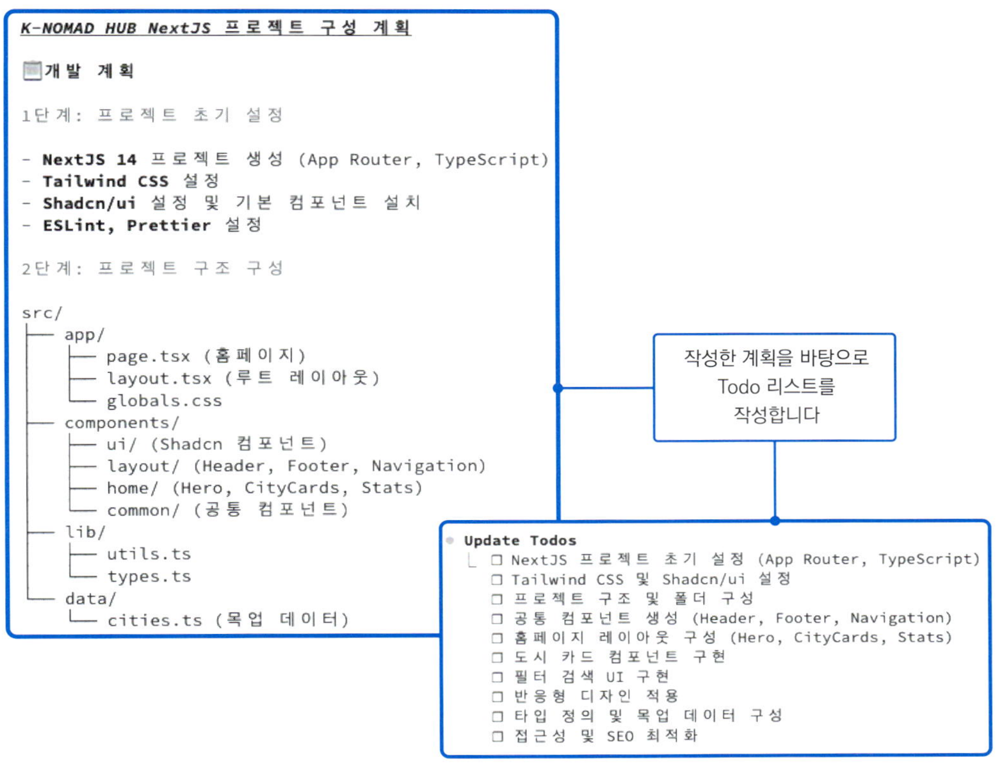

03 플랜에 문제가 없어 보인다면 [Yes]를 선택하고 구현을 시작하겠습니다. 그러면 프로토타이핑한 디자인과 굉장히 비슷한 결과물이 만들어집니다. AI는 같은 프롬프트를 입력하더라도 항상 다른 결과를 반환할 수 있으므로, 여러분 결과도 다를 수 있습니다.

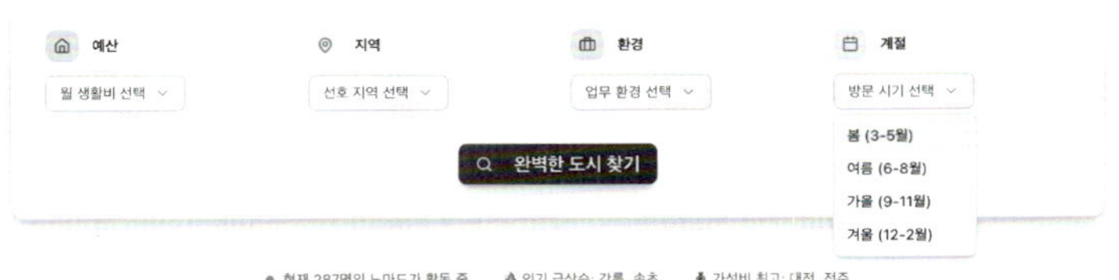

04 초기 세팅과 관련된 오류가 발생한다면 그대로 클로드 코드에 오류를 복사해서 붙여넣고 '왜 이런 에러가 발생하는지 알려줘'라고 프롬프팅하세요. 일반적으로 인터넷에서 에러를 검색할 때는 중요한 부분만 요약해서 검색하지만, 클로드 코드에서는 참고 자료가 많을수록 좋습니다. 가능하다면 오류 내용을 전부 복사해서 붙여넣기해주세요. 다음은 초기 세팅 오류 해결법 예시입니다.

아래 에러가 발생하고 있는데 왜 발생하고 있는지 알려줘

```
Error: Cannot apply unknown utility class `bg-background`
    [at onInvalidCandidate (/Users/jihochoi/Documents/codefactory/book/요즘 클로드 코드/projects/k-nomad/k-nomad/node_modules/tailwindcss/dist/lib.js:18:1509)]
    [at ge (/Users/jihochoi/Documents/codefactory/book/요즘 클로드 코드/projects/k-nomad/k-nomad/node_modules/tailwindcss/dist/lib.js:13:29803)]
    [at /Users/jihochoi/Documents/codefactory/book/요즘 클로드 코드/projects/k-nomad/k-nomad/node_modules/tailwindcss/dist/lib.js:18:373]
    [at l (/Users/jihochoi/Documents/codefactory/book/요즘 클로드 코드/projects/k-nomad/k-nomad/node_modules/tailwindcss/dist/lib.js:3:1656)]
…생략…
```

그래도 해결이 잘되지 않는다면 확장된 사고 기법을 사용하거나 Opus 모델을 사용하면 더 높은 확률로 해결할 수 있습니다.

동시에 여러 시안 프로토타이핑하기

마음에 쏙 드는 UI가 만들어졌더라도 더 많은 시안을 받아 볼 수 있다면 굳이 마다할 필요가 없습니다.

01 다음 커맨드를 실행해서 네 가지 시안을 더 받아보겠습니다. **중간중간 영어를 섞은 이유는 한국어로 하는 것보다 영어로 지시하는 게 조금 더 정확하기 때문입니다.** 먼저 커밋을 생성해서 워크트리를 활용할 기반을 만들겠습니다.

```
git add .
git commit -m "초기 커밋"
```

다음 프롬프트를 실행해서 여러 시안을 동시에 받아보겠습니다. 다음 커스텀 커맨드를 .claude/commands/create-designs.md 파일에 저장해주세요.

파일 이름 : .claude/commands/create-designs.md

```
# Persona
너는 지금부터 UI 전문가야. 현재 프로젝트의 시안을 4개 더 만들려고 해.
# 작업
아규먼트로 입력한 4가지 테마로 4개의 UI 시안을 제작해줘. 4개의 시안은 모두 독립적인
subagent를 생성해서 동시에 parallel하게 작업해줘.
```

```
## 각각 subagent별 작업 방법
- worktree를 생성해줘 !`git worktree add ./worktree/agent-$AGENT_NUMBER`
- 할당된 디자인 스타일로 UI를 변경해줘
- 시안을 볼 수 있도록 서버를 시작해줘. !`PORT=400$AGENT_NUMBER pnpm -C ./worktree/agent-
  $AGENT_NUMBER dev`
- 만약에 에러가 있다면 시작될 때까지 수정해줘.
```

02 클로드 코드를 실행하고 다음 커맨드로 4가지 시안을 동시에 받아보겠습니다.

```
/create-designs 미니멀 테마, 네온 사이버 테마, 네이처 테마, 럭셔리 테마
```

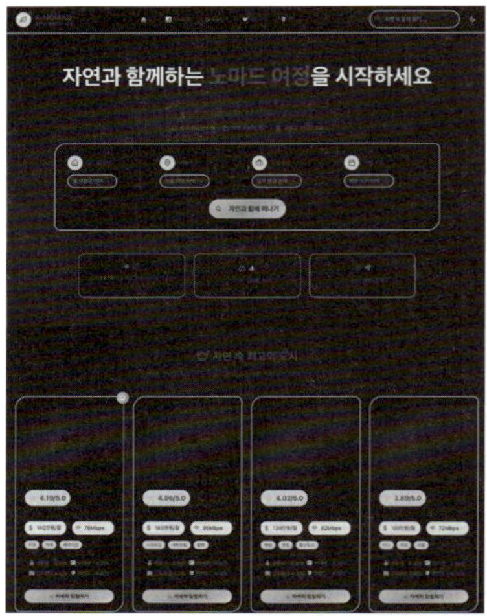

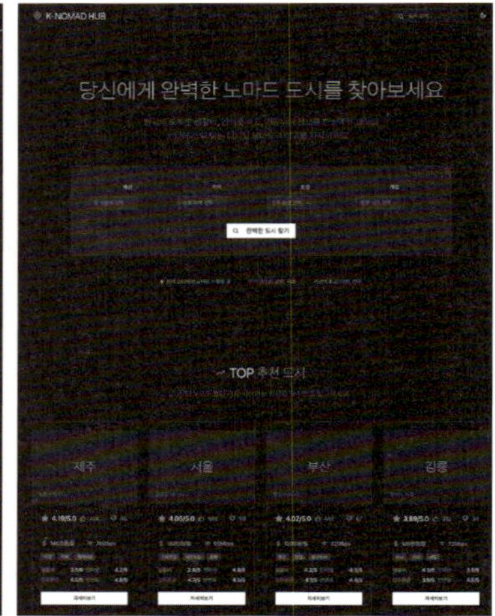

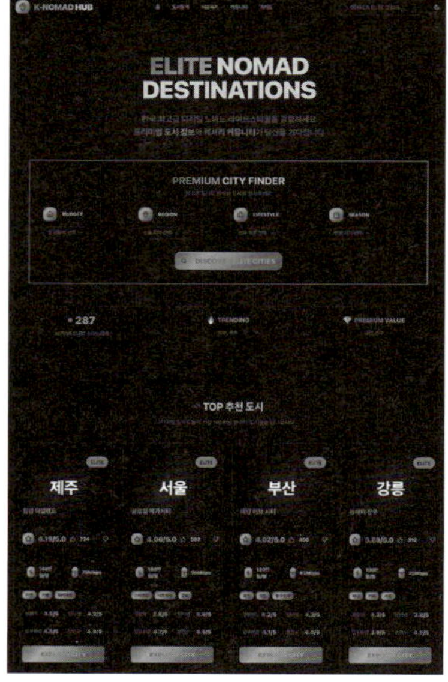

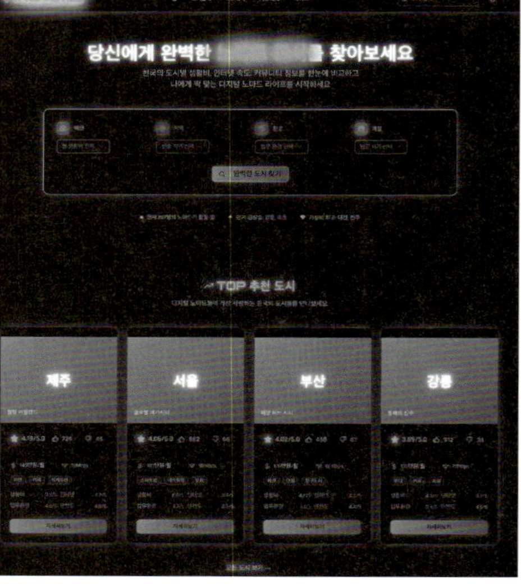

여러 요구사항에 맞춰 디자인이 제작됐습니다. 커스텀 커맨드와 서브에이전트 기능을 함께 활용했을 때 얼마나 강력한 성능을 발휘할 수 있는지 보셨나요? 하지만 원안이 제일 맘에 들기 때문에 원안으로 계속 작업하겠습니다.

03 이제 웹사이트에서 가장 중요한 요소 중 하나인 로그인/로그아웃 페이지를 제작하겠습니다. 이미 홈페이지 시안이 완성되었으므로 지금 웹사이트의 느낌에 어울리는 로그인·로그아웃 페이지를 제작을 지시하겠습니다.

지금 홈페이지를 참고해서 로그인 회원가입 페이지를 만들어줘. 로그인은 /login 회원가입은 /register로 제작해줘. 그리고 Navbar에 로그인 페이지로 이동할 수 있는 버튼을 만들어줘.

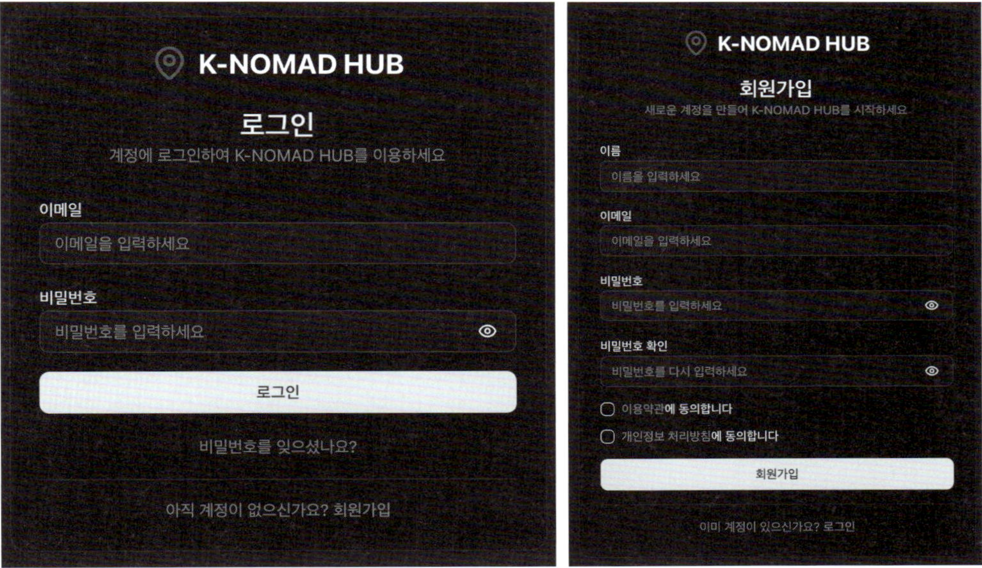

로그인, 회원가입 페이지가 완성되었습니다. 아직 인증 기능은 구현된 상태가 아닙니다. 인증 기능은 다음 챕터에서 구현하겠습니다.

[챕터 17]

인증 구현하기

유튜브로 함께 공부하세요
bit.ly/4oisp3D

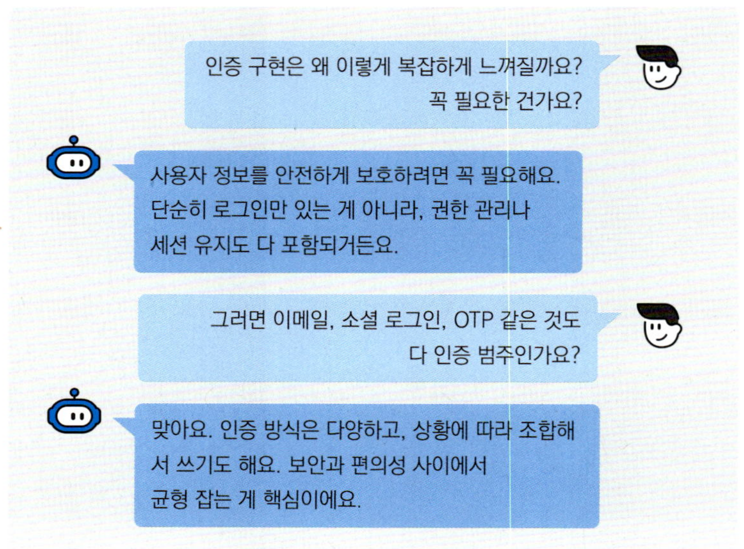

바이브 코딩 이전 시대에는 개발자마다 선호하는 인증 시스템이 존재했습니다. 하지만 바이브 코딩 시대로 접어들며 그 어떤 요소보다 빠르게 구현할 수 있는 인증 시스템을 사용하는 게 중요해졌습니다. 바이브 코딩을 하는 도중 정작 인증 시스템이 발목을 잡는다면 큰 낭패가 아닐 수 없습니다. 이럴 때 Supabase 같은 BaaS를 사용하면 매우 쉽고 빠르게 인증을 구현할 수 있습니다.

Supabase 설정하기

Supabase는 오픈소스 기반의 백엔드 서비스형 소프트웨어BaaS 플랫폼입니다. Firebase와 유사하지만 PostgreSQL 데이터베이스를 기반으로 한다는 점이 다릅니다. PostgreSQL의 강력한 기능과 유연성을 그대로 활용하면서, 백엔드 개발에 필요한 다양한 도구들을 한데 모아 제공합니다. 그중에는 아주 강력한 인증 기능이 있습니다. 바이브 코딩으로 너무 많은 프로젝트를 쏟아내고 있는 현대 시대에 무료로 MVP를 구현할 수 있다면 마다할 이유가 없습니다.

01 Supabase 웹사이트에 가입합니다. Supabase 홈페이지로 이동해서 회원가입을 진행해주세요.

- **Supabase 홈페이지 :** supabase.com

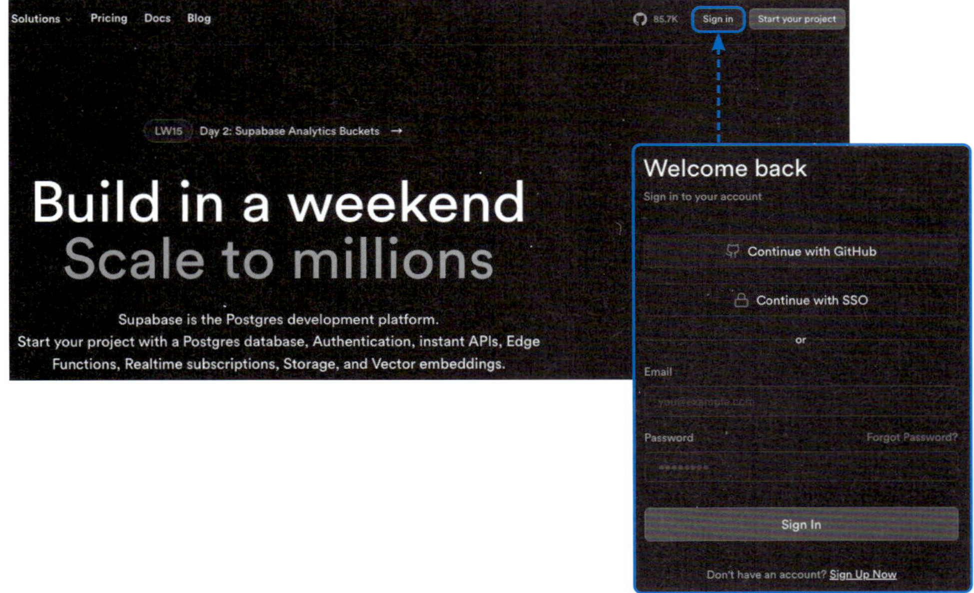

02 처음 가입하면 Organization을 생성하게 됩니다. 이름, 종류, 플랜을 선택해주세요. 이름은 마음대로 지으면 되고, 종류는 잘 모르겠다면 [Personal]을 선택하면 됩니다. 플랜은 Free 플랜을 선택합니다.

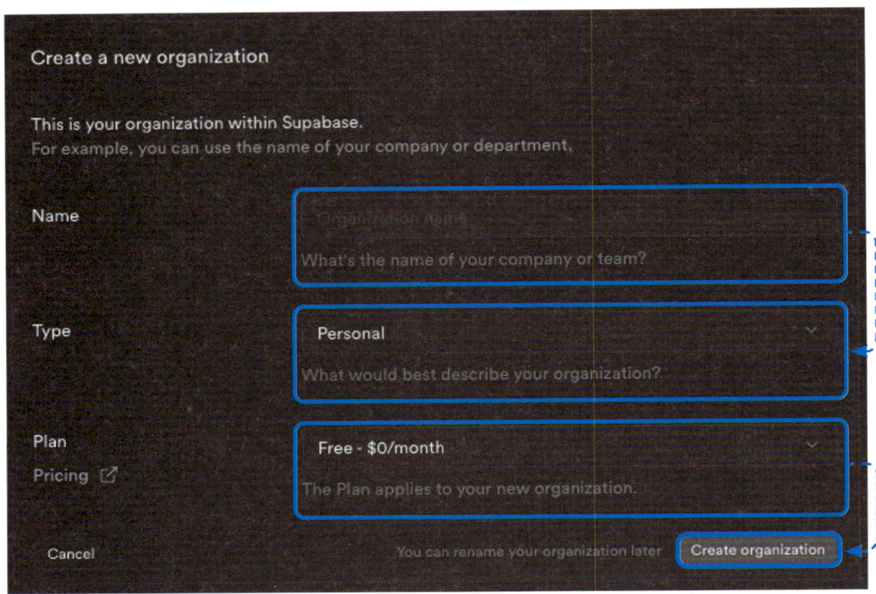

03 처음 Organization을 생성하면 프로젝트가 존재하지 않습니다. [New Project] 버튼을 눌러서 새로운 프로젝트를 생성합니다.

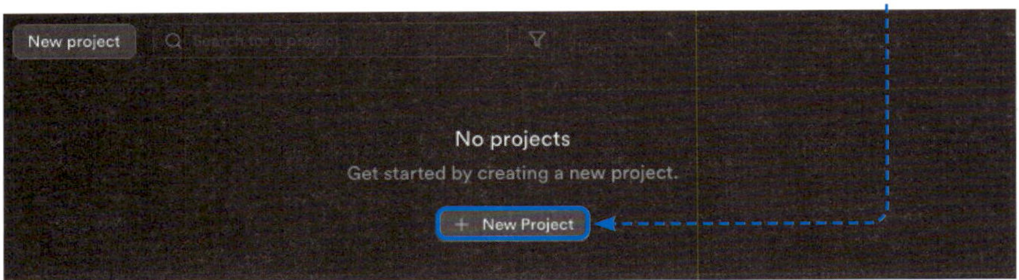

04 프로젝트 생성을 누르면 다음과 같은 창이 나옵니다. 미리 생성해둔 Organization을 선택하고 프로젝트 이름을 지정해주세요. Database Password는 데이터베이스에 접근할 때 꼭 필요한 값입니다. [Generate Password] 버튼을 누르면 자동으로 안전한 비밀번호를 제작할 수 있습니다. 눌러서 생성하고 [Copy] 버튼을 눌러서 생성된 비밀번호를 잘 저장해두세요.

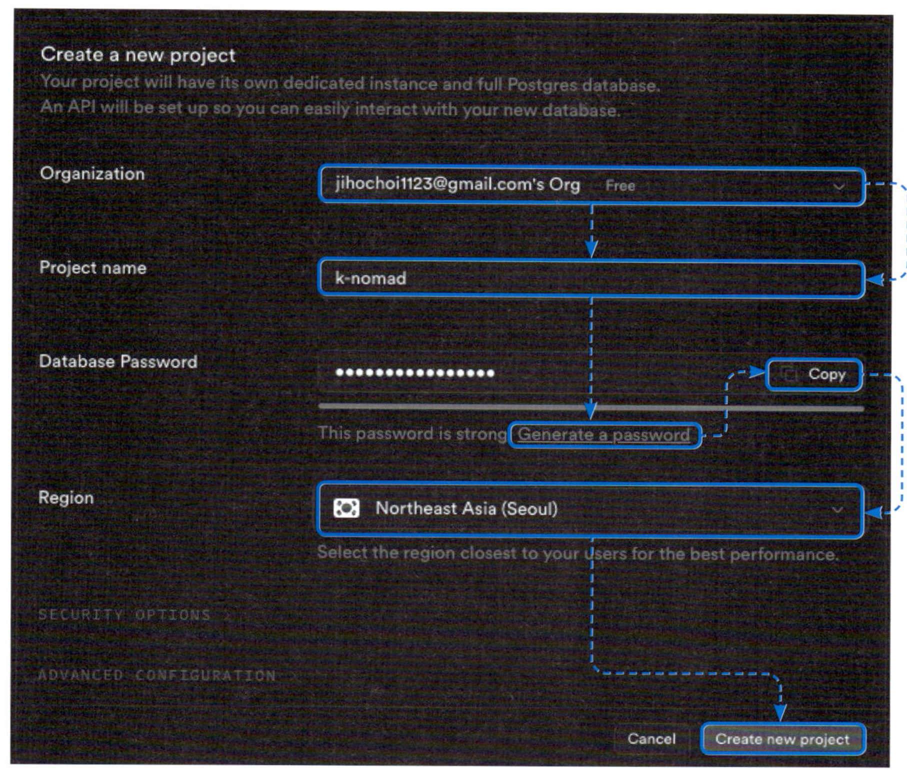

05 프로젝트가 생성되면 프로젝트가 활성화될 때까지 10분 정도 기다려야 합니다. 프로젝트가 활성화되고 나면 왼쪽 메뉴바의 [Authentication] 메뉴를 선택하고 [Sign In / Providers] 버튼을 누르고 [Email Provider]를 선택해주세요. 그다음 열리는 사이드바 옵션에서 [Confirm Email]을 해제하면 됩니다. 실제 프로덕션 서비스에서는 당연히 이메일 확인을 활성화해줘야 합니다. 하지만 Supabase는 무료 이메일을 한 시간에 두 개만 보낼 수 있고 그 이상으로 보내려면 따로 SMTP 서버를 유료로 사용해야 하므로 저희는 일단 이메일 확인 없이 가입할 수 있도록 변경하겠습니다.

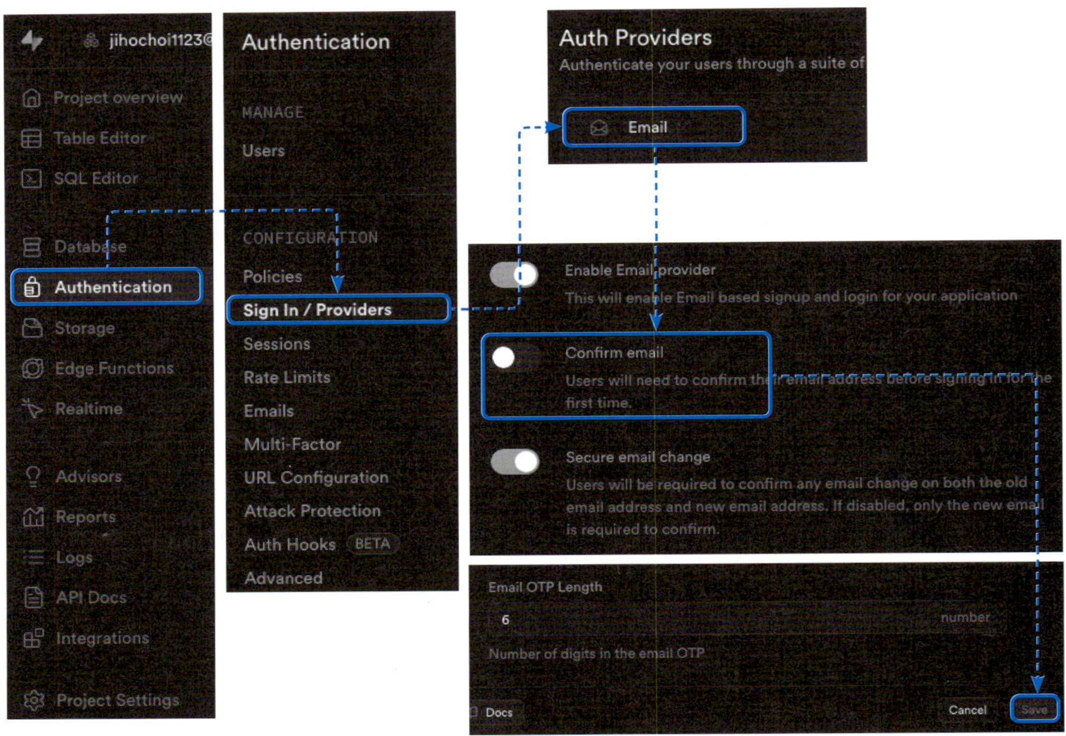

06 [Connect] 버튼을 눌러서 연동에 필요한 데이터를 확보하겠습니다. Supabase에 연결하기 위해서는 Supabase Url과 Supabase Anon Key가 필요합니다. 모두 복사해서 저장해주세요.

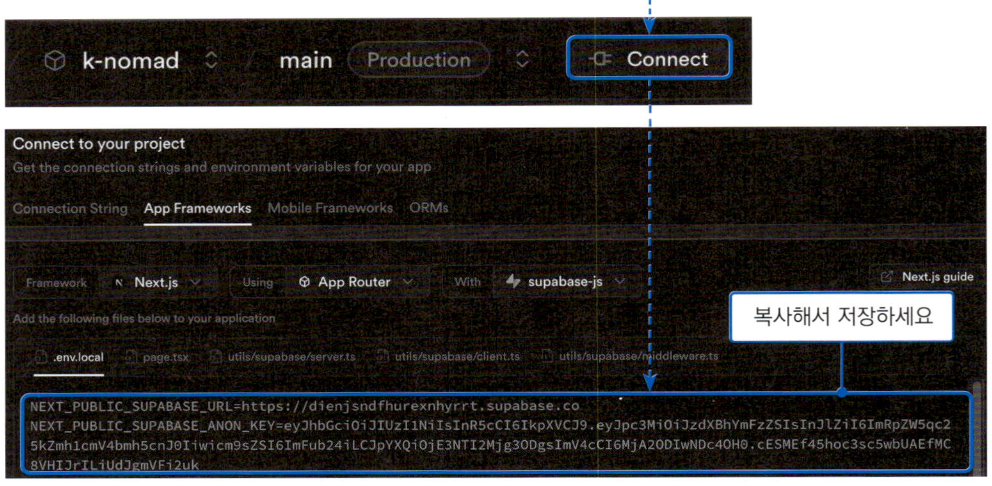

Context7 MCP 연동하기

현대 모든 LLM의 대표적인 문제 중 하나가 최신 정보가 부족하다는 점입니다. 그래서 최신 패키지를 사용하려는 개발자는 마음 편히 LLM을 사용하기 어렵습니다. Context7 MCP는 이 문제를 해결합니다. Context7 MCP는 자체적으로 다양한 패키지들의 공식 문서를 수집해두고 클로드 코드가 요청하면 최신 문서를 불러오도록 설계되어 있습니다.

01 에이전트나 LLM 종류에 따라 연동 방법이 약간씩 다릅니다. 우리는 클로드 코드를 사용하기 때문에 클로드 코드 Local Connection 방식을 사용해보겠습니다. 다음 명령어를 실행해주세요.

```
claude mcp add context7 -- npx -y @upstash/context7-mcp
```

정상적으로 설치가 되었다면 다음 메시지가 나옵니다.

```
Added stdio MCP server context7 with command: npx -y @upstash/context7-mcp to
 local config
```

02 /mcp 커맨드를 실행했을 때 context7에 체크 표시가 있으면 성공입니다.

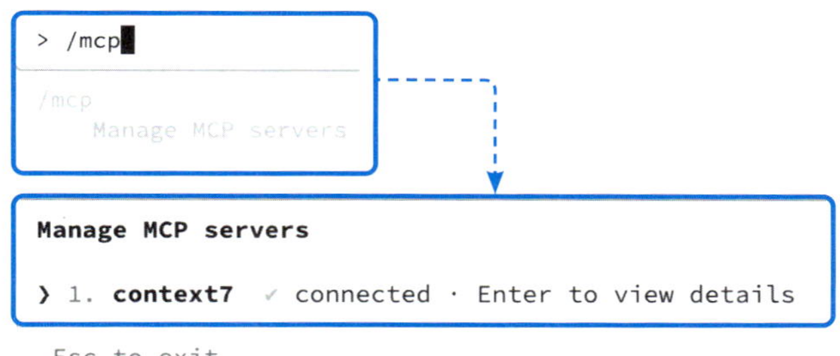

자세한 연동 방법은 Context7 공식 깃허브에서 확인할 수 있습니다.

- **Context7 공식 깃허브 :** github.com/upstash/context7

Supabase 인증 연동하기

Supabase 연동을 해보겠습니다. 기본적으로 Supabase가 뭔지 모른다는 가정하에 진행합니다. 처음 접하는 기술을 사용할 때 공식 문서를 정독하며 공부하는 것도 중요하지만 일단 뛰어들어서 사용해보는 것도 좋은 접근입니다. 클로드 코드에게 모르는 부분을 물어보면서 연동해보겠습니다.

01 클로드 코드에게 Supabase Auth 연동을 어떻게 하는지, 내가 제공해야 하는 정보는 뭔지 물어보겠습니다. 이때 클로드 코드가 혼자 흥분해서 코딩을 시작할 수 있으니, 경계를 명확히 정해주는 게 중요합니다. 앞서 나가려 한다면 딱 잘라 거절하세요.

Supabase Auth를 연동하려고 해.

- 소셜 로그인은 추가하지 않을거야 이메일 로그인만 사용할 거야.
- SSR이 지원되는 형태로 계획을 알려줘.
- 실제 코드는 아직 작성하지 말고 어떻게 해야 하는지 알려주기만 해줘.
- context7을 사용해서 최신 Supabase 사용법을 알아봐줘.

● **Supabase Auth 이메일 로그인 SSR 지원 구현 계획**

최신 Supabase 문서를 확인한 결과, Next.js에서 SSR 지원되는 이메일 인증을 구현하려면 다음과 같은 구조로 진행해야 합니다:

핵심 구조

1. @supabase/ssr 패키지 사용 - 최신 SSR 전용 패키지
2. Cookie 기반 세션 관리 - getAll/setAll 방식으로 쿠키 처리
3. Next.js 14 App Router 방식 - Server Components와 Server Actions 활용
4. Middleware 인증 보호 - 전역 인증 상태 관리

구현 단계

1. 환경 설정
   - .env.local에 Supabase URL과 Anon Key 설정
   - @supabase/supabase-js, @supabase/ssr 패키지 설치
2. Supabase 클라이언트 유틸리티

- utils/supabase/server.ts - 서버 컴포넌트용
- utils/supabase/client.ts - 클라이언트 컴포넌트용

3. 미들웨어 설정

- middleware.ts에서 createServerClient 사용
- 쿠키 기반 세션 자동 갱신
- 비인증 사용자 로그인 페이지 리다이렉트

4. 인증 페이지

- app/login/page.tsx - 로그인/회원가입 폼
- app/login/actions.ts - Server Actions로 인증 처리

5. 콜백 처리

- app/auth/callback/route.ts - 이메일 확인 토큰 처리

6. 보호된 페이지

- Server Components에서 getUser() 로 세션 확인
- 비인증시 자동 리다이렉트

이 방식은 완전한 SSR 지원과 함께 SEO 친화적이며, 쿠키 기반으로 안전한 세션 관리가 가능합니다.

02 로그인·회원가입 시스템을 잘 구현할 것 같다는 생각이 듭니다. 작업 진행을 요청하겠습니다. Supabase의 경우 문서화가 매우 잘 되어 있는 편이기 때문에 클로드 코드 혼자서도 잘 만들 수 있습니다.

현재 계획한 플랜을 기반으로 작업을 실행해줘. 우리 계획을 벗어나는 작업은 절대로 하지 말고 작업이 끝나면 어떤 작업들을 했는지 분석해서 알려줘.

완료된 작업들:

1. 환경 설정

- .env.local 파일 생성 (Supabase URL/Key 설정)

2. 의존성 설치

- @supabase/supabase-js, @supabase/ssr 패키지 설치

3. Supabase 클라이언트 유틸리티

- src/utils/supabase/server.ts - 서버 컴포넌트용 클라이언트

- src/utils/supabase/client.ts - 브라우저용 클라이언트
  - src/utils/supabase/middleware.ts - 미들웨어용 세션 관리

4. Next.js 미들웨어
  - middleware.ts - 전역 인증 보호 및 세션 갱신

5. 인증 페이지
  - src/app/login/page.tsx - 기존 UI를 Server Actions 방식으로 변경
  - src/app/register/page.tsx - 간소화된 회원가입 폼으로 변경

6. Server Actions
  - src/app/login/actions.ts - 로그인/회원가입 서버 액션

7. 콜백 처리
  - src/app/auth/callback/route.ts - 이메일 확인 토큰 처리
  - src/app/error/page.tsx - 에러 페이지

8. 사용자 세션 확인
  - src/components/auth/UserMenu.tsx - 사용자 메뉴 컴포넌트
  - src/components/layout/Header.tsx - 헤더에 사용자 상태 통합

대략 비슷하게 결과가 나왔다면 성공입니다. SSR을 사용할 수 있도록 요청했기 때문에 @supabase/supabase-js와 @supabase/ssr 패키지가 함께 설치되어야 합니다. 이 부분이 잘 됐다면 인증 로직은 크게 잘못되기 어렵습니다.

03 .env.local 파일을 확인해주세요. 환경변수에는 민감한 정보가 많이 들어가기 때문에 클로드 코드에게 직접적으로 수정해달라고 하지 않는 이상 직접 환경변수를 입력해주지 않는 경우가 많습니다. 저 같은 경우도 이번에 NEXT_PUBLIC_SUPABASE_URL과 NEXT_PUBLIC_SUPABASE_ANON_KEY를 생성해두기만 하고 값은 넣어주지 않았습니다. 미리 복사해뒀던 Url과 Anon Key를 입력하겠습니다. 굉장히 낮은 확률이지만 만약에 다른 키로 환경변수가 생성됐다면 클로드 코드에게 물어보고 클로드 코드가 알려주는 대로 환경변수를 입력하면 됩니다.

```
NEXT_PUBLIC_SUPABASE_URL=<URL 입력>
NEXT_PUBLIC_SUPABASE_ANON_KEY=<ANON KEY 입력>
```

04 서버를 재시작했을 때 오류가 없다면 성공입니다. 만약에 내비게이션 바에 [로그인] 버튼이 생기지 않았다면 클로드에게 [로그인] 버튼을 생성하고 로그인 페이지로 이동할 수 있도록 해달

라고 요청하세요. 회원가입 페이지로 이동한 후 회원가입을 진행하면 Supabase Dashboard에 새로운 사용자가 생기는 걸 확인할 수 있습니다.

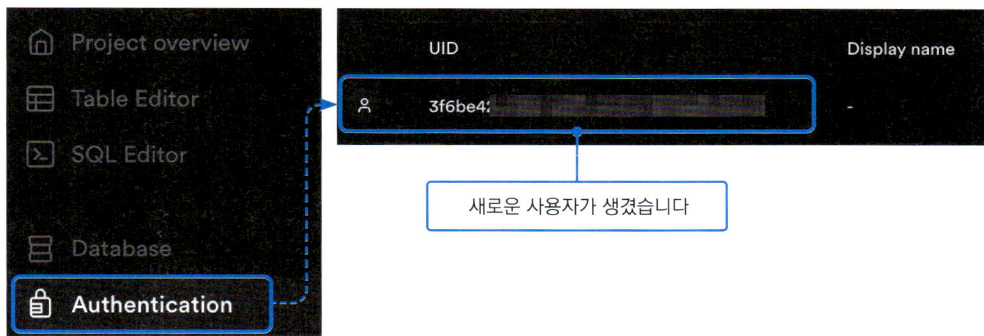

이제부터 Supabase와 연동해서 하는 모든 작업은 Supabase 인증 시스템과 연계되어 사용자의 ID를 제공받을 수 있습니다.

이 책은 바이브 코딩을 데모하는 것이 목적이므로 개발 환경에도 직접 Supabase 프로덕션 데이터베이스에 연결해서 작업했습니다. 하지만 실제 워크플로는 로컬 Supabase 인스턴스를 실행하고 로컬 슈파베이스로 개발하다가 CI/CD 파이프라인을 통해서만 프로덕션 Supabase에 접근하는 걸 추천합니다. 여러 명이 한 번에 작업하다 보면 마이그레이션 이슈도 생기고 슈파베이스 브랜치 기능을 활용한다면 비용이 과도하게 발생할 수 있기 때문입니다. 게다가 LLM과 MCP에 Supabase 토큰이 주입될 수 있어서 보안 문제가 있을 수 있습니다.

챕터 18

기능 작업하기

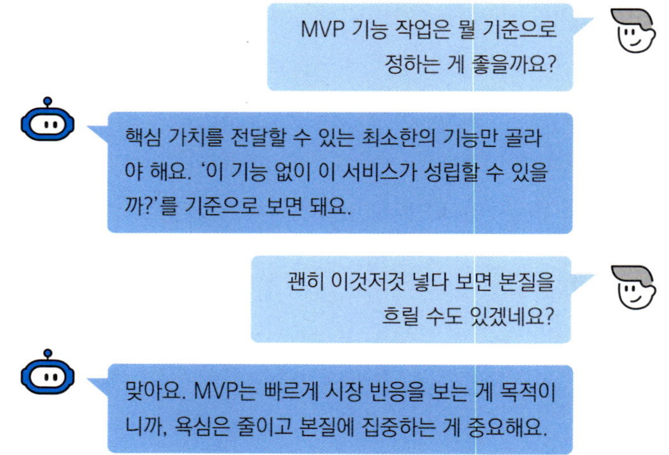

PRD를 기반으로 디자인을 제작했으니 이제 슬슬 상세한 실행 계획과 함께 기능 구현을 해야 합니다. 한 번에 너무 많은 작업을 하게 되면 콘텍스트가 모자라거나 중요한 내용을 잊을 수 있습니다. 큰 작업을 단계별로 나눠서 점진적으로 진행될 수 있도록 계획을 세워야 합니다. 계획도 AI와 함께 세우면 효율적입니다. 클로드 코드와 함께 앞으로 작업할 내용을 정의하겠습니다.

MVP 기능 정의하기

최소한의 기능을 먼저 정의한 후 배포하고 개선해나가는 게 스타트업의 정석입니다. 현재 만들고 있는 프로젝트에서 가장 중요한 기능인 추천 도시 나열 및 필터 기능을 먼저 작업해보겠습니다. 코드는 클로드 코드가 작성하더라도 어떤 기능이 필요할지는 개발자가 상세히 직접 지정해야 프로젝트가 산으로 가지 않습니다. Supabase MCP를 사용해서 빠르게 백엔드 서버와 연동해보고 싶겠지만 일단 가짜 데이터로 연동을 확실하게 구현해두고 실제 데이터베이스와 연동해야 불편함이 생기지 않습니다. 현재 웹사이트에서 개선해야 할 부분들을 클로드 코드와 함께 계획해보겠습니다.

현재 저의 클로드 코드가 구현한 사이트에서 개선해야 할 점은 다음과 같습니다. MVP이기 때문에 너무 많은 기능을 추가할 필요가 없습니다.

- 홈페이지와 인증 페이지 외 다른 페이지 전부 삭제
- 별점 평점 삭제하고 [좋아요], [싫어요] 버튼만 남기기. [싫어요] 버튼과 [좋아요] 버튼을 눌렀을 때 좋아요 상태에 따라 아이콘 색상 변경하고, 좋아요, 싫어요 숫자 변경하기
- 인증 및 프로필 관련 버튼 제외하고 내비게이션에 다른 페이지로 이동하는 버튼 삭제
- 필터 정보는 다음과 같이 설정
    - **예산 :** 100만원, 100~200만원, 200만원
    - **지역 :** 전체, 수도권, 경상도, 전라도, 강원도, 제주도, 충청도
    - **환경 :** 자연친화, 도심선호, 카페작업, 코워킹 필수
    - **최고 계절 :** 봄, 여름, 가을, 겨울
- 카드 구조 변경하기. 위에서 정의한 필터에 해당되는 예산, 지역, 환경, 최고 계절을 Key Value로 보여주기.
- 가짜 데이터 수정하기. 각 도시별로 필터에 해당되는 요소 최소 하나씩 추가하기
- 'TOP 추천 도시' 제목을 '도시 리스트'v로 변경하고 모든 도시 좋아요 순서대로 나열하기
- 자세히 보기 버튼 삭제하기

01 클로드 코드에게 계획을 세워달라는 요청과 함께 작성해둔 개선점을 전달하겠습니다. 이전에

했던 인증 구현과는 전혀 다른 작업이기 때문에 새로운 대화창을 생성하는 게 좋습니다.

현재 웹사이트를 개선하기 위해서 실행 계획을 제작할 거야. 여러 단계에 걸쳐서 계획을 구현해주고 각 단계는 Phase라고 부를거야. Phase 1, Phase 2등. 각 단계는 그 자체적으로 실행이 가능한 형태로 완성 돼야 하고 점진적으로 프로젝트를 개선해나가게 될거야.

각 단계별로 독립적인 에이전트가 작업 할 수 있도록 충분한 문맥을 작성해줘. 최소 아래 내용들을 담아줘.

- 이번 단계에서 개선할 사항 오버뷰.
- 수정/개선해야 하는 기능을 체크박스로 나열해줘.
- 작업 완료 후 검증/확인 해야 하는 기능들을 체크박스로 나열해줘.

아직 데이터베이스는 사용하지 않을거고 가짜 데이터로 진행할 거야. 기능을 구현하지는 말고 단계별 계획을 출력해줘.

[개선점 복사해서 붙여넣기]

K-NOMAD HUB 웹사이트 개선 계획

Phase 1: 코어 구조 정리 및 내비게이션 단순화

이번 단계에서 개선할 사항 오버뷰

홈페이지와 인증 페이지만 남기고 불필요한 페이지들을 제거하여 웹사이트 구조를 단순화합니다. 내비게이션을 정리하고 사용자가 핵심 기능에 집중할 수 있도록 합니다.

수정/개선해야 하는 기능 체크박스

- /cities, /compare, /community, /guides 페이지 삭제
- Header.tsx에서 도시탐색, 비교하기, 커뮤니티, 가이드 내비게이션 메뉴 제거
- 인증 및 프로필 관련 버튼(로그인, 회원가입, 사용자 메뉴)만 내비게이션에 유지
- 삭제된 페이지로 향하는 모든 링크 제거 또는 홈페이지로 리디렉션
- 사용하지 않는 컴포넌트 및 파일 정리

작업 완료 후 검증/확인 해야 하는 기능들 체크박스

- 홈페이지(/)가 정상적으로 로드되는지 확인
- 로그인 페이지(/login)가 정상적으로 작동하는지 확인
- 회원가입 페이지(/register)가 정상적으로 작동하는지 확인
- 내비게이션 메뉴에 인증 관련 버튼만 표시되는지 확인
- 삭제된 페이지 접근 시 적절한 처리(404 또는 홈 리디렉션)가 되는지 확인

  - 모바일 내비게이션도 정상적으로 작동하는지 확인
...6Phase까지...

클로드 코드가 반환하는 답변이 상세하지 못한 게 아니냐는 생각이 들 수 있습니다. 하지만 클로드 코드는 자체적으로 매우 훌륭한 플래닝 기능이 있기 때문에 각 단계를 너무 세세하게 설계할 필요가 없습니다. 그리고 너무 세세한 단계별 플래닝으로 작업하면 단계를 설계할 때의 문맥과 이미 몇 단계가 실행된 후의 문맥이 이어지지 않기 때문에 문제가 생길 수 있습니다. 작업을 실행할 때는 현재 실행 중인 에이전트가 상황을 다시 한 번 전반적으로 파악하도록 하는 게 좋습니다.

02 출력과 작업 순서가 마음에 든다면 장기간 기억해두기 위해 Markdown 파일로 저장하라고 명령합니다.

지금까지의 계획을 모두 SPEC.md 파일에 정리해줘. Bullet Point와 Phase는 전부 checkbox로 표시해줘.

MVP 기능 구현하기

계획을 기반으로 기능을 구현해보겠습니다. 일단 자연어로 단계별 구현을 작성해뒀으니 각 단계를 실제 클로드 코드가 작업할 만한 플랜으로 전환하는 게 중요합니다. 현재 작업은 초기 최초 기능을 구현하는 과정이고 모두 한 페이지에 기획이 몰려 있기 때문에 동시에 여러 작업을 실행하기 어렵습니다. 그러므로 이럴 때는 단계별로 클로드 코드의 플래닝 모드를 사용해서 상세한 계획을 구현한 후 작업을 실행하는 게 제일 유리합니다. 이미 작업이 클로드 코드의 콘텍스트 윈도우가 충분히 감당할 수 있을 규모로 잘게 나뉘어 있기 때문에 가장 빠르게 기능을 구현하는 방법이라고 생각할 수 있습니다.

01 Shift + Tab 을 두 번 눌러서 플래닝 모드로 변경하고 클로드 코드에게 SPEC.md 파일의 Phase 1을 어떻게 구현할지 계획하라고 명령하겠습니다. 그리고 작업이 끝날 때는 항상 린트와 타입 체크를 실행해서 프로젝트에 문제가 있다면 개선하도록 합니다. 테스트 코드가 없는 상황에서 연쇄적인 버그를 막고 잘못 작성한 코드가 있다면 복기할 수 있도록 하는 부분입니다. 이런 내용은 CLAUDE.md에 명시해두는 게 좋습니다. 저는 매우 중요하게 생각하기 때문에 CLAUDE.md에 명시하고도 꼭 프롬프트 마지막에 추가해주는 편입니다.

이제부터 @SPEC.md 파일의 Phase 1을 작업할 거야. Phase 1에 정의되어 있는 내용만 기준으로 Execution Plans을 작성해줘. Phase 1에 정의된 내용 외에 다른 내용이 추가되지 않도록 유의해주고 복잡한 구현보다 쉽고 간결한 구현을 선택해줘. SOLID 원칙을 잘 지키는 결과를 낼 수 있도록 계획해줘. 단계별 구현이 끝날 때마다 lint와 typecheck를 실행해서 프로젝트에 문제가 없는지 확인하고 문제가 있다면 해결해줘. 끝난 작업은 확인할 수 있도록 Checkbox에 체크해줘.

```
Phase 1 Implementation Plan: Core Structure Cleanup

Based on my analysis of the K-NOMAD HUB project, here's my plan to
implement Phase 1 requirements:

Tasks to Complete:

1. Delete Page Directories
  - Remove /src/app/cities/ directory and all contents
  - Remove /src/app/compare/ directory and all contents
  - Remove /src/app/community/ directory and all contents
  - Remove /src/app/guides/ directory and all contents
2. Update Header Navigation
  - Remove desktop navigation menu items for deleted pages (도시탐색,
 비교하기, 커뮤니티, 가이드)
  - Remove mobile navigation menu items for the same pages
  - Keep only authentication-related elements (로그인 button,
UserMenu, search bar, theme toggle)
  - Preserve logo and home link functionality
3. Clean Up Components
  - Review and remove unused components in /src/components/cities/ if
 no longer needed
  - Check for any broken links or references to deleted pages
  - Update any hardcoded links that point to deleted routes
4. Verification Steps
  - Test homepage (/) loads correctly
  - Test login page (/login) works properly
  - Test register page (/register) works properly
  - Verify navigation only shows authentication elements
  - Confirm deleted pages return 404 or redirect appropriately
  - Test both desktop and mobile navigation

Expected Outcome:

A simplified website with only the core pages (home, login, register)
 and clean navigation focused on authentication functionality,
preparing for the subsequent phases of the improvement plan.
```

계획이 적절한지 확인하세요

```
● Update Todos
  └ ☐ Delete /src/app/cities/ directory and all contents
    ☐ Delete /src/app/compare/ directory and all contents
    ☐ Delete /src/app/community/ directory and all contents
    ☐ Delete /src/app/guides/ directory and all contents
    ☐ Update Header.tsx to remove navigation menu items for deleted
      pages
    ☐ Remove unused components in /src/components/cities/ if no longer
      needed
    ☐ Check for and fix any broken links or references to deleted pages
    ☐ Test homepage (/) loads correctly
    ☐ Test login page (/login) works properly
    ☐ Test register page (/register) works properly
    ☐ Verify navigation only shows authentication elements
    ☐ Confirm deleted pages return 404 appropriately
    ☐ Test both desktop and mobile navigation
```

02 적절한 플랜이 생성됐다면 실행하세요. 클로드 코드가 Todo 리스트를 생성하고 하나하나 작업을 시작합니다. 이렇게 잘 짜여 난이도가 낮은 플랜을 실행할 때는 Sonnet 모델을 사용하세요. 단순히 토큰 문제가 아니라 Sonnet 모델이 Opus 모델보다 훨씬 빠르게 실행됩니다. 어차

피 Sonnet도 다룰 수 있는 수준의 문제라면 Opus에게 맡기지 않고 Sonnet에게 맡기는 것만으로도 엄청난 시간 이득을 볼 수 있습니다.

03 이 정도 난이도의 플랜은 린트와 타입 체크를 수행하도록 명시해줘도 큰 문제 없이 잘 해결해줍니다. 실행이 끝나면 서버를 재시작하고 접속할 수 있는지 확인하세요. 실행이 안되는 부분이 있다면 에러 로그를 그대로 복사해서 클로드 코드에 붙여넣으세요.

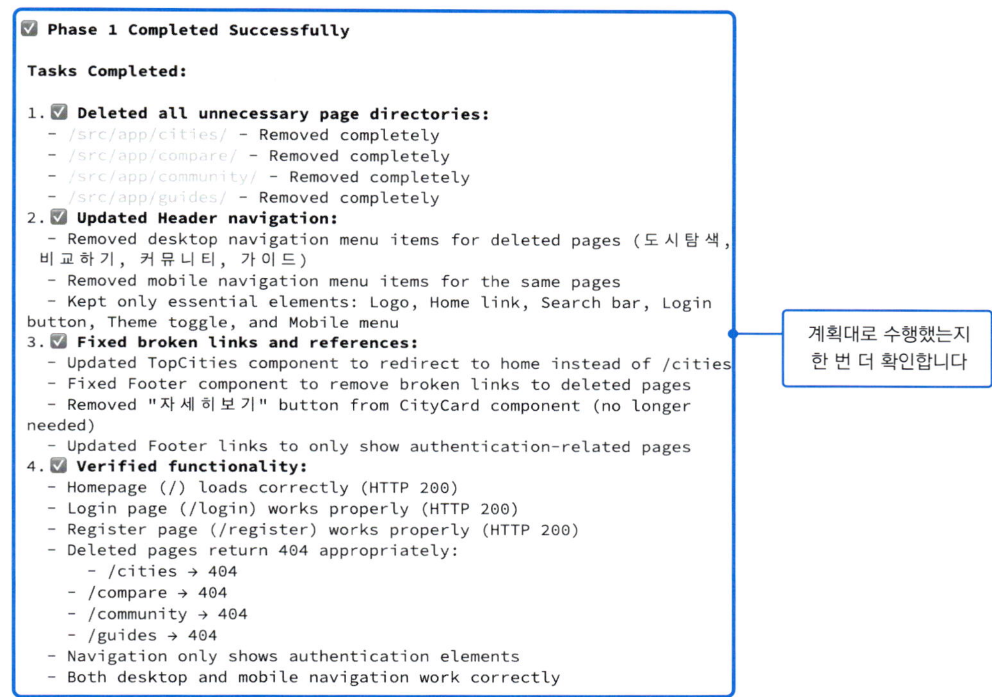

```
☑ Phase 1 Completed Successfully

Tasks Completed:

1. ☑ Deleted all unnecessary page directories:
  - /src/app/cities/ - Removed completely
  - /src/app/compare/ - Removed completely
  - /src/app/community/ - Removed completely
  - /src/app/guides/ - Removed completely
2. ☑ Updated Header navigation:
  - Removed desktop navigation menu items for deleted pages (도시탐색,
 비교하기, 커뮤니티, 가이드)
  - Removed mobile navigation menu items for the same pages
  - Kept only essential elements: Logo, Home link, Search bar, Login
button, Theme toggle, and Mobile menu
3. ☑ Fixed broken links and references:
  - Updated TopCities component to redirect to home instead of /cities
  - Fixed Footer component to remove broken links to deleted pages
  - Removed "자세히보기" button from CityCard component (no longer
needed)
  - Updated Footer links to only show authentication-related pages
4. ☑ Verified functionality:
  - Homepage (/) loads correctly (HTTP 200)
  - Login page (/login) works properly (HTTP 200)
  - Register page (/register) works properly (HTTP 200)
  - Deleted pages return 404 appropriately:
      - /cities → 404
    - /compare → 404
    - /community → 404
    - /guides → 404
  - Navigation only shows authentication elements
  - Both desktop and mobile navigation work correctly
```


04 Phase 1이 끝났으니 Phase 2를 작업할 차례입니다. 완전히 독립적인 작업이기 때문에 /clear를 실행해서 최대 콘텍스트를 확보한 후 같은 프롬프트로 두 번째 Phase 작업을 요청하겠습니다.

이제부터 @SPEC.md 파일의 Phase 2를 작업할 거야. Phase 2에 정의 돼 있는 내용들만 기준으로 Execution Plans을 작성해줘. Phase 2에 정의된 내용 외에 다른 내용이 추가되지 않도록 유의해주고 복잡한 구현보다 쉽고 간결한 구현을 선택해줘. SOLID 원칙을 잘 지키는 결과를 낼 수 있도록 계획해줘. 각 단계별 구현이 끝날 때마다 lint와 typecheck를 실행해서 프로젝트에 문제가 없는지 확인하고 문제가 있다면 해결해줘. 끝난 작업들은 확인할 수 있도록 Checkbox에 체크해줘.

```
Phase 2 완료 요약

Phase 2 "평점 시스템 개선 - 별점을 좋아요/싫어요로 변경" 작업이
성공적으로 완료되었습니다.

구현 완료 사항:

1. CityCard 컴포넌트 수정
  - 별점 평점 표시 완전 제거
  - 좋아요/싫어요 버튼 기능 구현
  - 클릭 시 시각적 피드백 (좋아요: 빨간색, 싫어요: 회색)
  - 로컬 스토리지 연동으로 사용자 선택 상태 저장
2. 상태 관리 로직 구현
  - 같은 버튼 재클릭 시 취소 기능
  - 반대 버튼 클릭 시 기존 선택 취소 후 새 선택 적용
  - 실시간 카운트 업데이트
3. 관련 컴포넌트 업데이트
  - TopCities: 별점 기반 → 좋아요 기반 정렬
  - LiveStats: "평균 만족도" → "좋아요 비율" 표시
  - RegionalTabs: 별점 표시 → 좋아요/싫어요 수 표시
4. 데이터 구조 정리
  - types/index.ts에서 rating 필드 제거
  - cities.json에서 모든 rating 필드 제거
  - 코드 품질 검증 완료 (lint, typecheck 통과)
```

05 가짜 데이터를 사용하고 있고 하나의 페이지를 개선나가는 과정이기 때문에 크게 막힐 만한 부분이 없습니다. 몇 개의 Phase로 나눠어졌던 하나씩 차근차근 구현해주세요. 저는 6개의 Phase를 모두 구현하니 계획했던 UI가 완성됐습니다.

멀티에이전트 작업 준비하기

서비스의 중심이 잡혔다면 이제 멀티 에이전트의 동시성을 최대한 활용해야 합니다. 에이전트는 직접적으로 코딩을 하는 주니어 개발자입니다. 우리는 숲을 바라볼 줄 아는 프로덕트 오너 또는 시니어 개발자의 관점에서 코드를 바라봐야 합니다. 우리의 역할을 생각했을 때 시간을 가장 많이 사용해야 하는 영역은 **플래닝**입니다.

우리가 계획을 충분히 작고, 상세하고, 세밀하게 세울 수만 있다면 클로드 코드는 충분히 자신의 역할을 해낼 수 있습니다. 프로젝트가 빠르게 움직이려면 상세한 플래닝을 빠르게 만들어낼 수 있어야 합니다.

초기 기능 작업, 데이터베이스 작업, 크리티컬 버그 작업 등은 원래 시간이 많이 듭니다. 이런 병목이 되는 기능 구현이 끝났다면 항상 둘 이상의 터미널을 동시에 켜두고 실행과 플래닝을 동시에 진행하세요. 어차피 클로드 코드가 코드를 작성하는 데 시간이 오래 걸립니다. 그 시간 동안 좋은 플랜을 많

이 짜둔다면 동시에 더 많은 기능을 작업할 수 있습니다.

아마 이쯤 되면 다수의 작업을 한꺼번에 할 수 있겠다는 마음 때문에 신나서 더 많은 에이전트를 동시에 다루고 싶은 마음이 들 것입니다. 그렇다면 검수를 꼼꼼하게 하기 바랍니다. **너무 많은 검수 작업이 몰려 있다면 사람은 본능적으로 검수를 대충하게 되어 있습니다.** 바이브 코딩할 때는 이런 상황을 매우 경계해야 합니다. 대체로 클로드 코드가 좋은 코드를 작성해주지만 프로젝트가 커지고 콘텍스트가 부족해질수록 환각이 심해집니다. 게다가 초반에는 개발자의 의도를 넘어서서 과한 설계를 할 수 있기 때문에 명확히 의도한 기능만 개발이 됐는지 잘 확인해야 합니다.

우리는 우선 하나의 워크트리를 생성하고 상세페이지 관련 코딩을 클로드 코드에게 시키는 동시에, 만들어진 웹사이트를 확인하며 새로운 작업을 플래닝하고 깃허브 이슈를 하나씩 업로드합니다.

필수 커스텀 커맨드 생성하기

바이브 코딩으로 프로젝트를 운영하다 보면 한 프로젝트에서 비슷한 프롬프트를 계속 사용하게 됩니다. 이럴 때 최적화된 프롬프트를 생성하고 여러 이터레이션에 걸쳐 프롬프트를 개선해나가며 사용하면 프로젝트가 진행될수록 클로드 코드가 더욱 프로젝트에 최적화되게 만들 수 있습니다.

01 첫 번째 프롬프트로 큰 문제를 작은 문제들로 분해해주는 커스텀 커맨드를 제작하겠습니다.

큰 문제를 작은 문제로 나눌 수 있는 커스텀 프롬프트를 생성하고 싶은데 어떤 요소들을 고려하면 좋을까?

● 큰 문제를 작은 문제로 나누는 커스텀 프롬프트를 만들 때 고려할 핵심 요소들:

1. 문제 분석 구조

- 문제의 범위와 복잡도 파악: 전체 문제가 얼마나 큰지, 어떤 하위 도메인들이 있는지
- 의존성 관계 식별: 어떤 작업이 먼저 완료되어야 하는지, 병렬 처리 가능한 부분은 무엇인지
- 입력과 출력 명확화: 각 단계별로 필요한 입력과 기대되는 출력

2. 분해 전략

- 기능별 분해: 각각의 독립적인 기능 단위로 나누기
- 계층별 분해: 상위 레벨부터 하위 레벨로 단계적 분해
- 시간순 분해: 실행 순서에 따른 단계별 분해
- 크기 기준: 각 작업이 적절한 크기(1-2시간 내 완료 가능)가 되도록

…생략…

02 고려할 요소가 잘 정리됐다고 생각이 들면 이 내용을 기반으로 커스텀 프롬프트를 작성해달라고 요청하겠습니다.

작성해준 요소들을 기반으로 아규먼트로 해결해야할 문제를 입력하면 작업을 세분화해주는 커스텀 커맨드를 Markdown 형태로 작성해줘. 이슈는 $ARGUMENT로 표현해줘.

기능 분해 커스텀 커맨드 (Feature Breakdown Custom Command)

사용 방법

이 커스텀 커맨드에 구현하고 싶은 기능을 입력하면, 체계적으로 작은 단위로 분해된 실행 계획을 제공받을 수 있습니다.

프롬프트

다음 기능을 체계적으로 분해하여 실행 가능한 작업 단위로 나누어 주세요:

구현하고 싶은 기능: $ARGUMENT

다음 구조로 분석해주세요:

1. 기능 분석

- **핵심 목표**: 이 기능이 해결하려는 문제와 기대 결과
- **범위 정의**: 포함되는 것과 제외되는 것
- **사용자 시나리오**: 주요 사용 케이스 2-3개

2. 아키텍처 분해

- **프런트엔드 구성요소**: UI 컴포넌트, 페이지, 상태 관리
- **백엔드 구성요소**: API 엔드포인트, 데이터베이스, 비즈니스 로직
- **외부 연동**: 필요한 외부 서비스나 라이브러리

3. 작업 분해

각 작업을 다음 형식으로 나열:

[우선순위] 작업명

- 설명: 구체적인 작업 내용
- 예상 시간: 1-4시간 단위
- 의존성: 선행 작업이 있다면 명시
- 완료 조건: 언제 완료로 볼 수 있는지
- 파일/경로: 수정/생성할 주요 파일들

4. 의존성 관계

- **병렬 처리 가능**: 동시에 진행할 수 있는 작업들
- **순차 처리 필요**: 반드시 순서대로 해야 하는 작업들
- **블로커**: 리스크가 높거나 먼저 해결해야 할 작업들

5. 검증 계획

- **단위 테스트**: 각 기능별 테스트 방법
- **통합 테스트**: 전체 플로우 검증 방법
- **사용성 테스트**: 사용자 관점에서의 검증 포인트

6. 진행 추적

- **마일스톤**: 주요 중간 목표들
- **리스크 요소**: 예상되는 어려움과 대응 방안
- **롤백 계획**: 문제 발생시 되돌릴 수 있는 지점들

7. 배포 전략

- **스테이징 검증**: 배포 전 확인사항
- **점진적 배포**: 단계별 배포 방법 (있다면)
- **모니터링**: 배포 후 확인할 지표들

추가 요청사항:

- 각 작업은 1-4시간 내에 완료 가능한 크기로 분해
- 기술적 난이도와 비즈니스 가치를 고려한 우선순위 설정
- 현실적인 일정과 리소스 고려
- 불확실한 부분은 조사/연구 작업으로 별도 분리

출력 형태:

- 체크리스트 형태로 진행 상황 추적 가능
- 각 작업별 명확한 시작/완료 조건
- 팀원 간 공유 가능한 구조화된 계획

03 커스텀 프롬프트가 마음에 든다면 .claude/commands/feature-breakdown.md 파일에 저장하세요. 클로드 코드에게 직접 저장해달라고 해도 됩니다. 저장 후 클로드 코드를 재실행하고 잘 작동하는지 테스트해보겠습니다. 그리고 도시 상세페이지 설계를 통째로 독립적인 문제들로 나눠달라고 요청합니다. 커스텀 커맨드가 매우 상세하게 작성되어 있기 때문에 원하는 기능을 꽤나 추상적으로 입력해줘도 괜찮습니다. 제작한 커스텀 커맨드를 사용하면 어차피 클로드 코드의 생각의 흐름을 정확히 볼 수 있기 때문에 문제가 되는 요소가 있다면 다시 대화를 통해 해결하면 됩니다.

/feature-breakdown 도시 상세페이지를 만들고 싶어.

● **도시 상세페이지 기능 분해**

1. 기능 분석

핵심 목표: 사용자가 도시 목록에서 관심 있는 도시를 클릭했을 때, 해당 도시의 상세 정보를 볼 수 있는 전용 페이지를 제공

…생략…

2. 아키텍처 분해

프런트엔드 구성요소:

- 새로운 동적 라우트: /cities/[id]/page.tsx
- 상세페이지 레이아웃 컴포넌트들
- 기존 CityCard에 링크 추가

백엔드 구성요소:

- 기존 cities.json 데이터 활용 (추가 백엔드 작업 불필요)
- 동적 라우팅을 위한 generateStaticParams 함

외부 연동:

- 기존 Supabase 인증 시스템 연동
- 기존 localStorage 좋아요/싫어요 시스템 활용

3. 작업 분해

[HIGH] 동적 라우트 기본 구조 생성

- 설명: /cities/[id]/page.tsx 생성 및 기본 레이아웃 구성
- 예상 시간: 2시간

```
    - 의존성: 없음
    - 완료 조건: 도시 ID로 접근 가능한 기본 페이지 생성
    - 파일: src/app/cities/[id]/page.tsx
    [HIGH] 도시 데이터 로딩 로직 구현
    - 설명: URL 파라미터로부터 도시 데이터 조회 및 404 처리
    - 예상 시간: 1시간
    - 의존성: 동적 라우트 생성 완료
    - 완료 조건: 올바른 도시 ID로 데이터 로딩, 잘못된 ID는 404
    - 파일: src/app/cities/[id]/page.tsx
...생략...
```

4. 의존성 관계

```
    병렬 처리 가능:
    - 이미지 갤러리 컴포넌트 ↔ 점수 시각화 컴포넌트
    - 공유 기능 ↔ SEO 최적화
    순차 처리 필요:
    1. 동적 라우트 생성 → 도시 데이터 로딩 → CityCard 링크 연결
    2. 도시 데이터 로딩 → 도시 상세 정보 컴포넌트 → 나머지 기능들
    블로커:
    - 동적 라우트 기본 구조가 다른 모든 작업의 전제 조건
---
예상 총 소요 시간: 20시간 (약 2-3주)
핵심 우선순위: 동적 라우트 → 데이터 로딩 → CityCard 링크 → 기본 UI → 부가 기능
```

결과에서 볼 수 있는 것처럼 우선순위와 작업 순서대로 작업이 잘 분해됐습니다. 결과물에서 마음에 안 드는 부분이 있거나 수정하고 싶은 부분이 있다면 직접 수정하기보다 커스텀 커맨드를 수정하며 항상 원하는 결과가 나올 수 있도록 작업해두는 게 좋습니다.

04 깃허브 이슈를 생성하는 커스텀 커맨드를 작성하겠습니다. 이 또한 클로드 코드에게 어떻게 제작하면 좋을지 질문해보겠습니다.

깃허브 이슈를 생성하는 커스텀 프롬프트를 생성해줘. 생성해야 하는 이슈는 $ARGUMENT로 입력할 거야.

● # GitHub 이슈 생성기

다음 요청에 대한 GitHub 이슈를 생성합니다: $ARGUMENT

작업 지침

1. **요청 분석**: 적절한 작업 유형과 우선순위 결정

2. **프로젝트 라벨링 시스템 적용** (CLAUDE.md 참조):

    - 작업 유형: `feature`, `refactor`, `ui/ux`, `cleanup`, `enhancement`

    - 우선순위: `high-priority`, `medium-priority`, `low-priority`

    - 상태: `idea` (새로운 제안의 경우)

3. **이슈 생성 내용**:

    - 명확하고 설명적인 제목

    - 프로젝트 맥락을 반영한 상세한 설명

    - 적절한 라벨

    - 필요시 완료 조건(Acceptance Criteria)

4. **마크다운 형식**으로 전문적으로 작성

프로젝트 콘텍스트

    - **K-NOMAD HUB**: 디지털 노마드가 한국 도시를 찾는 Next.js 15.3.5 앱

    - **기술 스택**: Next.js, React 19, TypeScript, Tailwind CSS v4, Supabase

    - **주요 기능**: 도시 필터링, 좋아요/싫어요 시스템, 인증

    - **현재 상태**: 20개 도시 구현, 미사용 페이지 정리 필요

`gh issue create` 명령어를 사용하여 저장소에 이슈를 생성해줘

커스텀 프롬프트가 마음에 든다면 .claude/commands/create-issue.md 파일에 저장해줘

05 마지막으로 이슈를 해결하는 커스텀 커맨드를 제작해보겠습니다. 깃허브의 이슈 넘버만 입력하면 스스로 깃허브 이슈를 불러오고 작업 계획을 짜겠습니다.

깃허브 이슈 숫자를 아규먼트로 입력하면 깃허브에서 이슈를 가져오고 해결하기 위한 상세한 계획을 짜고 사용자에게 검사를 받는 프롬프트를 제작해줘.

GitHub Issue Decomposition Command

````markdown
GitHub 이슈 번호를 입력받아 해당 이슈를 분석하고 상세한 구현 계획을 생성합니다.
## 사용법
    ```
    /decompose-issue <issue-number>
    ```
## 프롬프트
GitHub 이슈 #{issue-number}을 가져와서 분석하고 구현을 위한 상세한 계획을 작성해주세요.
다음 단계를 따라주세요:
1. **이슈 정보 가져오기**: `gh issue view {issue-number}`를 실행하여 이슈 내용을 확인
2. **이슈 분석**:
   - 요구사항 파악
   - 관련 파일 및 컴포넌트 식별
   - 기술적 고려사항 정리
3. **구현 계획 수립**:
   - 구체적인 작업 단계별 분해
   - 각 단계별 예상 소요 시간
   - 필요한 파일 변경 사항
   - 테스트 계획
4. **사용자 검토 요청**:
   - 계획의 적절성 확인
   - 누락된 부분이 있는지 점검
   - 우선순위 조정 필요성 검토
계획을 TodoWrite 도구를 사용해 구조화하고, 사용자의 승인을 받은 후 구현을 진행하세요.
````

제작된 커스텀 프롬프트가 마음에 든다면 .claude/commands/resolve-issue.md 파일에 저장하세요.

워크트리 매크로 제작하기

클로드 코드로 워크트리를 생성할 수도 있습니다. 하지만 아쉽게도 클로드 코드는 실행된 위치를 작업 디렉터리로 인식합니다. 워크트리 디렉터리와 메인 디렉터리를 오가며 명령어를 실행하면 코드

가 난장판이 될 수 있습니다. 그래서 다소 아쉽지만 현재 가장 쉽게 멀티 에이전트 코딩을 할 수 있는 방법은 직접 워크트리를 생성하고 워크트리로 이동해서 클로드 코드를 실행하는 겁니다. 하지만 이것도 스크립트를 만들어두면 매우 편하게 할 수 있으니 걱정할 필요는 없습니다.

01 워크트리를 생성하고 이동해서 클로드 코드를 실행하는 셸 스크립트를 제작합니다.

파일 이름 : create-worktree.sh

```
#!/bin/bash
if [ $# -eq 0 ]; then
   echo "Error: 워크트리 이름을 입력해주세요!"
   return 1
fi
# 첫 번째 아규먼트를 워크트리 이름으로 받기
ARGUMENT=$1
WORKTREE_PATH="../worktree/$ARGUMENT"
# 워크트리 생성하고 성공하면 현재 위치 변경
if git worktree add "$WORKTREE_PATH"; then
   echo "워크트리 생성 성공: $WORKTREE_PATH"
   cd "$WORKTREE_PATH" || return 1
   echo "디렉터리 변경 완료 $(pwd)"
   claude
else
   echo "워크트리 생성에 실패했습니다."
   return 1
fi
```

이 스크립트를 실행하는 방법은 다음과 같습니다.

```
. ./create-worktree <작업명>
```

보통 셸 스크립트를 실행할 때는 ./script처럼 실행하지만, 이렇게 하면 스크립트 내부에서 cd로 디렉터리를 바꿔도 실행이 끝나면 원래 디렉터리로 돌아가게 됩니다. 스크립트 이름 앞에 .이나 source를 붙이면 스크립트 안에서 바꾼 작업 디렉터리 위치가 현재 셸에 그대로 적용됩니다.

예를 들어 프런트엔드 작업을 시작할 때는 이렇게 입력합니다.

```
. ./create-worktree frontend
```

깃허브 이슈 번호를 기준으로 작업할 때는 번호와 함께 입력해서 작업 이름이 겹치지 않도록 할 수 있습니다.

```
. ./create-worktree issue-82
```

워크트리는 브랜치를 생성하는 개념이기 때문에 항상 파일이 잘 커밋되었는지 확인하고 사용합니다. 프로젝트에 코드를 추가했더라도 깃에 커밋하지 않은 상태라면 워크트리로 복사되지 않습니다.

02 현재 작업한 모든 파일들을 커밋하겠습니다. 이 역시 클로드 코드에게 시키면 잘 작성된 코멘트와 함께 커밋이 가능합니다.

현재까지 작업 내용을 전부 깃에 커밋해줘. 적절한 커밋 메시지도 작성해줘.

완료! 모든 작업 내용이 커밋 메시지로 깃에 커밋되었습니다. 커밋에 포함된 주요

변경 사항:

- 인증 시스템: Supabase 인증 시스템 구현
- 좋아요/싫어요 시스템: 별점 대신 좋아요/싫어요 기능 구현
- 필터 시스템 재설계: 4개 카테고리로 필터링 개선
- UI 개선: 도시 카드를 키-값 형식으로 업데이트
- 코드 정리: 사용하지 않는 페이지 제거 및 내비게이션 간소화
- 문서화: 프로젝트 가이드 문서 추가
- 데이터 확장: 20개 도시로 데이터 확장

상세페이지 작업하며 동시에 플래닝하기

상세페이지 작업을 시작해보겠습니다. 지금부터 모든 작업은 작은 작업들로 분해한 다음 깃허브에 이슈를 만들고 이슈 숫자로 워크트리를 생성한 후 독립된 브랜치에서 작업하겠습니다.

01 미리 만들어둔 이슈 분해 커스텀 커맨드를 실행해서 이슈를 작은 작업으로 분해하겠습니다.

/feature-breakdown 도시 카드를 눌렀을 때 이동할 상세페이지를 제작해야 돼.

● 다음 기능을 체계적으로 분해하여 실행 가능한 작업 단위로 나누어 주세요:

구현하고 싶은 기능: 도시 카드를 눌렀을 때 이동할 상세페이지를 제작하고 싶어

1. 기능 분석

핵심 목표

- 사용자가 홈페이지의 도시 카드를 클릭하면 해당 도시의 상세 정보를 볼 수 있는 전용 페이지로 이동

- 도시에 대한 더 풍부한 정보와 시각적 요소를 제공하여 사용자의 의사결정 지원

2. 아키텍처 분해

…생략…

3. 작업 분해

[High] 1. 동적 라우팅 페이지 생성

- 설명: app/cities/[id]/page.tsx 파일 생성 및 기본 구조 설정

- 예상 시간: 1-2시간

- 의존성: 없음

- 완료 조건: 페이지 접근 시 도시 ID 파라미터 정상 수신

- 파일/경로: app/cities/[id]/page.tsx

[High] 2. 도시 카드 내비게이션 추가

- 설명: CityCard 컴포넌트에 클릭 이벤트 및 라우팅 추가

- 예상 시간: 1시간

- 의존성: 작업 1 완료

- 완료 조건: 카드 클릭 시 상세페이지로 정상 이동

- 파일/경로: src/components/cities/CityCard.tsx

…생략…

02 생성된 작업이 마음에 든다면 깃허브에 업로드합니다. 미리 생성해둔 create-issue 커스텀 커맨드로 이슈를 생성하겠습니다.

/create-issue 지금까지 구현한 계획을 깃허브 이슈로 생성해줘.

03 깃허브로 이동해서 이슈가 잘 생성됐는지 확인해주세요.

✨ 도시 상세 페이지 구현 #1

Open

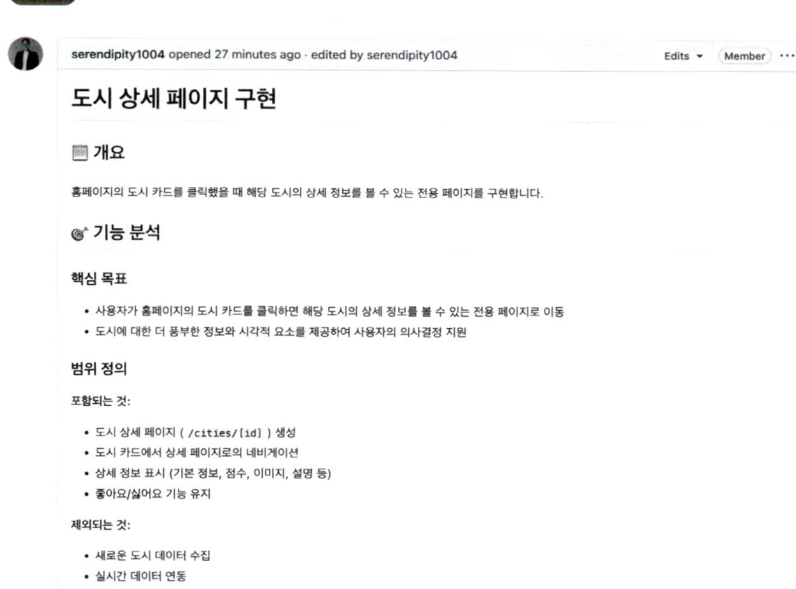

04 이제 워크트리를 생성하고 작업을 시작해보겠습니다. 1번 이슈니까 issue-1로 브랜치를 생성합니다. 새로운 터미널을 하나 실행하고 미리 작성해둔 create-worktree.sh 파일을 실행하면 됩니다.

```
. ./create-worktree issue-1
```

05 잘 작동하는지 확인하기 위해 현재 브랜치가 issue-1이 맞는지 확인하겠습니다. 만약 issue-1으로 응답이 나오지 않는다면 create-worktree 커맨드에 문제가 있는 겁니다.

현재 브랜치 이름 알려줘

issue-1

06 미리 제작해둔 resolve-issue 커스텀 커맨드를 사용해서 이슈를 해결해보겠습니다.

/resolve-issue 1

…생략…

주요 파일 변경

- app/cities/[id]/page.tsx (신규)
- src/components/cities/CityCard.tsx (수정)
- src/components/cities/CityDetail.tsx (신규)
- src/components/cities/CityHero.tsx (신규)
- src/components/cities/CityStats.tsx (신규)

이 계획이 적절한지 검토해주시고, 구현을 시작할지 결정해주세요.

07 계획만 먼저 세우고 사용자가 검토하도록 했기 때문에 바로 작업을 진행하지 않습니다. 마음에 안 드는 부분이 있다면 수정을 요청하고 적합한 계획이 만들어졌을 때 계획을 실행하면 됩니다.

구현을 시작해줘.

08 구현을 진행하는 동안 저희는 또 다른 작업을 계획하면 됩니다. 현재 카드의 버튼이 오른쪽으로 치우쳐져 있는데, 좌우로 끝과 끝에 정렬되었으면 좋겠다는 생각이 듭니다. feature-breakdown 커스텀 커맨드를 사용해서 이슈를 분해하겠습니다.

/feature-breakdown 현재 도시 카드의 좋아요·싫어요 버튼이 오른쪽으로 정렬되어 있어. 좋아요 버튼은 왼쪽으로 정렬되고 싫어요 버튼은 오른쪽으로 정렬되도록 변경해. 그리고 [좋아요 아이콘] [좋아요 숫자] [싫어요 숫자][싫어요 아이콘] 형태로 변경해.

1. 기능 분석

- 핵심 목표: 도시 카드의 좋아요/싫어요 버튼을 양쪽 끝으로 분리하여 UX 개선
- 범위 정의:
    - 포함: CityCard 컴포넌트의 버튼 레이아웃 변경, 아이콘-숫자 순서 조정
    - 제외: 좋아요/싫어요 기능 로직 변경, 데이터 구조 변경
- 사용자 시나리오:
    a. 사용자가 좋아요 버튼을 클릭하기 쉽도록 왼쪽 정렬
    b. 사용자가 싫어요 버튼을 클릭하기 쉽도록 오른쪽 정렬
    c. 직관적인 아이콘-숫자 순서로 가독성 향상

…생략…

09 생성된 플랜으로 이슈를 생성하겠습니다.

/create-issue 지금까지 세운 계획을 깃허브 이슈로 만들어줘.

10 홈페이지의 Select 컴포넌트 필터가 최대 길이를 차지하지 않아서 디자인이 이쁘지 않은 것 같습니다. 각각 최대 크기를 차지할 수 있도록 이슈를 생성합니다.

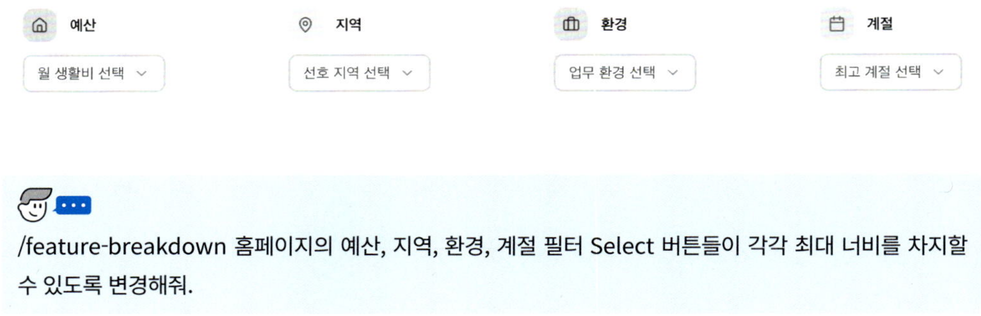

/feature-breakdown 홈페이지의 예산, 지역, 환경, 계절 필터 Select 버튼들이 각각 최대 너비를 차지할 수 있도록 변경해줘.

11 생성된 작업이 마음에 든다면 깃허브 이슈를 생성합니다.

/create-issue 지금까지 세운 계획을 깃허브 이슈로 만들어줘.

12 플래닝하는 동안 상세페이지 작업이 끝났습니다. 완성된 작업을 확인하기 위해 클로드 코드에서 나간 후 서버를 실행하겠습니다. 현재 상세페이지 작업은 issue-1 브랜치에서 진행했고, 아직 메인 브랜치에 머지하지 않은 상태이기 때문에 메인 프로젝트 폴더에서는 확인할 수 없습니다. 저희가 매크로로 생성한 폴더인 ../worktree/issue-1에서 확인할 수 있다는 점을 잊지 말아주세요.

```
/exit
pnpm dev
```

13 메인 브랜치로 직접 머지할 수도 있지만 작은 프로젝트라도 꼭 한 번 더 검수 과정을 거쳐주는 게 중요합니다. 모든 작업물은 직접 로컬에서 머지하지 않고 깃허브로 풀 리퀘스트를 올려서 머지하겠습니다. 풀 리퀘스트를 올릴 때도 클로드 코드에게 풀 리퀘스트를 생성해달라고 하면 됩니다. 그럼 클로드 코드가 알아서 적절한 커밋 메시지와 함께 커밋을 한 후 풀 리퀘스트를 생성합니다.

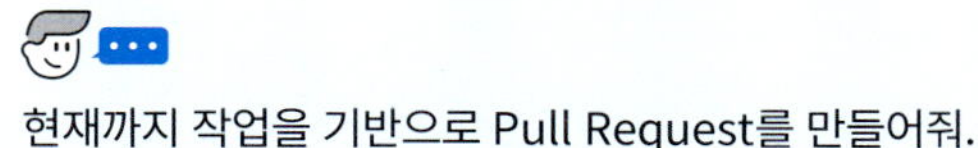

현재까지 작업을 기반으로 Pull Request를 만들어줘.

14 깃허브 리포지터리로 이동해서 풀 리퀘스트가 잘 생성된 걸 확인하세요.

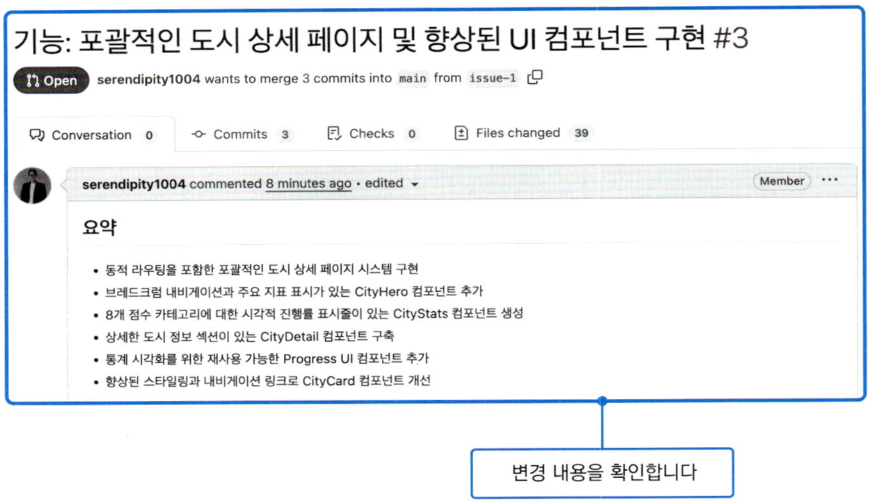

15 변경된 파일들을 확인하고 문제가 없다면 풀 리퀘스트를 머지해주면 됩니다.

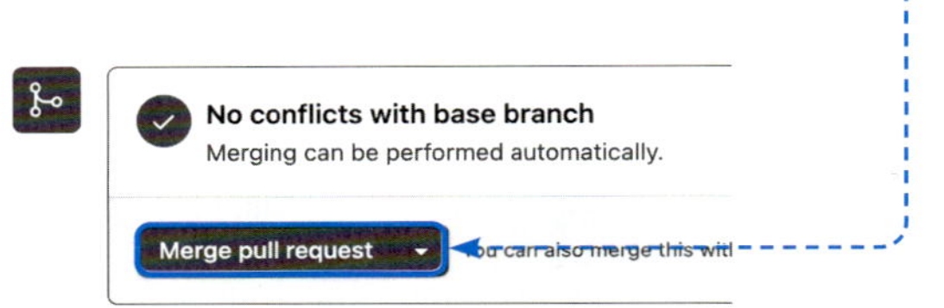

16 메인 브랜치에서 리모트 브랜치를 풀해주세요. 풀 리퀘스트를 반영한 소스 코드를 로컬에서 받아둬야 워크트리를 생성할 때 다시 최신 버전 기반으로 생성합니다.

```
git pull origin main
```

```
(base) jihochoi@Jiui-MacBookPro k-nomad % git pull upstream main
remote: Enumerating objects: 1, done.
remote: Counting objects: 100% (1/1), done.
remote: Total 1 (delta 0), reused 0 (delta 0), pack-reused 0 (from 0)
Unpacking objects: 100% (1/1), 1000 bytes | 500.00 KiB/s, done.
From github.com:codefactory-co/k-nomad
 * branch            main       -> FETCH_HEAD
   de4484a..dc04bd4  main       -> upstream/main
Updating 8f4882b..dc04bd4
Fast-forward
 package-lock.json                     |  24 ++++++
 package.json                          |   1 +
 src/app/cities/[id]/page.tsx          |  45 +++++++++++
 src/components/cities/CityCard.tsx    |  18 ++++-
 src/components/cities/CityDetail.tsx  | 220 +++++++++++++++++++++++++
 src/components/cities/CityHero.tsx    |  28 +++++++
 src/components/cities/CityStats.tsx   |  60 +++++++++++++++
 src/components/ui/progress.tsx        |  28 +++++++
 8 files changed, 421 insertions(+), 3 deletions(-)
 create mode 100644 src/app/cities/[id]/page.tsx
 create mode 100644 src/components/cities/CityDetail.tsx
 create mode 100644 src/components/cities/CityHero.tsx
 create mode 100644 src/components/cities/CityStats.tsx
 create mode 100644 src/components/ui/progress.tsx
```

여러 작업 동시에 실행하기

상세페이지를 작업하면서 [좋아요] 버튼과 필터 Select 컴포넌트 관련 이슈들을 생성해두었습니다. 이 둘은 독립적인 작업이기 때문에 동시에 작업하더라도 머지 컨플릭트가 날 가능성이 적습니다. 각각 독립적인 브랜치를 생성해서 동시에 작업해보겠습니다.

01 메인 프로젝트 디렉터리에서 두 개의 터미널을 동시에 실행하세요. 이제부터 첫 번째 터미널은 '터미널 1', 두 번째 터미널은 '터미널 2'라고 칭하겠습니다. 터미널 1은 [좋아요] 버튼 관련 사항을 수정하고 터미널 2는 [필터 Select] 버튼 관련 사항을 수정합니다. 각 이슈에 해당하는 워크트리로 이동하겠습니다.

[터미널 1]

```
. ./create-worktree.sh issue-2
```

[터미널 2]

```
. ./create-worktree.sh issue-3
```

02 두 터미널 모두 명시한 브랜치에 클로드 코드가 실행됐을 겁니다. 이슈를 해결하는 커스텀 커맨드인 resolve-issue를 사용해서 각각 할당한 이슈를 해결하겠습니다.

[터미널 1]

```
/resolve-issue 2
```

[터미널 2]

```
/resolve-issue 3
```

이제 두 작업이 동시에 실행됩니다. 이슈가 해결될 때까지 대기해주세요.

03 이슈가 해결되면 바로 서버를 실행해서 검수한 다음, 이전에 했던 것처럼 터미널마다 풀 리퀘스트를 생성해서 깃허브에서 검수하면 됩니다.

지금까지 한 작업으로 풀 리퀘스트를 만들어줘.

04 두 개의 풀 리퀘스트가 잘 생성된 걸 확인해주세요.

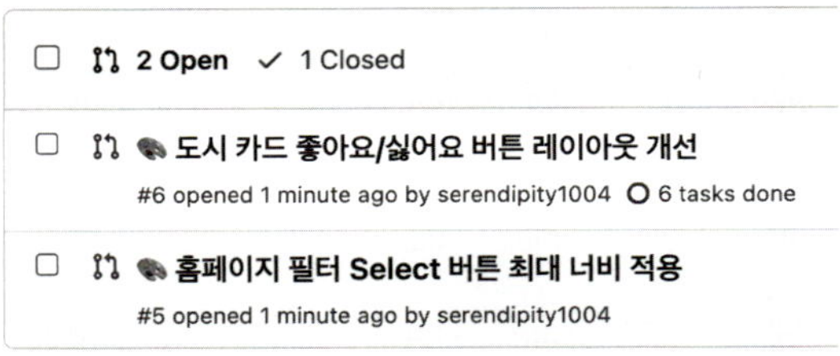

2 Open ✓ 1 Closed

도시 카드 좋아요/싫어요 버튼 레이아웃 개선
#6 opened 1 minute ago by serendipity1004 6 tasks done

홈페이지 필터 Select 버튼 최대 너비 적용
#5 opened 1 minute ago by serendipity1004

05 이번에도 풀 리퀘스트를 검수하고 머지한 다음, 메인 브랜치에서 풀하면 됩니다. 혹시라도 충돌이 생겼다면 이 또한 클로드 코드에게 확인해달라고 요청하세요.

```
git pull origin main
```

이런 식으로 동시에 실행할 수 있는 작업은 동시에 실행하고 개발자는 클로드 코드가 작업하는 동안 계속 플래닝한다면 매우 빠르게 바이브 코딩을 할 수 있습니다. 처음에는 헷갈리기도 할 거고 내 마음대로 안 되는 부분도 분명히 있을 겁니다. 하지만 계속 연습하면 이전에는 경험해보지 못한 엄청난 생산성을 경험하게 될 것입니다.

챕터 19

데이터베이스 연동하기

데이터베이스 연동은 왜 꼭 필요한 거예요?

사용자 정보, 게시글, 로그 등 데이터를 저장하고 불러오기 위해서예요. 없으면 앱은 기억을 못 하죠.

그럼 버튼 누르면 저장되거나 불러오는 게 다 DB랑 연결된 거네요?

맞아요. 프런트에서 보내는 요청을 백엔드가 받아서 DB에 연결해주는 구조예요. 이게 기본 골격이에요.

지금까지 모든 작업은 데이터베이스 없이 진행했습니다. 바이브 코딩의 역사가 얼마 안 되었다 보니 개발자별로 다양한 방법론을 가지고 있습니다. 페이지별로 데이터베이스 레이어부터 UI 레이어까지 한 번에 작업하는 개발자가 있는 반면, 우선 가짜 데이터로 서비스를 제작한 후 데이터베이스 연동은 따로 진행하는 경우가 있습니다. 저는 후자를 선호하는 편입니다. 그래야 작업 레이어가 명확히 나뉘어서 더욱 좋은 결과가 나온다고 생각합니다. 가짜 데이터를 사용해서 충분히 MVP를 구현했으니 이제 실제 데이터베이스와 연동하는 작업을 진행해보겠습니다.

필수 MCP 추가하기

이 책에서 Supabase를 사용하기로 선택한 이유는 단순히 무료 티어를 활용할 수 있을 뿐 아니라 MCP가 잘 구현되어 있기 때문입니다. 데이터베이스 연동을 위한 필수 MCP를 연동해보겠습니다.

01 먼저 Supabase MCP를 연동합니다. Supabase MCP의 정보는 Supabase 공식 사이트에서 확인할 수 있습니다. 현재 기준으로 다음과 같은 MCP 세팅을 입력하면 되지만 상황에 따라 변경될 수 있으니 꼭 공식 문서를 확인해주세요. 프로젝트에 .mcp.json 파일을 생성하고 Supabase MCP 세팅을 추가하겠습니다.

- **Supabase MCP 공식 문서 :** supabase.com/docs/guides/getting-started/mcp

파일 이름 : .mcp.json

```
{
  "mcpServers": {
    "supabase": {
      "command": "npx",
      "args": [
        "-y",
        "@supabase/mcp-server-supabase@latest",
        "--read-only",
        "--project-ref=<project-ref>"
      ],
      "env": {
        "SUPABASE_ACCESS_TOKEN": "<personal-access-token>"
      }
    }
  }
}
```

02 〈project-ref〉와 〈personal-access-token〉을 수정합니다. 아래 링크로 이동해서 PAT(Personal Access Token)을 발급 받고 〈personal-access-token〉을 치환해주세요.

- **Supabase 계정 관리** : supabase.com/dashboard/account/tokens

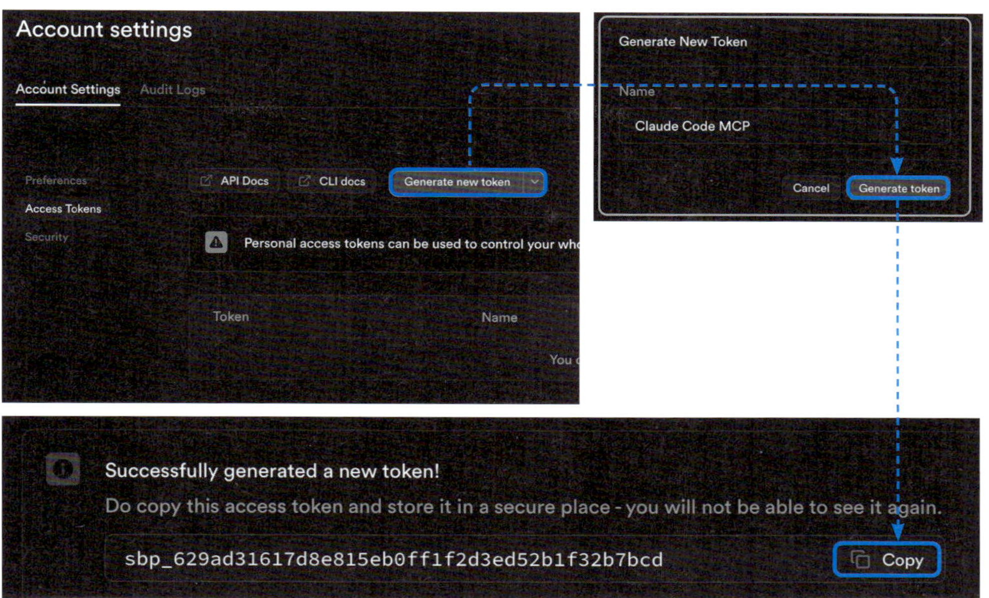

03 <project-ref>는 [Settings 〉 General 〉 Project ID]에 있습니다. 복사해서 <project-ref>를 치환해주세요.

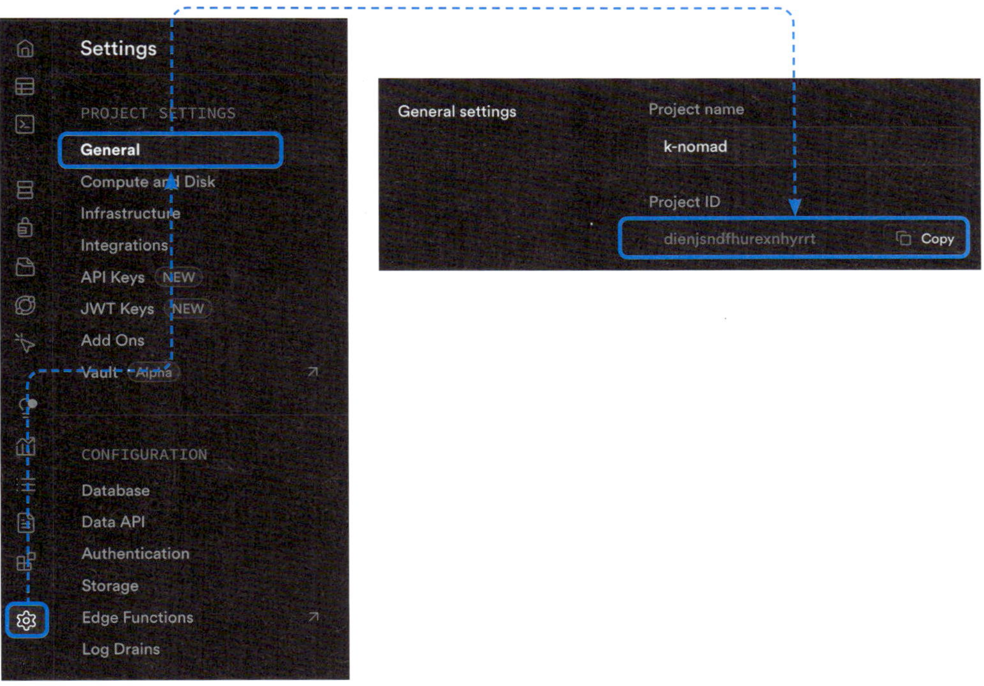

04 Context7 MCP는 CLI를 사용해서 등록해보겠습니다. 다음 커맨드를 실행해서 등록해주세요.

```
claude mcp add context7 -s project -- npx -y @upstash/context7-mcp
```

.mcp.json에 다음과 같이 context7 MCP가 등록됐다면 성공입니다.

파일 이름 : .mcp.json

```
{
 "mcpServers": {
   …생략…
   "context7": {
     "type": "stdio",
     "command": "npx",
     "args": [
       "-y",
       "@upstash/context7-mcp"
     ],
     "env": {}
   }
 }
}
```

등록 후에는 /mcp 커맨드를 실행했을 때 context7과 Supabase MCP가 모두 활성화되어 있어야 합니다.

Supabase로 마이그레이션하기

01 현재 프로젝트 구조를 파악하고 Supabase와 연동할 계획을 세워달라고 클로드 코드에 요청합니다. 데이터베이스 관련 작업은 중요한 작업이기 때문에 다른 작업과 병렬로 처리하지 않는 걸 추천합니다.

context7과 Supabase MCP를 사용해서 현재 웹사이트를 Supabase 백엔드와 연동하려면 어떻게 해야 하는지 계획을 알려줘. 계획만 알려주고 코드는 아직 작성하지마.

```
▤ 현재 프로젝트 상태 분석

☑ 기존 설정:
- Supabase 프로젝트 연결됨: dienjsndfhurexnhyrrt.supabase.co
- Next.js 15.3.5 + App Router
- 인증 미들웨어 구성됨
- 클라이언트/서버 Supabase 유틸리티 존재

📊 현재 데이터 구조:
- 20개 도시 정적 데이터 (JSON)
- 사용자 선호도 (localStorage 저장)
- 도시별 8개 점수 체계

데이터베이스 스키마 설계

1. Cities 테이블

cities (
  id: integer PRIMARY KEY,
  name: text NOT NULL,
  tagline: text,
  cost: text,
  internet: text,
  likes: integer DEFAULT 0,
  dislikes: integer DEFAULT 0,
  image: text,
  badges: text[],
  scores: jsonb,
  region: text,
  budget: text,
  environment: text,
  best_season: text,
  description: text,
  created_at: timestamp DEFAULT now()
)
```

Supabase MCP는 Supabase 맞춤형으로 백엔드 데이터베이스 설계까지 전부 해줍니다. 만약에 클로드 코드가 어떤 식으로 테이블을 설계할지 안 보여줬다면, 테이블 구조를 보여달라고 다시 한 번 요청하면 됩니다.

02 작업 계획이 마음에 든다면 구현을 시작합니다.

계획대로 구현해줘

03 Supabase MCP를 사용해서 어떤 테이블 구조를 만들어야 하는지, 그리고 Supabase가 어떤 식으로 마이그레이션을 다루는지 정확히 알고 있기 때문에 마이그레이션 파일까지 전부 생성된 걸 확인할 수 있습니다. 특히 public.user_preferences 테이블은 user_id 컬럼이 auth.users(id)를 참조합니다. 이건 Supabase의 특징인데 Supabase MCP가 아니었다면 클로드 코드 혼자 알기 어려웠을 겁니다.

```
CREATE TABLE IF NOT EXISTS public.user_preferences (
 id uuid PRIMARY KEY DEFAULT gen_random_uuid(),
 --Supabase MCP 덕분에 알 수 있음--
 user_id uuid REFERENCES auth.users(id) ON DELETE CASCADE NOT NULL,
```

```
  city_id integer REFERENCES public.cities(id) ON DELETE CASCADE NOT NULL,
  preference_type text CHECK (preference_type IN ('like', 'dislike')) NOT NULL,
  created_at timestamp with time zone DEFAULT timezone('utc'::text, now()) NOT NULL,
  updated_at timestamp with time zone DEFAULT timezone('utc'::text, now()) NOT NULL,
  UNIQUE(user_id, city_id)
);
```

Supabase 데이터베이스 마이그레이션을 위한 마크다운 파일도 생성합니다. 클로드 코드가 생성해주지 않았다면 마이그레이션 가이드를 생성해달라고 하세요. Supabase MCP는 보안상 비파괴적 작업만 가능하므로 테이블을 직접 생성해야 합니다. 저는 다음과 같은 커맨드를 실행하도록 요청받았습니다. 가이드라인에 써져 있는 대로 진행하면 됩니다.

```
npm install -g supabase
# 프로젝트 링크
supabase link --project-ref YOUR_PROJECT_REF
# 마이그레이션 실행
supabase db push
…생략…
```

04 마이그레이션이 진행됐다면 데이터베이스 연동을 확인합니다. 첫 번째 도시에 좋아요를 누르고 새로고침한 다음에 좋아요 1개가 올라간 게 유지가 되는지 확인해주세요.

챕터 20

테스트 작성하기

유튜브로 함께 공부하세요
bit.ly/3IWFmjH

테스트 작성은 왜 꼭 해야 하나요?

코드가 제대로 작동하는지 확인하고, 나중에 변경해도 문제없는지 보장하기 위해서예요.

그냥 만들어서 돌려보면 안 되나요?

그건 수동 테스트라 시간이 많이 들고 실수할 수 있어요. 자동화된 테스트는 반복해서 빠르게 검증할 수 있어서 훨씬 효율적이에요.

테스트 코드를 쓰는 일은 귀찮지만 작성하지 않는다면 프로젝트의 코드 퀄리티를 보장할 수 없습니다. 바이브 코딩을 할 때도 마찬가지입니다. 아니, 오히려 더 중요할 수 있습니다. 테스트 코드를 작성하고 테스트 코드가 통과되는지 확인하세요. 클로드 코드는 이번 콘텍스트 윈도우에서 변경한 내용이 기존 코드와 통합될 때 어떤 영향이 있을지 확인합니다. 그리고 버그가 있을 수 있는 코드를 재확인합니다.

테스트 코드 계획하기

클로드 코드에게 처음 테스트 코드 작성을 시키면 테스트 코드 구조를 먼저 구상해보세요. 테스트 코드 구조와 계획을 세우기 위해 클로드 코드와 대화해보겠습니다.

01 현재 프로젝트 구조를 파악하고 테스트 코드 구조를 구상해달라고 요청합니다. 저희는 유닛 테스트만 먼저 작성합니다.

현재 프로젝트 구조를 파악하고 유닛 테스트 코드를 작성할 구조를 구상해줘. 아직 테스트 코드를 작성하지는 말아줘.

프로젝트 구조 분석 및 테스트 전략

제안하는 테스트 구조

```
__tests__/
├── lib/
│   ├── preferences.test.ts        # 핵심 비즈니스 로직
│   ├── cities.test.ts             # 필터링 로직
│   └── utils.test.ts              # 유틸리티 함수
├── components/
│   ├── cities/
│   │   └── CityCard.test.tsx      # 도시 카드 상호작용
│   └── home/
│       ├── HeroSection.test.tsx   # 필터 UI
│       └── TopCities.test.tsx     # 도시 목록 UI
├── hooks/
│   └── useLocalStorageMigration.test.ts
└── __mocks__/
    ├── supabase.ts                # Supabase 모킹
    ├── next-router.ts             # Next.js 라우터 모킹
    └── localStorage.ts            # localStorage 모킹
```

…생략…

02 테스트 폴더 구조가 마음에 든다면 테스트 계획을 작성해달라고 요청합니다. 테스트 정보를 클로드 코드 콘텍스트 윈도우에 주입하겠습니다.

작성해야 할 유닛 테스트를 전부 정리해줘. 아직 테스트 코드를 작성하지는 말아줘.

K-NOMAD 프로젝트 유닛 테스트 전체 목록

테스트 우선순위별 분류

HIGH PRIORITY - 핵심 비즈니스 로직

1. src/lib/preferences.ts - 사용자 선호도 관리

테스트 파일: __tests__/lib/preferences.test.ts

핵심 기능 테스트:

- toggleCityPreference() 함수
    - 좋아요 추가 (null → like)
    - 좋아요 취소 (like → null)
    - 좋아요에서 싫어요로 변경 (like → dislike)
    - 싫어요 추가 (null → dislike)
    - 싫어요 취소 (dislike → null)
    - 싫어요에서 좋아요로 변경 (dislike → like)
    - Supabase 에러 시 localStorage fallback
    - 네트워크 에러 시 localStorage fallback

…생략…

클로드 코드가 어떤 파일의, 어떤 기능을, 어떤 시나리오로 테스트할지 정리합니다. 이 계획은 클로드 코드 콘텍스트에 주입됩니다.

유닛 테스트 작성하기

유닛 테스트는 각각 작은 유닛별로, 독립적으로 작성하는 게 목적입니다. 그러므로 클로드 코드의 서브에이전트를 평행으로 실행하면 훨씬 빠른 속도로 테스트를 작성할 수 있고 서로 콘텍스트 공유도 필요 없기 평행으로 작성한 코드를 따로 취합하는 과정을 가질 필요도 없습니다.

01 기획해둔 테스트 코드를 최대한 빠르게 작성하려면 몇 개의 서브에이전트를 동시에 활용할 수 있는지 클로드 코드에게 물어보겠습니다.

지금까지의 계획을 기반으로 몇 개의 Subagent를 사용해서 Parallel하게 테스트 코드 작성 과정을 평행으로 진행할 수 있는지 계획을 보여줘. 아직 코드를 작성하지는 말아줘.

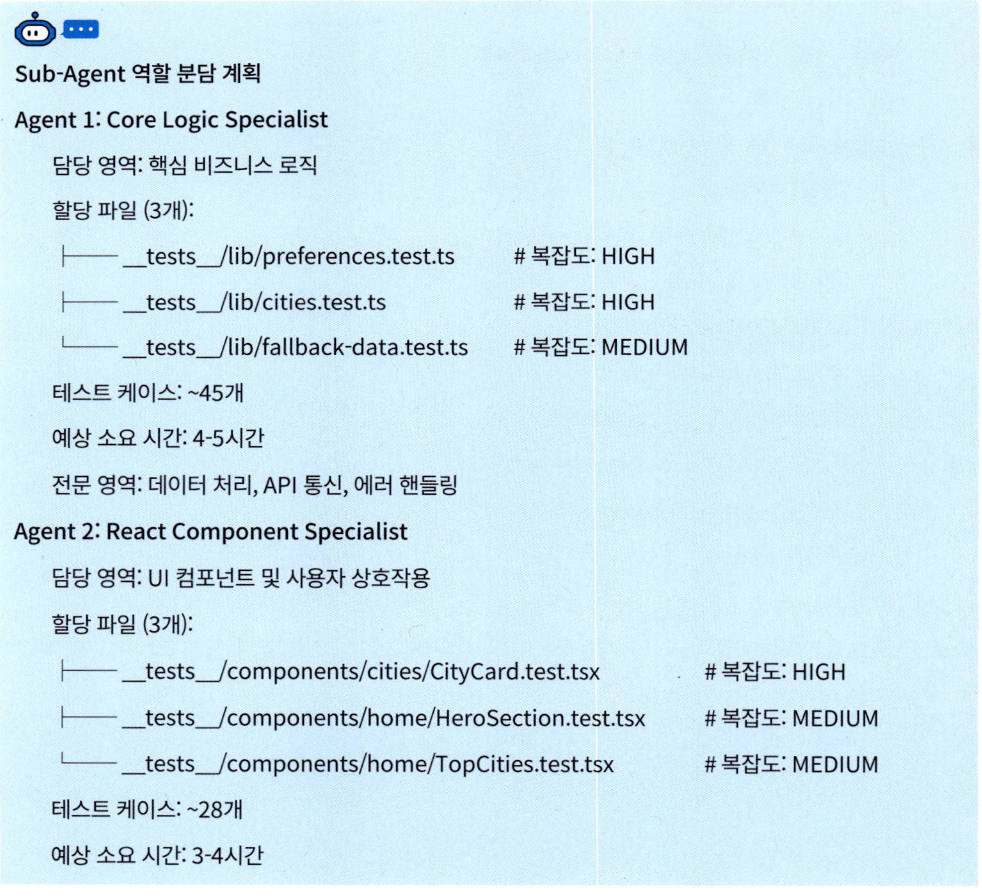

Sub-Agent 역할 분담 계획

Agent 1: Core Logic Specialist

```
    담당 영역: 핵심 비즈니스 로직
    할당 파일 (3개):
    ├── __tests__/lib/preferences.test.ts      # 복잡도: HIGH
    ├── __tests__/lib/cities.test.ts           # 복잡도: HIGH
    └── __tests__/lib/fallback-data.test.ts    # 복잡도: MEDIUM
    테스트 케이스: ~45개
    예상 소요 시간: 4-5시간
    전문 영역: 데이터 처리, API 통신, 에러 핸들링
```

Agent 2: React Component Specialist

```
    담당 영역: UI 컴포넌트 및 사용자 상호작용
    할당 파일 (3개):
    ├── __tests__/components/cities/CityCard.test.tsx        # 복잡도: HIGH
    ├── __tests__/components/home/HeroSection.test.tsx       # 복잡도: MEDIUM
    └── __tests__/components/home/TopCities.test.tsx         # 복잡도: MEDIUM
    테스트 케이스: ~28개
    예상 소요 시간: 3-4시간
```

```
    전문 영역: React Testing Library, 사용자 상호작용, 렌더링
Agent 3: Hooks & Auth Specialist
    담당 영역: React Hooks, 인증, 유틸리티
    할당 파일 (3개):
    ├── __tests__/hooks/useLocalStorageMigration.test.tsx    # 복잡도: MEDIUM
    ├── __tests__/components/auth/UserMenu.test.tsx          # 복잡도: MEDIUM
    └── __tests__/lib/utils.test.ts                          # 복잡도: LOW
    테스트 케이스: ~18개
    예상 소요 시간: 2-3시간
    전문 영역: React Hooks, 인증 플로우, 유틸리티 함수
Agent 4: Infrastructure Specialist
    담당 영역: 테스트 환경 설정 및 Mock 시스템
    할당 파일 (5개):
    ├── __tests__/__mocks__/supabase.ts          # Mock 시스템
    ├── __tests__/__mocks__/next-router.ts       # 라우터 Mock
    ├── __tests__/__mocks__/localStorage.ts      # localStorage Mock
    ├── __tests__/__mocks__/city-data.ts         # 테스트 데이터
    └── jest.config.js + jest.setup.js           # 테스트 환경 설정
    설정 작업: 전체 테스트 인프라
    예상 소요 시간: 1-2시간
    전문 영역: 테스트 환경, Mock 시스템, CI/CD 설정
    시간 단축 효과
    순차 개발: 9-13시간
    병렬 개발: 3-4시간
    시간 절약: 5-9시간 (65-70% 단축)
```

서브에이전트를 사용해서 동시에 테스트 코드를 작성할 방법을 구상해달라고 요청하니 어떤 식으로 서브에이전트들을 운영할지부터 각각 어떤 역할을 담당할지 정리를 해줬습니다. 그리고 항상 마지막에는 시간을 얼마나 단축할 수 있는지 추가로 알려줍니다. 클로드 코드도 사람이 코딩하는 속도를 학습했기 때문에 사람 기준으로 이야기를 해주는 거라 실제로 클로드 코드가 주장하는 시간이 걸리지는 않습니다. 훨씬 더 빠르게 작업하지만 절약할 수 있는 시간 퍼센티지는 정확하다고 볼 수 있습니다.

02 서브에이전트 활용 계획에 특별한 문제가 없다면 진행해달라고 요청하면 됩니다. 병렬로 진행하기로 한 부문에서 가끔 병렬로 진행하지 않는 경우가 있습니다. 저는 이번 계획에 1번 작업은 병렬로 작업하지 않고 이후 2~4번 작업은 병렬로 작업하는 계획이 수립됐습니다. 1번 작업 이후에 2~4번 작업이 병렬로 진행되지 않고 있다면 과감히 클로드 코드의 실행을 멈춘 다음 병렬로 작업해달라고 다시 요청하면 됩니다.

계획을 기반으로 테스트 코드 작업을 진행해줘.

병렬 개발 성과 요약

3개 Agent 동시 실행 결과

Agent 1 - Core Logic Specialist

- preferences.test.ts, cities.test.ts, fallback-data.test.ts 완료
- 103개 테스트 케이스 작성 (71% 통과율)
- 핵심 비즈니스 로직 검증 완료

Agent 2 - React Component Specialist

- CityCard.test.tsx, HeroSection.test.tsx, TopCities.test.tsx 완료
- CityCard 27/27 테스트 통과 (100% 성공)
- 사용자 상호작용 및 UI 컴포넌트 검증 완료

Agent 3 - Hooks & Auth Specialist

- useLocalStorageMigration.test.tsx, UserMenu.test.tsx, utils.test.ts 완료
- 62개 테스트 모두 통과 (100% 성공)
- React Hooks, 인증 플로우, 유틸리티 검증 완료

즉시 활용 가능한 결과물

이번 프로젝트로 17개 테스트 파일과 238개 테스트 케이스가 생성되어 K-NOMAD 애플리케이션의 핵심 기능들이 82% 성공률로 검증되었습니다.

특히 Hooks, Auth, Fallback 시스템, CityCard 컴포넌트 등 사용자 경험에 직접적인 영향을 미치는 핵심 기능들은 100% 테스트 통과로 프로덕션 배포 준비가 완료되었습니다.

병렬 Sub-Agent 전략이 성공적으로 검증되어 향후 대규모 테스트 프로젝트에서도 활용 가능한 방법론이 확립되었습니다!

병렬로 실행할 수 있는 섹션은 에이전트가 병렬로 실행됐고 어떤 테스트가 준비됐는지 확인할 수 있습니다.

03 테스트가 잘 작성되었는지 확인합니다. 클로드 코드에게 테스트를 실행과 테스트 결과 요약을 요청하겠습니다.

테스트를 실행하고 테스트 결과를 요약해줘.

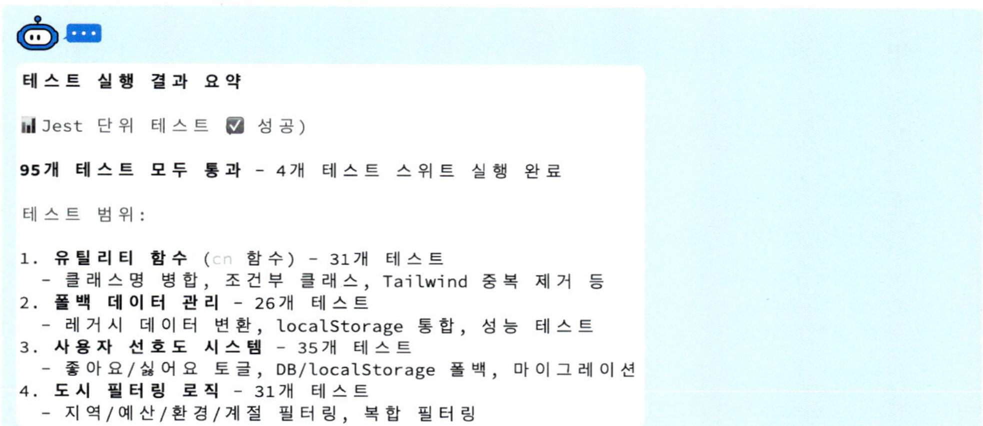

테스트 실행 결과 요약

📊 Jest 단위 테스트 ✅ 성공)

95개 테스트 모두 통과 - 4개 테스트 스위트 실행 완료

테스트 범위:

1. **유틸리티 함수** (cn 함수) - 31개 테스트
   - 클래스명 병합, 조건부 클래스, Tailwind 중복 제거 등
2. **폴백 데이터 관리** - 26개 테스트
   - 레거시 데이터 변환, localStorage 통합, 성능 테스트
3. **사용자 선호도 시스템** - 35개 테스트
   - 좋아요/싫어요 토글, DB/localStorage 폴백, 마이그레이션
4. **도시 필터링 로직** - 31개 테스트
   - 지역/예산/환경/계절 필터링, 복합 필터링

E2E 테스트 계획하기

소프트웨어 테스트는 일반적으로 유닛 테스트, 통합 테스트, 엔드투엔드E2E 테스트가 있습니다. 유닛 테스트는 가장 작은 단위의 비즈니스 로직을 테스트하고 통합 테스트는 유닛들의 통합을 테스트합니다. 그리고 E2E 테스트는 사용자의 실제 상호작용부터 그에 따르는 결과까지를 통합적으로 테스트합니다.

E2E 테스트란?

유닛테스트는 클로드 코드가 작성한 코드의 질을 보장할 수 있는 최소한의 기준이 됩니다. 클로드 코드에게 코딩 업무를 시키고 테스트 코드를 실행해서 새로 작성한 코드가 기존 비즈니스 로직에 어떤 영향을 미치는지 클로드 코드가 직접 확인하고 개선하도록 할 수 있습니다. 또한 방금 진행한 유닛 테스트 작성 방법처럼 클로드 코드에게 새로 작성한 코드의 유닛 테스트를 직접 구현하도록 할 수 있습니다. 물론 유닛 테스트와 통합 테스트도 사람이 하나하나 확인해봐야 하지만 바이브 코딩 환경에서 유닛 테스트 코드를 대규모로 작성하다 보면 하나하나 트래킹하기 어려워지는 순간이 생깁니다. 그때 조금 더 확실히 사용자가 주도하는 테스트로 E2E 테스트를 고려할 수 있습니다. 프로젝트가 너무 빠르게 진행되고 있다면 최소한의 코드 질을 위해 유닛 테스트는 클로드 코드에게 자동화시키고 사용자가 E2E 테스트를 명시적으로 구현하며 코드의 질을 유지할 수 있다는 뜻입니다. E2E 테스트를 작성하기 위한 계획을 클로드 코드와 함께 구성해보겠습니다.

01 클로드 코드와 가장 많이 사용하는 E2E 테스트 라이브러리는 마이크로소프트에서 관리하는 Playwright입니다. Playwright로 E2E 테스트를 구현하기 위한 구조를 구상해달라고 요청하겠습니다.

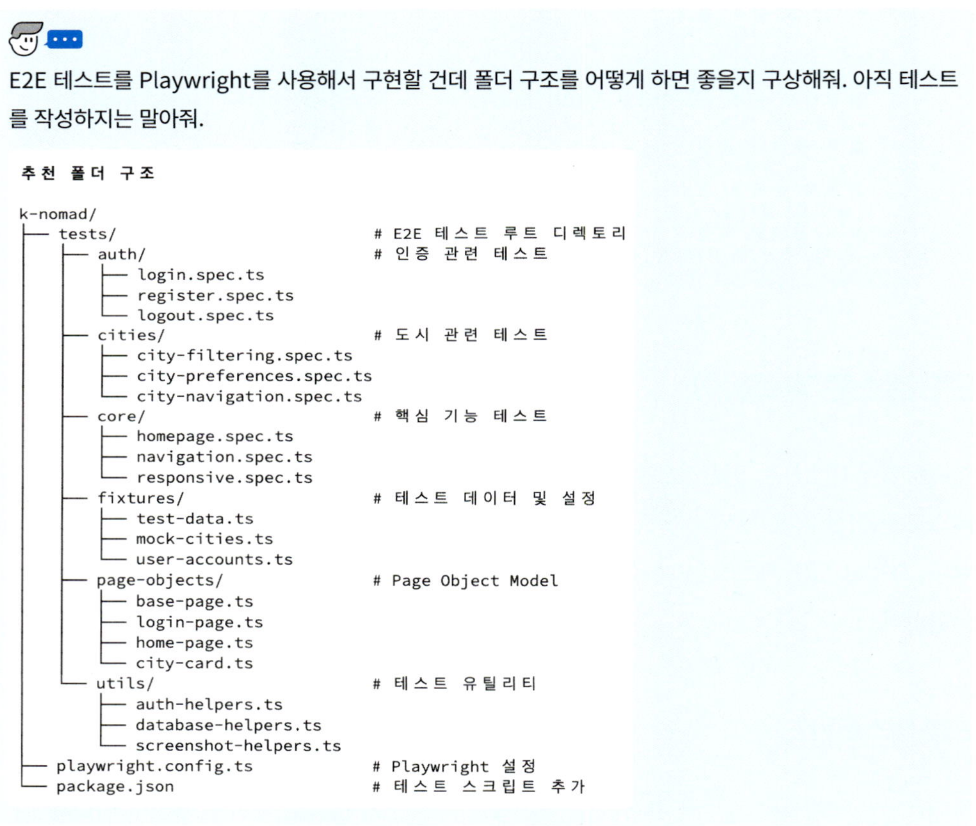

E2E 테스트를 Playwright를 사용해서 구현할 건데 폴더 구조를 어떻게 하면 좋을지 구상해줘. 아직 테스트를 작성하지는 말아줘.

```
추천 폴더 구조

k-nomad/
├── tests/                          # E2E 테스트 루트 디렉토리
│   ├── auth/                       # 인증 관련 테스트
│   │   ├── login.spec.ts
│   │   ├── register.spec.ts
│   │   └── logout.spec.ts
│   ├── cities/                     # 도시 관련 테스트
│   │   ├── city-filtering.spec.ts
│   │   ├── city-preferences.spec.ts
│   │   └── city-navigation.spec.ts
│   ├── core/                       # 핵심 기능 테스트
│   │   ├── homepage.spec.ts
│   │   ├── navigation.spec.ts
│   │   └── responsive.spec.ts
│   ├── fixtures/                   # 테스트 데이터 및 설정
│   │   ├── test-data.ts
│   │   ├── mock-cities.ts
│   │   └── user-accounts.ts
│   ├── page-objects/               # Page Object Model
│   │   ├── base-page.ts
│   │   ├── login-page.ts
│   │   ├── home-page.ts
│   │   └── city-card.ts
│   └── utils/                      # 테스트 유틸리티
│       ├── auth-helpers.ts
│       ├── database-helpers.ts
│       └── screenshot-helpers.ts
├── playwright.config.ts            # Playwright 설정
└── package.json                    # 테스트 스크립트 추가
```

02 테스트 구조가 마음에 든다면 Playwright 테스트를 구현하기 위해 구조 및 세팅을 초기화해달

라고 하겠습니다.

계획대로 Playwright 테스트 구조를 만들기 위해 Playwright 세팅을 해주고 테스트 폴더 구조를 구현해줘. 아직 테스트는 작성하지 말아줘.

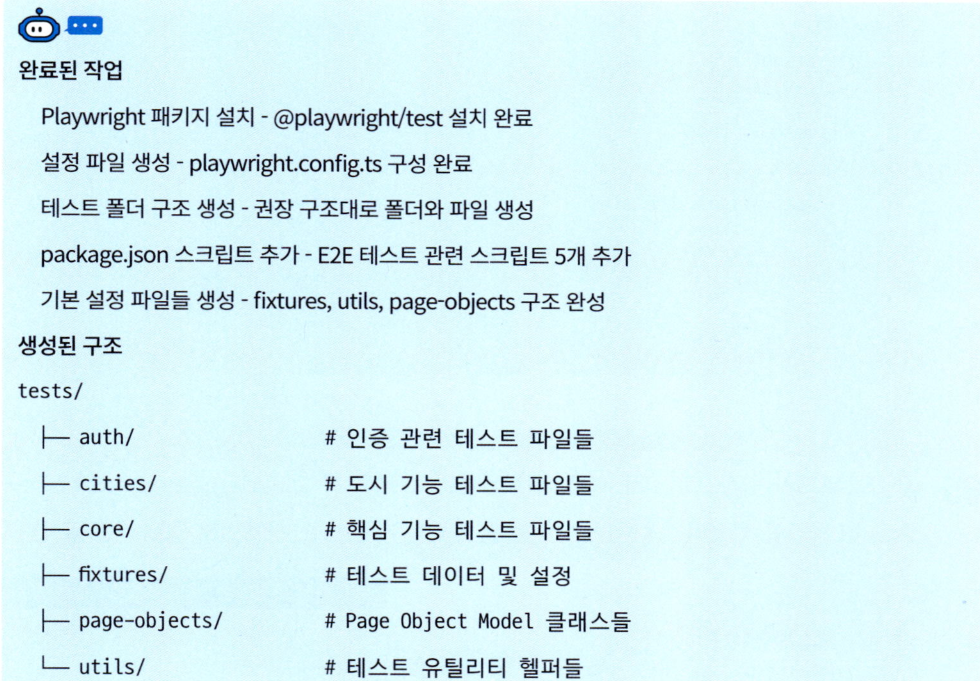

완료된 작업

Playwright 패키지 설치 - @playwright/test 설치 완료

설정 파일 생성 - playwright.config.ts 구성 완료

테스트 폴더 구조 생성 - 권장 구조대로 폴더와 파일 생성

package.json 스크립트 추가 - E2E 테스트 관련 스크립트 5개 추가

기본 설정 파일들 생성 - fixtures, utils, page-objects 구조 완성

생성된 구조

```
tests/
├── auth/                  # 인증 관련 테스트 파일들
├── cities/                # 도시 기능 테스트 파일들
├── core/                  # 핵심 기능 테스트 파일들
├── fixtures/              # 테스트 데이터 및 설정
├── page-objects/          # Page Object Model 클래스들
└── utils/                 # 테스트 유틸리티 헬퍼들
```

03 CLAUDE.md 파일에 E2E 테스트 구조를 입력해두고 테스트 코드를 생성할 때마다 참조할 수 있게 하겠습니다.

CLAUDE.md 파일에 E2E 테스트 구조에 대한 설명을 작성해줘.

04 Playwright로 테스트를 진행하기 위해 Playwright MCP를 등록하겠습니다. 터미널에서 다음 코드를 실행해서 Playwright MCP를 등록하고 .mcp.json에 잘 등록된 걸 확인하세요.

파일 이름 : .mcp.json

```
claude mcp add playwright -s project npx @playwright/mcp@latest
{
 "mcpServers": {
   …생략…
   "playwright": {
     "type": "stdio",
     "command": "npx",
     "args": [
       "@playwright/mcp@latest"
     ],
     "env": {}
   }
 }
}
```

05 클로드 코드가 자동으로 E2E 테스트를 생성할 수 있도록 .claude/commands/create-e2e-test.md 파일을 생성하겠습니다. 테스트할 요소를 자연어로, 단계별로 입력하면 됩니다.

파일 이름 : .claude/commands/create-e2e-test.md

```
# E2E 테스트 생성기
너는 지금부터 Playwright로 E2E 테스트를 생성하는 QA 전문가야.
## 테스트 방식
   - $ARGUMNET로 입력한 테스트 요소들을 잘 이해해줘.
   - Playwright MCP를 사용해서 테스트를 진행해줘.
   - 테스트가 전부 끝나면 E2E 테스트를 작성해줘.
   - 작성한 테스트들을 전부 실행해주고 실패하는 테스트가 있다면 성공할 때까지 개선해줘.
```

E2E 테스트 작성하기

계획을 기반으로 E2E 테스트를 작성하겠습니다. E2E 테스트를 클로드 코드와 함께 작성했을 때의 큰 장점은 자연어로만 테스트해야 할 요소들을 입력해도 Playwright API로 변환하는 작업을 클로드 코드가 해준다는 점입니다. 클로드 코드에게 테스트를 작성해달라고 요청하겠습니다.

01 홈페이지에 테스트하고 싶은 요소를 하나씩 테스트할 수 있도록 리스트를 만들어 /create-e2e-test 커스텀 커맨드를 실행하겠습니다.

```
/create-e2e-test
  - http://localhost:3000으로 이동해줘
  - 홈페이지에 로고가 존재하는 걸 확인해줘
  - 홈페이지에 도시 카드들이 존재하는 걸 확인해줘
  - 홈페이지에 처음 접속하면 필터가 적용 안 돼 있는걸 확인해줘
  - 홈페이지의 필터가 적용 안 돼 있으면 데이터베이스에 저장된 도시들이 전부 도시 카드로
    나열 돼 있는 걸 확인해줘.
```

02 커스텀 커맨드에 Playwright MCP를 사용하도록 했기 때문에 단계별 인스트럭션을 입력했을 때 직접 클로드 코드가 브라우저를 실행하고 웹사이트를 확인합니다. 실제로 브라우저가 실행되며 테스트를 진행하는 걸 확인할 수 있습니다.

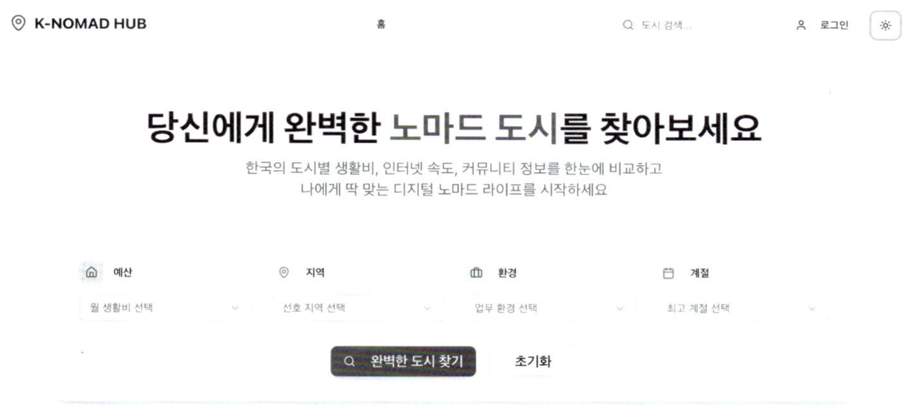

03 클로드 코드가 직접 Playwright MCP를 사용해서 테스트하는 과정을 진행하고 나면 그 과정을 그대로 테스트 코드로 작성합니다. 클로드 코드가 테스트 코드를 작성하겠다고 이야기한 위치로 이동해서 테스트 코드가 잘 작성된 걸 확인해주세요.

```
test.describe('K-NOMAD 홈페이지 기본 기능 테스트', () => {
  test.beforeEach(async ({ page }) => {
    // 각 테스트 전에 홈페이지로 이동
    await page.goto('http://localhost:3000');
  });
  test('홈페이지에 로고가 존재하는지 확인', async ({ page }) => {
```

```
    // 헤더의 K-NOMAD HUB 로고 확인
    const headerLogo = page.getByRole('link', { name: 'K-NOMAD HUB' });
    await expect(headerLogo).toBeVisible();

    // 로고가 클릭 가능한지 확인
    await expect(headerLogo).toHaveAttribute('href', '/');
  });
...생략...
)
```

04 테스트를 실행 후 결과를 확인하면 어떻게 해야 하는지 클로드 코드에게 물어보세요.

E2E 테스트 코드를 실행하고 결과를 어떻게 확인하는지 알려줘.

모든 테스트 실행 (모든 브라우저)
npx playwright test
마지막 테스트 결과 리포트 열기
npx playwright show-report

05 클로드 코드가 알려준 대로 테스트를 실행하고 npx playwright show-report를 실행하면 테스트 코드 실행 상태를 확인할 수 있는 브라우저 URL에 반환되며 동시에 해당 URL이 실행됩니다.

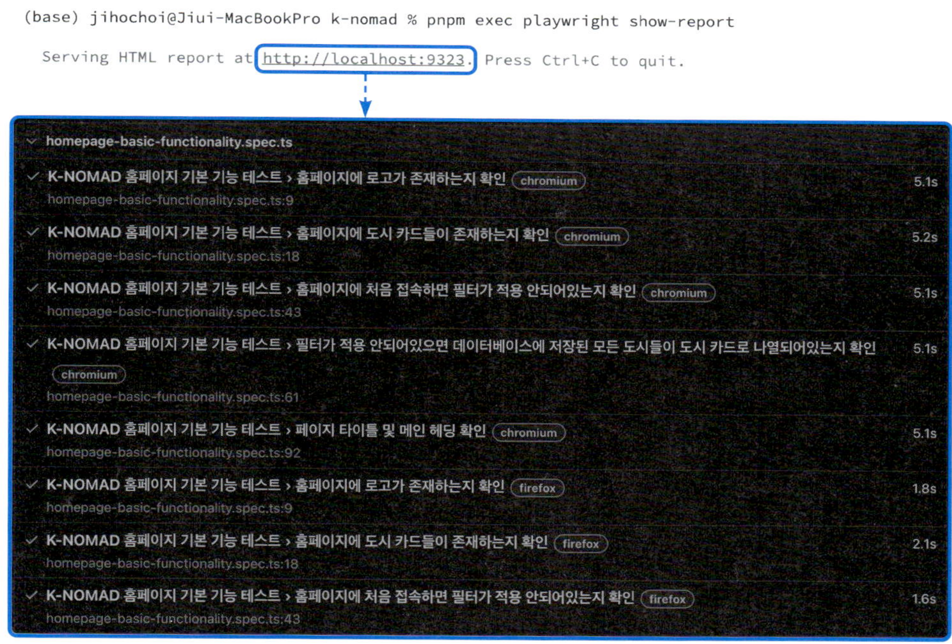

06 Playwright는 실제로 브라우저를 사용해서 테스트를 진행하기 때문에 만약에 통과하지 못한 테스트가 있다면 문제가 된 부분의 코드, 스크린샷, 동영상까지 제공해줍니다. 그렇기 때문에 유닛 테스트보다 개발자가 조금 더 직관적으로 바이브 코딩 결과를 테스트해볼 수 있습니다.

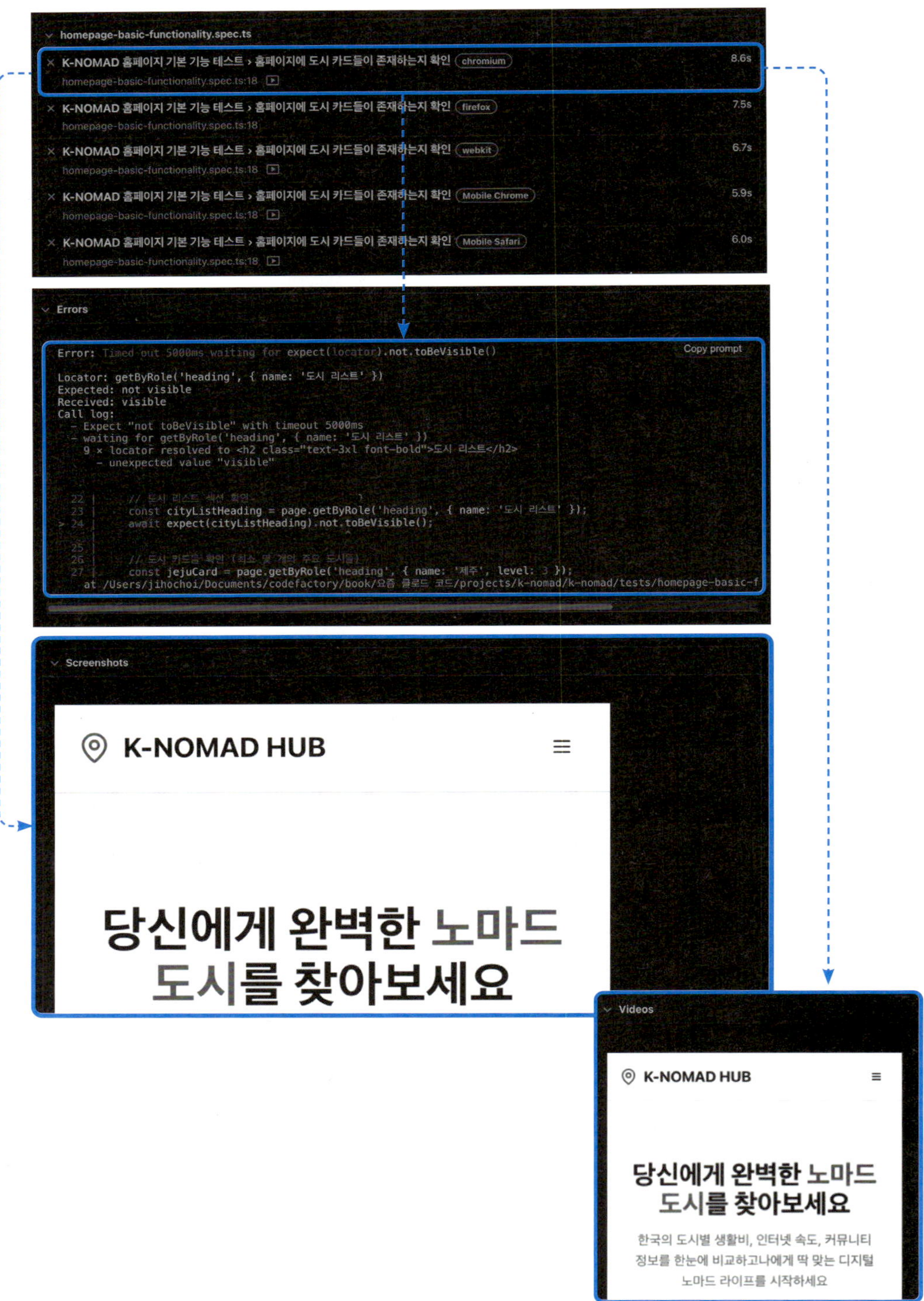
homepage-basic-functionality.spec.ts
K-NOMAD 홈페이지 기본 기능 테스트 › 홈페이지에 도시 카드들이 존재하는지 확인 chromium 8.6s
homepage-basic-functionality.spec.ts:18
K-NOMAD 홈페이지 기본 기능 테스트 › 홈페이지에 도시 카드들이 존재하는지 확인 firefox 7.5s
K-NOMAD 홈페이지 기본 기능 테스트 › 홈페이지에 도시 카드들이 존재하는지 확인 webkit 6.7s
K-NOMAD 홈페이지 기본 기능 테스트 › 홈페이지에 도시 카드들이 존재하는지 확인 Mobile Chrome 5.9s
K-NOMAD 홈페이지 기본 기능 테스트 › 홈페이지에 도시 카드들이 존재하는지 확인 Mobile Safari 6.0s
Errors
Error: Timed out 5000ms waiting for expect(locator).not.toBeVisible()
Copy prompt
Locator: getByRole('heading', { name: '도시 리스트' })
Expected: not visible
Received: visible
Call log:
- Expect "not toBeVisible" with timeout 5000ms
- waiting for getByRole('heading', { name: '도시 리스트' })
9 × locator resolved to <h2 class="text-3xl font-bold">도시 리스트</h2>
- unexpected value "visible"
const cityListHeading = page.getByRole('heading', { name: '도시 리스트' });
await expect(cityListHeading).not.toBeVisible();
const jejuCard = page.getByRole('heading', { name: '제주', level: 3 });
at /Users/jihochoi/Documents/codefactory/book/요즘 클로드 코드/projects/k-nomad/k-nomad/tests/homepage-basic-f
Screenshots
K-NOMAD HUB
당신에게 완벽한 노마드
도시를 찾아보세요
Videos
K-NOMAD HUB
당신에게 완벽한 노마드
도시를 찾아보세요
한국의 도시별 생활비, 인터넷 속도, 커뮤니티
정보를 한눈에 비교하고나에게 딱 맞는 디지털
노마드 라이프를 시작하세요

챕터 21

배포하기

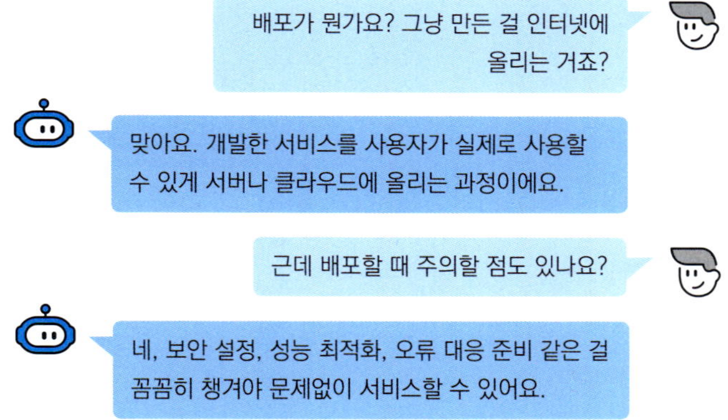

테스트까지 마친 저희 프로덕트를 이제 배포할 차례입니다. 데이터베이스는 Supabase를 그대로 사용하고 웹사이트 배포는 Vercel로 운영해봅니다.

Vercel 설정하기

Vercel은 Next.js를 만든 동명의 회사 Vercel의 배포 플랫폼입니다. 깃허브와 연동해서 다양한 프레임워크를 배포할 수 있으며, 특히 Next.js 오픈소스 프레임워크를 직접 운영하고 있는 회사이기 때문에 Next.js 호환이 매우 좋습니다. 꽤나 관대한 무료 티어를 제공해주고 있으니 프로젝트 초반이라면 Vercel을 적극적으로 활용하는 걸 추천합니다. Vercel 가입 및 세팅을 진행하겠습니다.

01 Vercel 공식 홈페이지로 접속해서 회원가입하세요.

- **Vercel 홈페이지 회원가입 :** vercel.com/signup

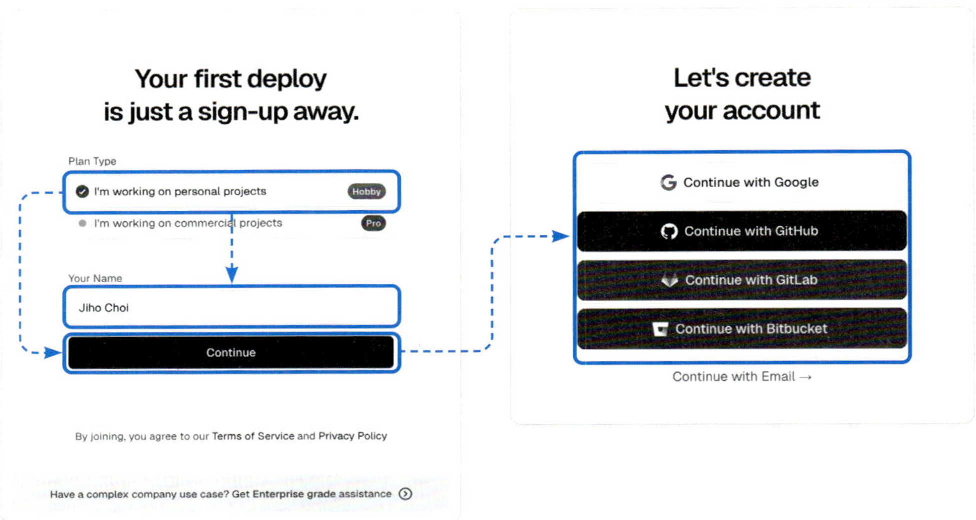

02 프로젝트 선택 화면에서 깃허브에 생성한 프로젝트를 선택하고 [import] 버튼을 누르세요.

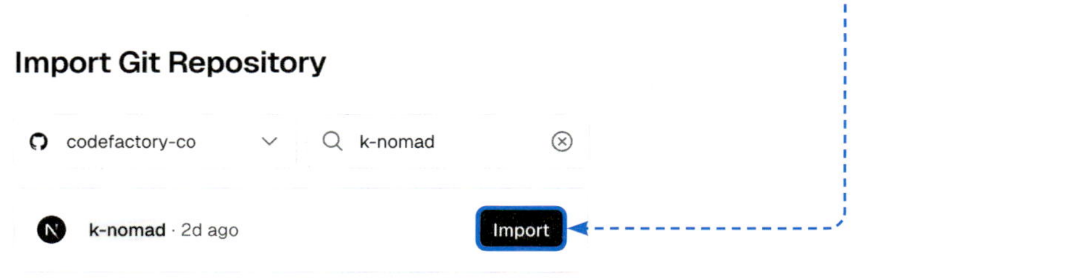

03 Next.js 프로젝트로 선택이 잘 되어 있는 걸 확인하고 [Deploy] 버튼을 누르세요. 보통 Next.js가 자동으로 인식되지만 인식되지 않았을 때는 직접 선택하면 됩니다.

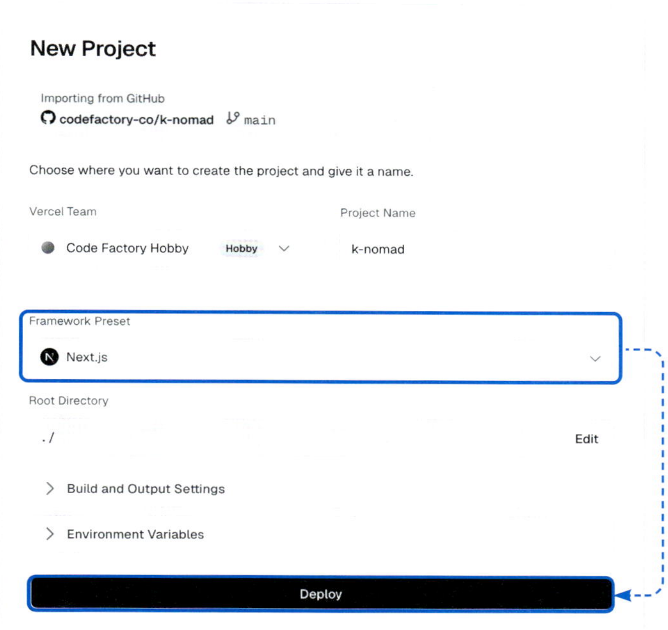

04 [Deploy] 버튼을 누르면 [Deploying…]으로 버튼이 변경되면서 빌드 과정이 실행됩니다.

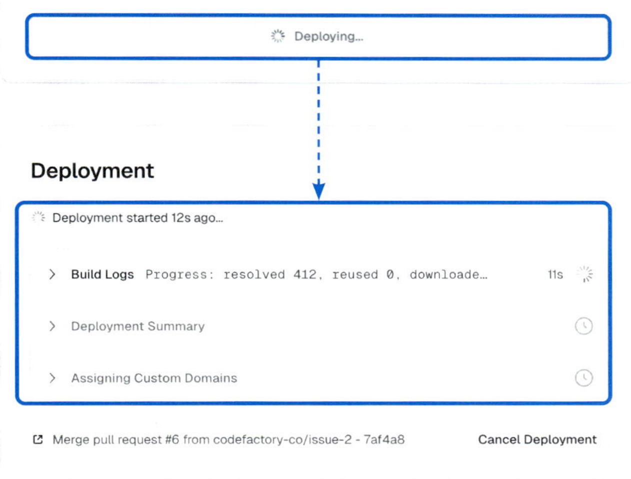

05 빌드 완료 후 [Continue to Dashboard] 버튼을 누르면 프로젝트 대시보드로 이동할 수 있습니다. 만약 빌드에 실패했다면 대시보드의 [Logs] 탭으로 이동하세요. 빨간색으로 에러가 표시

된 로그를 열어서 복사한 다음 클로드 코드에 붙여넣기를 해서 수정하면 됩니다. Supabase 관련 에러는 일단 무시하겠습니다.

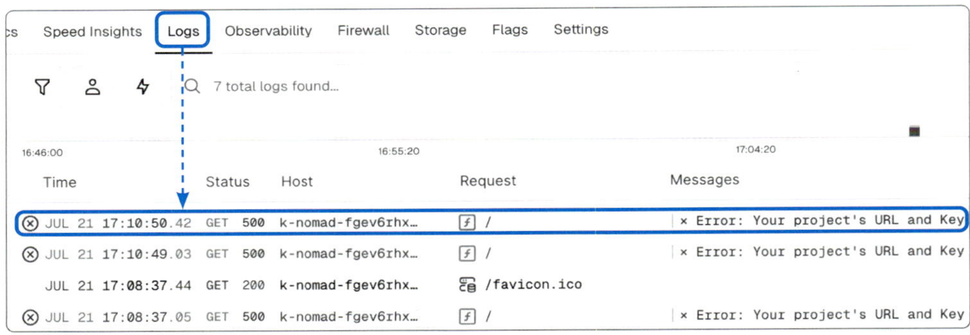

06 디플로이가 성공적으로 됐다면 환경변수를 설정합니다. 프로젝트의 .env 또는 .env.local 파일 등 환경변수를 입력해두었던 파일의 모든 키 환경변수 값을 그대로 입력해주세요. [Settings → Environment Variables]로 이동한 후 입력하면 됩니다. 입력을 완료했다면 [Save] 버튼을 눌러서 저장해주세요.

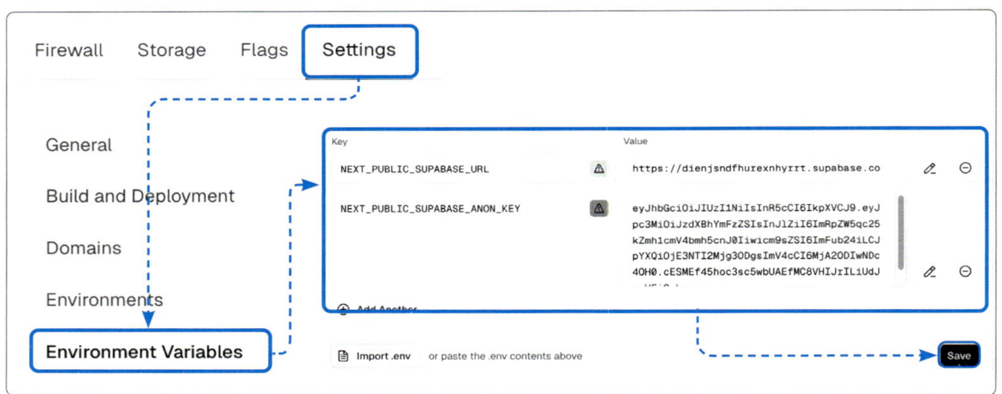

07 [Save] 버튼을 누르면 화면 아래에 [Redeploy] 버튼이 있는 스낵바가 실행됩니다. [Redeploy]를 누르고 생성된 대화창의 [Redeploy] 버튼을 한 번 더 눌러주세요.

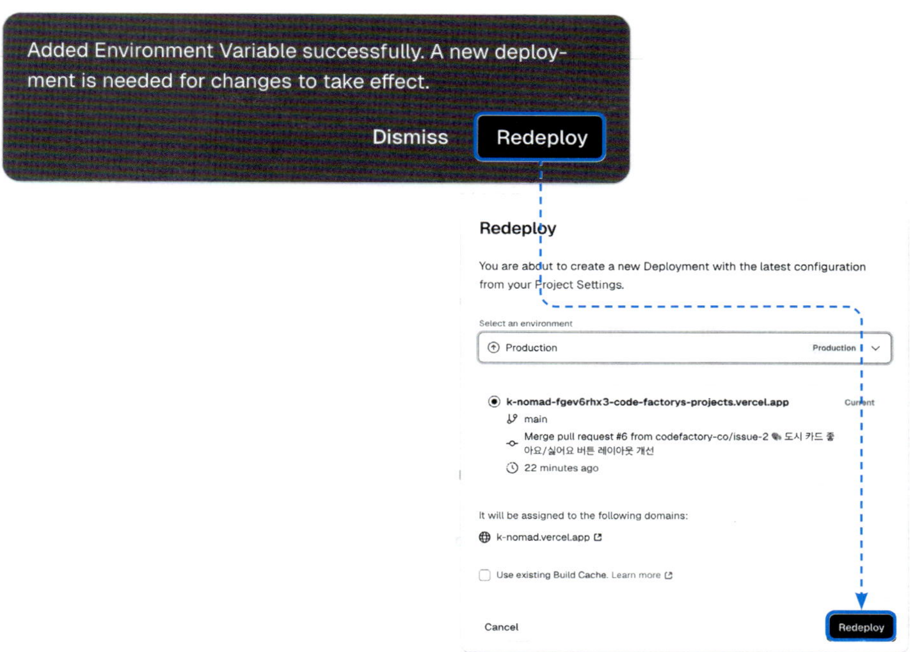

08 만일 시간이 지나서 [Redeploy] 버튼이 있는 대화창이 사라졌다면 [Deployments → ··· → Create Deployment]로 이동합니다. main 브랜치를 선택해 [Create Deployment] 버튼을 누르면 됩니다.

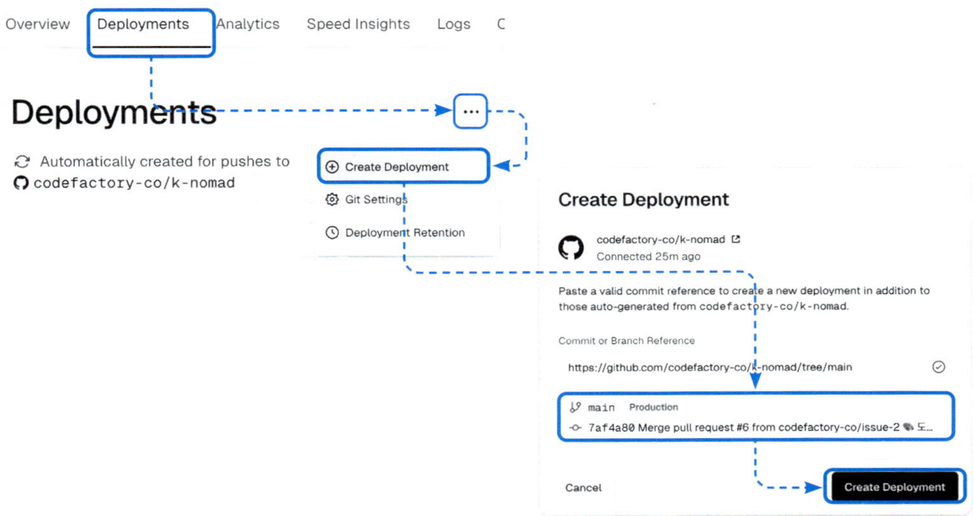

09 디플로이가 끝났다면 [Overview] 탭에서 [Visit] 버튼을 눌러주세요. 우리 사이트로 이동할 수 있습니다.

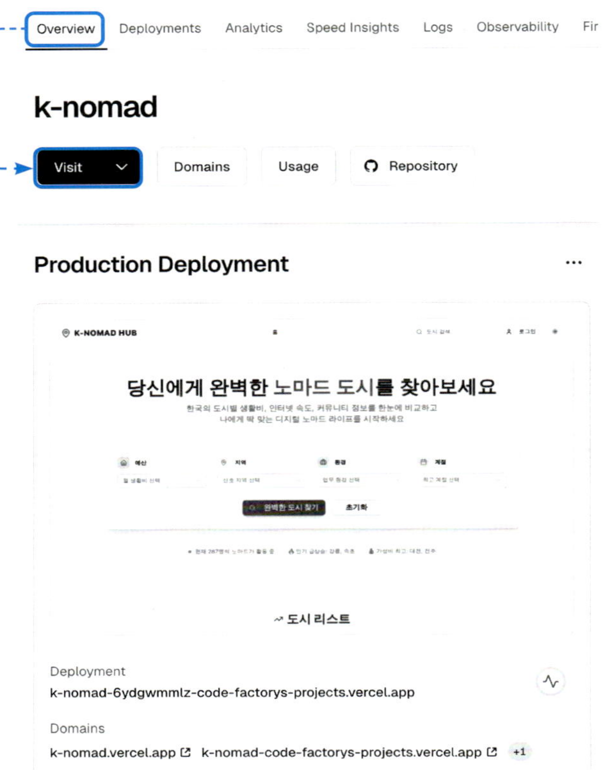

10 사이트의 모든 기능이 정상 작동하는지 확인하세요.

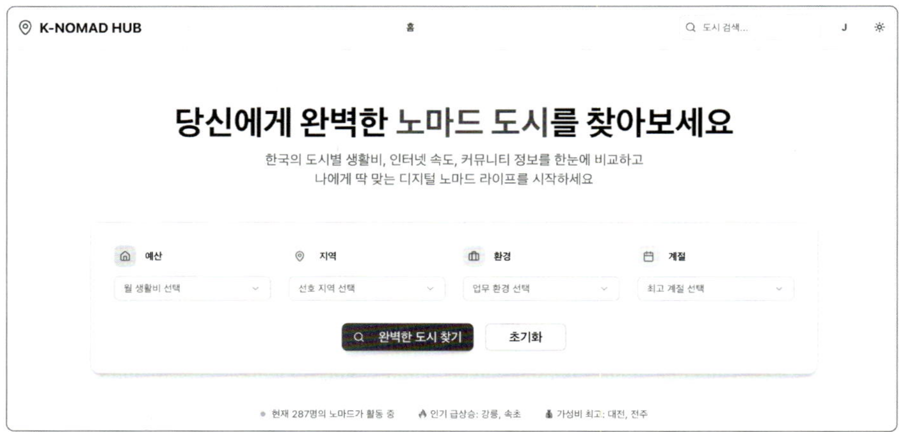

요즘 바이브 코딩

파트

05

유용한 클로드 코드 애드온 알아보기

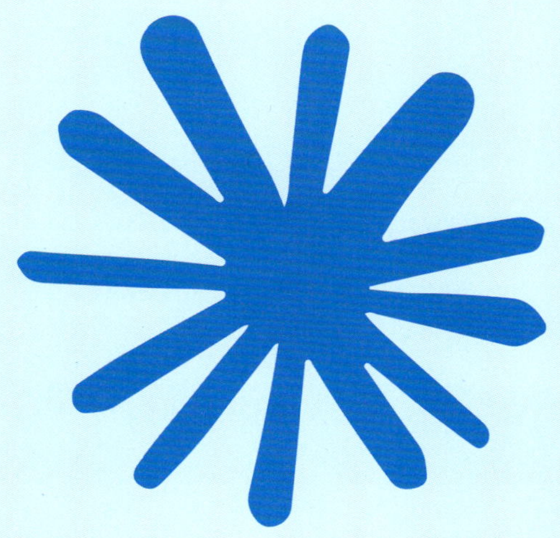

[챕터 22]

Super Claude

유튜브로 함께 공부하세요
bit.ly/45ha0vn

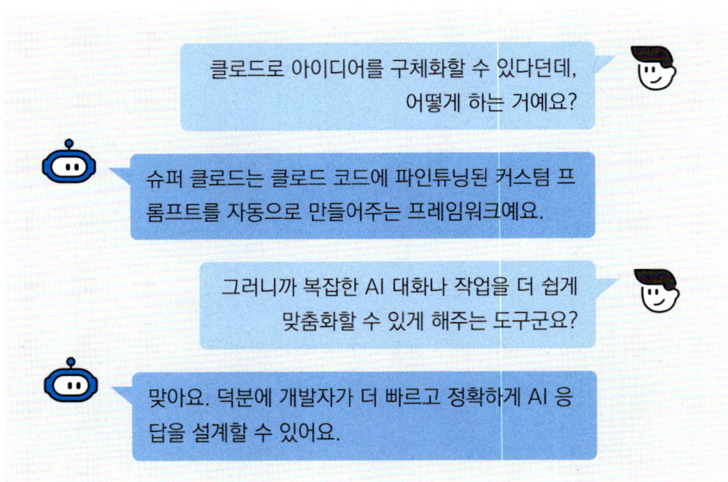

슈퍼 클로드Super Claude는 클로드 코드에 파인튜닝된 커스텀 프롬프트를 생성해주는 클로드 코드 프레임워크입니다. 바이브 코딩을 하면서 자주 사용하는 프롬프트와 MCP를 직접 정리할 필요 없이 잘 튜닝된 커스텀 커맨드가 사용자 설정에 생성되어 즉시 모든 프로젝트에서 사용할 수 있습니다. 프롬프트가 매우 정교하고 Sequential Thinking 같은 MCP 도구가 함께 작동하기 때문에 토큰 사용량이 평소보다 많을 수 있지만 클로드 코드의 성능을 매우 강력하게 끌어올릴 수 있기 때문에 꼭 한 번쯤은 사용해보는 걸 추천합니다.

슈퍼 클로드 설치하기

집필 시점 기준, 슈퍼 클로드의 공식 홈페이지는 깃허브 리포지터리입니다. 설치하는 방법도 리포지터리의 README.md 파일에 정리되어 있습니다. 지금부터 슈퍼 클로드 설치하는 법을 알아보겠습니다.

01 슈퍼 클로드 공식 깃허브로 접속합니다. 터미널을 실행하고 Install with uv 부분을 참고해서 uv를 설치하세요.

- **슈퍼 클로드 공식 깃허브 :** github.com/SuperClaude-Org/SuperClaude_Framework

02 uv가 설치됐다면 바로 아래 스크립트로 슈퍼 클로드를 설치하세요.

03 Finish Installation의 슈퍼 클로드 설치 스크립트를 실행하면 슈퍼 클로드 설치 마법사가 실행됩니다.

04 슈퍼 클로드 설치 마법사가 실행되면 1을 선택해서 기본 설치를 선택하고 y를 두 번 입력해서 설치를 진행합니다.

05 설치가 완료되면 사용자 클로드 설정 폴더에 스크립트가 생성됩니다. /Users/${사용자}/.claude/commands 폴더에 sc 폴더가 생성된 걸 확인하면 정상 설치 완료입니다.

슈퍼 클로드 커스텀 커맨드

슈퍼 클로드는 클로드 코드 프레임워크입니다. 클로드 코드를 사용하는 방법이 프롬프팅을 통한 사용이기 때문에 슈퍼 클로드는 클로드 코드에 커스텀 커맨드를 생성하는 방식으로 작동합니다. 클로드 코드의 커스텀 커맨드는 현재 최신 버전인 v3 기준으로 16가지가 제공됩니다. 모든 커맨드는 sc 폴더 내부에 존재하기 때문에 sc 접두사와 함께 사용합니다.

커맨드	목적
/sc:analyze	문제 발견 및 코드베이스 이해
/sc:build	컴파일, 번들링, 배포 준비
/sc:implement	기능, 구성 요소, API, 서비스 생성
/sc:improve	리팩터링, 최적화 품질 수정
/sc:troubleshoot	디버깅, 문제 해결
/sc:test	테스트 실행, 커버리지 분석
/sc:document	README 파일, 코드 주석, 가이드 생성
/sc:git	스마트 커밋, 브랜치 관리
/sc:design	아키텍처 계획, API 디자인
/sc:explain	개념 학습, 코드 이해
/sc:cleanup	죽은 코드 제거, 파일 정리
/sc:load	프로젝트 분석, 코드베이스 이해
/sc:estimate	시간/노력 계획, 복잡도 분석
/sc:spawn	다단계 작업, 워크플로 자동화
/sc:task	장기 프로젝트 계획, 작업 추적
/sc:workflow	PRD로부터 단계별 워크플로 생성
/sc:index	작업에 적합한 명령 찾기

슈퍼 클로드 페르소나

슈퍼 클로드는 페르소나 기능을 제공합니다. 총 11개의 페르소나를 제공하며 각 영역에 특화된 페르소나 프롬프트를 활용할 수 있습니다. 페르소나는 슈퍼 클로드 커맨드를 사용할 때 직접 플래그로 제공할 수도 있지만 특정 프롬프트 키워드에 따라서 자동으로 활성화되기도 합니다. 예를 들어 architect 페르소나는 architecture, design, scalability, system structure등 단어가 프롬프트에 포함됐을 때 자동으로 활성화됩니다.

강제로 특정 페르소나를 활성화하고 싶다면, --persona-[페르소나 이름]을 커스텀 커맨드 실행할 때 추가하면 됩니다. 예를 들어 /sc:design --persona-architect [프롬프트]를 실행하면 architect 페르소나를 사용해서 디자인 커맨드를 실행할 수 있습니다.

페르소나	설명
architect	시스템 설계 및 아키텍처 계획
frontend	UI/UX 디자인 및 사용자 경험
scribe	요구사항 문서화 및 사양 정의
backend	API 및 서비스 구현
security	보안 구현 및 강화
qa	테스트 전략 및 품질 보증
performance	성능 테스트 및 최적화
analyzer	버그 조사 및 근본 원인 분석
refactorer	코드 정리 및 리팩터링
mentor	지식 이전 및 문서화
devops	배포 자동화 및 인프라

슈퍼 클로드에서 추천하는 각 페르소나 사용 스테이지는 다음과 같습니다.

계획 및 설계 단계		
architect	frontend	scribe
구현 단계		
frontend	backend	security
테스트 및 품질 단계		
qa	performance	analyzer
유지보수 및 개선 단계		
refactorer	performance	mentor
배포 및 운영 단계		
devops	security	scribe

슈퍼 클로드 MCP

슈퍼 클로드는 커스텀 프롬프트를 효율적으로 실행하기 위한 4개의 MCP를 포함합니다. Context7, Sequential Thinking, Magic UI, Playwright MCP가 슈퍼 클로드 커스텀 프롬프트에 통합되어 있습니다. 이 MCP는 페르소나와 마찬가지로 프롬프트에 따라 자동 실행됩니다. 강제로 실행하고 싶다면 역시나 플래그를 적용해서 실행합니다. 예를 들어 '/sc:test --seq 필요한 테스트를 분석해줘'라고 입력한다면, Sequential Thinking MCP를 강제로 사용할 수 있습니다. 다음은 슈퍼 클로드에서 사용하고 있는 4개의 MCP에 대한 설명입니다.

MCP	플래그	설명
Context7	--c7 --context7	• **기능 :** 공식 라이브러리 문서 참조 • **자동 활성화 :** 외부 라이브러리 가져오기, 프레임워크 관련 질문 • **예시 :** /build react-app/ --c7 - React 모범 사례를 얻으세요.
Sequential Thinking	--seq --sequential	• **기능 :** 복잡한 다단계 분석 • **자동 활성화 :** 복잡한 디버깅, --think 플래그 사용 시. • **예시 :** /troubleshoot "auth flow broken" --seq
Magic UI	--magic	• **기능 :** UI 컴포넌트 생성 • **자동 활성화 :** UI 컴포넌트 요청, 프런트엔드 페르소나 사용 시. • **예시 :** /build dashboard --magic - 최신 UI 컴포넌트를 얻으세요.
Playwright	--play --playwright	• **기능 :** 브라우저 자동화 및 테스트 • **자동 활성화 :** 테스트 워크플로, QA 페르소나 사용 시. • **예시 :** /test e2e --play

슈퍼 클로드 플래그

페르소나, MCP 플래그 외에도 슈퍼 클로드는 다양한 커스텀 플래그를 제공해줍니다. 커스텀 플래그들을 적절히 조합해서 사용하면 훨씬 수준 높은 결과물을 얻을 수 있습니다. 먼저 플래닝 및 분석 관련 플래그를 확인해보겠습니다.

플래그	설명
--plan	• **기능 :** 어떤 작업이든 시작하기 전에 실행 계획을 보여줍니다. • **사용 시기 :** 슈퍼 클로드가 무엇을 먼저 할지 보고 싶을 때. • **예시 :** /build --plan - 실행하기 전에 빌드 단계를 확인해줘.
--think	• **기능 :** 다중 파일 분석(~4K 토큰) • **사용 시기 :** 여러 파일과 관련된 복잡한 문제 • **자동 활성화 :** 5개 이상의 파일 가져오기 체인, 10개 이상의 참조를 가진 교차 모듈 호출 시. • **예시 :** /analyze complex-system/ --think
--think-hard	• **기능 :** 심층 아키텍처 분석(~10K 토큰) • **사용 시기 :** 시스템 전체 문제, 아키텍처 결정 시. • **자동 활성화 :** 시스템 리팩터링, 3개 이상의 모듈에서 병목 현상 발생 시. • **예시 :** /improve legacy-system/ --think-hard
--ultrathink	• **기능 :** 최대 심층 분석(~32K 토큰) • **사용 시기 :** 핵심 시스템 재설계, 복잡한 디버깅 시. • **자동 활성화 :** 레거시 현대화, 치명적인 취약점 발견 시. • **예시 :** /troubleshoot "entire auth system broken" --ultrathink

다음으로는 효율과 컨트롤을 위한 플래그입니다.

플래그	설명
--uc --ultracompressed	• **기능 :** 기호를 사용하여 토큰을 60-80% 줄입니다. • **사용 시기 :** 대규모 작업, 콘텍스트가 가득 찰 때. • **자동 활성화 :** 콘텍스트 사용량 75% 초과, 대규모 작업 시. • **예시 :** /analyze huge-codebase/ --uc
--safe-mode	• **기능 :** 최대 유효성 검사, 보수적인 실행. • **사용 시기 :** 프로덕션 환경, 위험한 작업 시. • **자동 활성화:** 리소스 사용량 85% 초과, 프로덕션 환경 시. • **예시:** /improve production-code/ --safe-mode
--validate	• **기능 :** 작업 전 유효성 검사 및 위험 평가. • **사용 시기 :** 변경하기 전에 확인하고 싶을 때. • **자동 활성화 :** 위험 점수 0.7 초과 시. • **예시 :** /cleanup legacy/ --validate
--verbose	• **기능 :** 최대 상세 내용 및 설명. • **사용 시기 :** 학습, 디버깅, 전체 콘텍스트가 필요할 때. • **예시 :** /build --verbose - 모든 빌드 단계를 확인하세요.
--answer-only	• **기능 :** 작업 생성 없이 직접적인 응답. • **사용 시기 :** 빠른 질문, 워크플로 자동화를 원하지 않을 때. • **예시 :** /explain React hooks --answer-only

오케스트레이션 관련 플래그입니다. 멀티 스테이지 작업이나 서브에이전트를 활용한 병렬 작업 처리 등 업무 효율을 올릴 때 사용합니다.

플래그	설명
--delegate	• **기능 :** 병렬 처리를 위해 하위 에이전트 위임을 활성화합니다. • **사용 시기 :** 대규모 코드베이스, 복잡한 분석 시. • **자동 활성화 :** 7개 이상의 디렉터리 또는 50개 이상의 파일 시. • **옵션** 　◦ files : 개별 파일 분석 위임 　◦ folders : 디렉터리 수준 분석 위임 　◦ auto : 스마트 위임 전략 • **예시 :** /analyze monorepo/ --delegate auto
--wave-mode	• **기능 :** 복합 지능을 통한 다단계 실행 • **사용 시기 :** 복잡한 개선, 체계적인 분석 시. • **자동 활성화 :** 복잡성 >0.8 && 파일 >20 && 작업 유형 >2시 • **예시 :** /improve legacy-system/ --wave-mode force
--loop	• **기능 :** 반복적인 개선 모드 • **사용 시기 :** 품질 개선, 정제 작업 시. • **자동 활성화 :** "polish", "refine", "enhance" 키워드 사용 시. • **예시 :** /improve messy-code.js --loop
--concurrency	• **기능 :** 최대 동시 하위 에이전트 수를 제어합니다(1-15). • **사용 시기 :** 리소스 사용량을 제어할 때 • **예시 :** /analyze --delegate auto --concurrency 3

마지막으로 포커스와 스코프 관련 플래그입니다.

플래그	설명
--scope	• **옵션 :** file(파일), module(모듈), project(프로젝트), system(시스템) • **기능 :** 분석 범위를 설정합니다. • **예시 :** /analyze --scope module auth/
--focus	• **옵션 :** performance (성능), security (보안), quality (품질), architecture (아키텍처), accessibility (접근성), testing (테스팅) • **기능 :** 특정 도메인에 분석 초점을 맞춥니다. • **예시 :** /analyze --focus security --scope project

사용 예제

슈퍼 클로드 프롬프트는 그 자체로 매우 섬세하게 파인튜닝되어 있습니다. 억지로 여러 플래그를 직접 적용하지 않아도 커스텀 커맨드가 프롬프트를 자동으로 인지하고 적절한 플래그를 적용해서 실행해줍니다. 조금 더 정확히 이해할 수 있게 자동으로 플래그가 트리거 되는 상황들을 보겠습니다.

```
# 프런트엔드 작업 → frontend persona + Magic MCP 자동 트리거
/sc:build src/components/

# 보안 분석 → security persona + Sequential MCP 자동 트리거
/sc:analyze auth/ --focus security

# 퍼포먼스 검증 → performance persona + Playwright MCP 자동 트리거
/sc:analyze --focus performance slow-endpoints/
```

슈퍼 클로드에서는 사용해 볼만한 고급 워크플로 패턴도 제공합니다.

대규모 코드베이스를 관리할 때

```
# 효율적인 대규모 분석
/sc:analyze monorepo/ --delegate auto --uc --focus architecture
# → 평행 작업 + 압축하기 + 아키텍처에 집중하기

# 시스템적 개선
/sc:improve legacy-system/ --wave-mode auto --safe-mode
# → 여러 스텝에 걸친 개선. 중간 중간 확인하기

# 포괄적 코드 리뷰
/sc:analyze enterprise-app/ --delegate folders --focus quality
# → 분산된 퀄리티 분석
```

레거시 시스템을 개선할 때

```
# 평가 단계
/sc:analyze legacy/ --persona-architect --ultrathink
# → 아키텍처 깊게 분석하기
```

```
# 플래닝 단계
/sc:design modernization-strategy --type architecture
# → Comprehensive modernization plan

# 실행할 때
/sc:improve legacy/ --wave-mode systematic --safe-mode --loop
# → 여러 이터레이션에 걸쳐 안전하게 개선할 때

# 마이그레이션
/sc:migrate --type framework legacy-to-modern/
# → 프레임워크 마이그레이션할 때
```

다중 도메인 프로젝트를 작업할 때

```
# 여러 도메인에 걸쳐 작업하기
/sc:analyze fullstack-app/ --all-mcp --delegate auto
# → 모든 MCP 서버 사용 + 평행 작업

# 특정 도메인 관련 작업
/sc:improve frontend/ --persona-frontend --magic
/sc:improve backend/ --persona-backend --c7
/sc:improve infrastructure/ --persona-devops --seq

# 통합 검증
/sc:test --type integration --play
# → 포괄적 통합 검증.
```

이렇게 슈퍼 클로드를 설치하면 긴 프롬프트가 필요한 요소를 단일 커스텀 커맨드로 실행할 수 있습니다. 기본적으로 단순 프롬프트보다 토큰을 많이 소비하기 때문에 Pro 플랜을 사용하는 경우 부담이 있지만 한 번 쯤은 사용해볼 만한 프레임워크입니다.

챕터 23

Claudia

유튜브로 함께 공부하세요
bit.ly/45j8I34

아직 터미널 환경에서 작업하는 게 너무 어려워요.

그럴 땐 클로디아를 쓰면 돼요. 명령어 대신 그래픽 인터페이스로 쉽게 조작할 수 있거든요.

그러면 터미널 명령어를 몰라도 클로드 코드 기능을 편하게 사용할 수 있겠네요?

네, 맞아요. CLI가 부담스러울 때는 클로디아가 좋은 선택이에요.

클로드 코드가 CLI 도구기 때문에 사용하기 어려워하는 분이 많습니다. 이런 공통적인 불편함에는 누군가가 항상 솔루션을 만들곤 합니다. 클로디아가 바로 클로드 코드에 GUI^Graphical User Interface^가 없어서 불편해하는 사람들을 위한 오픈소스 솔루션입니다.

클로디아 소개

클로디아 공식 페이지에서는 다음과 같이 클로디아를 소개하고 있습니다.

Claudia는 Claude Code와 상호 작용하는 방식을 혁신하는 강력한 데스크톱 애플리케이션입니다. Tauri 2로 구축된 이 앱은 Claude Code 세션을 관리하고, 맞춤형 에이전트를 생성하고, 사용량을 추적하는 등 다양한 기능을 위한 아름다운 GUI를 제공합니다.

Claudia를 Claude Code의 지휘 센터로 생각해보세요. 이는 명령줄 도구와 시각적 경험 사이의 간극을 메워, AI 기반 개발을 더욱 직관적이고 생산적으로 만듭니다.

클로디아는 단순히 클로드 코드에 GUI를 제공하는 게 아니라 클로드 코드를 더욱 효율적으로 사용할 수 있는 방법을 제시합니다. 클로디아를 사용하면 클로드 코드로 자주 사용하는 에이전트를 저장해두고 재사용하거나 기존 세션 및 새로운 세션을 GUI에서 생성해서 작업할 수 있습니다.

클로디아 설치하기

클로디아는 커뮤니티가 운영하고 있는 오픈소스 프로젝트입니다. 그래서 초창기인 현재는 설치하는 과정이 친절하지만은 않습니다. 그렇지만 문서는 잘 작성되어 있기 때문에 어렵지 않게 따라 할 수 있습니다. 혹시라도 잘 안되는 부분이 있다면 클로디아 공식 문서를 참고해주세요.

- **클로디아 공식 깃허브 :** github.com/getAsterisk/claudia

01 클로디아를 설치하기 위해서는 1.70.0 이상의 Rust가 필요합니다. 다음 커맨드를 실행해서 Rust를 설치해주세요.

```
curl --proto '=https' --tlsv1.2 -sSf https://sh.rustup.rs | sh
```

02 클로디아를 설치하기 위해서는 최신 버전의 Bun이 필요합니다. 다음 커맨드를 실행해서 Bun을 설치해주세요.

```
curl -fsSL https://bun.sh/install | bash
```

03 macOS와 Windows의 필수 도구 설정이 다릅니다. 운영체제에 맞게 설정해주세요.

macOS

macOS는 다음과 같이 설정합니다.

```
# Install Xcode Command Line Tools
xcode-select --install

# Install additional dependencies via Homebrew (optional)
brew install pkg-config
```

윈도우

윈도우는 다음과 같이 설정합니다.

필수 도구	링크
Microsoft C++ Build Tools	bit.ly/4ozXErb
WebView2	bit.ly/4oSrSWH

04 모든 의존성을 설치했다면 리포지터리를 클론하고 클론한 디렉터리로 이동하세요.

```
git clone https://github.com/getAsterisk/claudia.git
cd claudia
```

05 프로젝트의 의존성을 설치하세요.

```
bun install
```

```
bun install v1.2.19 (aad3abea)

Checked 432 installs across 514 packages (no changes) [157.00ms]
```

06 클로디아를 빌드하세요.

```
bun run tauri build
```

07 빌드가 완료되면 운영체제별로 다음 폴더에서 완료된 번들을 확인할 수 있습니다. 빌드된 프로

그램을 더블클릭해서 실행해주세요.

- **Linux :** src-tauri/target/release/bundle/linux
- **macOS :** src-tauri/target/release/bundle/macos
- **Windows :** src-tauri/target/release/bundle/windows

08 다음 화면이 나타나면 성공입니다.

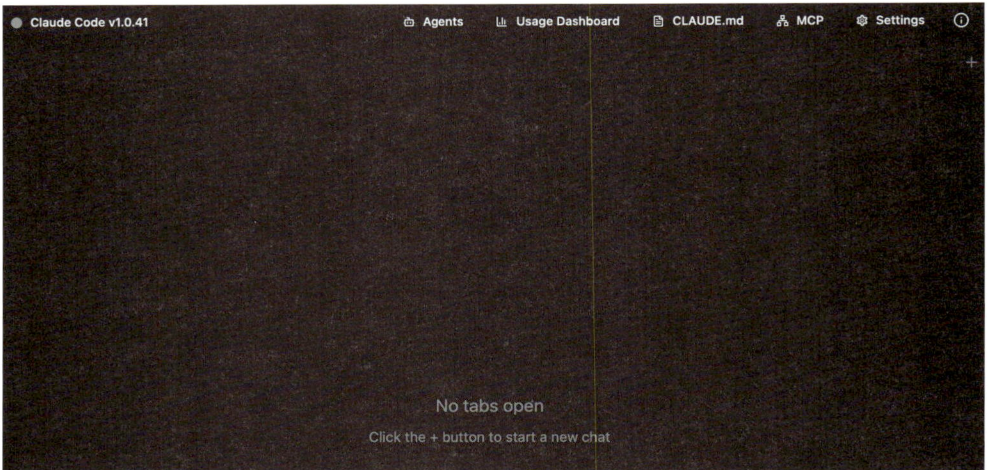

클로디아 에이전트 기능

클로디아의 에이전트는 클로드 코드로 에이전트를 만들 수 있는 기능입니다. 에이전트는 어느 한 작업에 특화된 AI인데 쉽게 말해서 클로드 코드를 사용해서 자주 실행하는 반복적인 작업이 있다면 클로드 코드 에이전트로 정의해두고 지속적으로 사용할 수 있습니다.

01 에이전트를 생성하려면 오른쪽 위의 [Agents] 버튼을 누르세요.

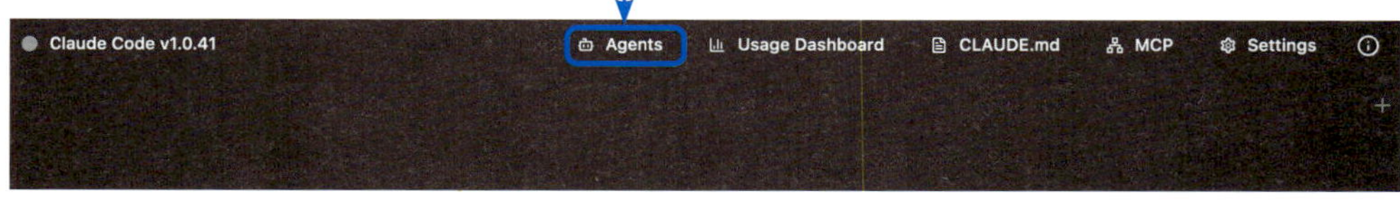

02 [Create Agent] 버튼을 눌러서 에이전트를 생성합니다.

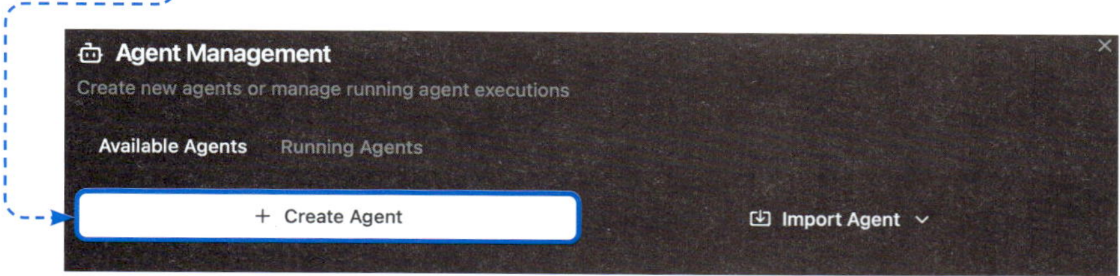

03 ❶ [Agent Name]에 에이전트 이름을 입력하고, ❷ [Agent Icon]에서 아이콘을 선택하고 ❸ [Model]에서 클로드 코드 모델을 선택합니다. ❹ [System Prompt]에 에이전트를 실행할 때마다 주입할 프롬프트를 입력하세요. 현재는 항상 같은 의존성으로 Next.js 애플리케이션을 생성하는 에이전트를 만들고 싶으므로 의존성을 입력해두겠습니다. 모두 입력했다면 ❺ [Save] 버튼을 눌러서 저장합니다.

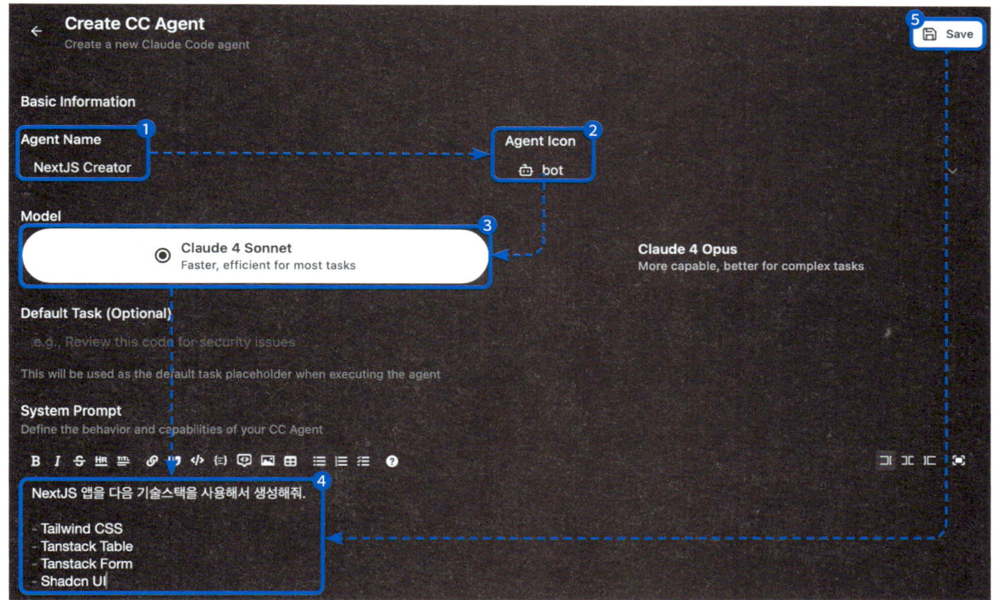

04 저장 후 다시 [Agents] 버튼을 누르면 생성한 에이전트가 보입니다. 실행할 에이전트의 [Run] 버튼을 누릅니다.

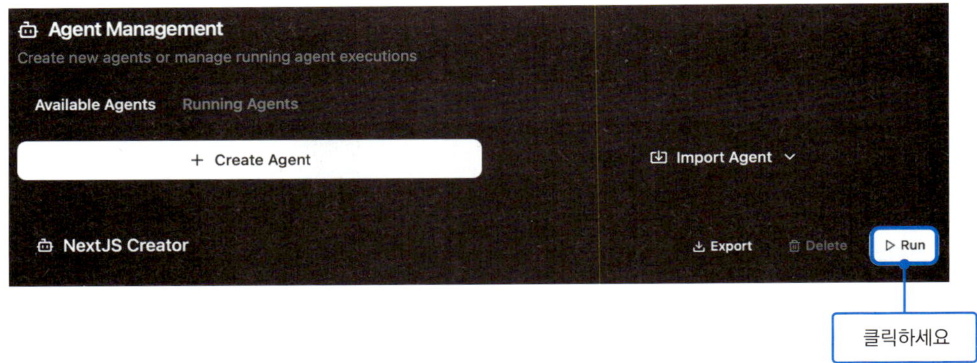

05 [Project Path]의 디렉터리 버튼을 눌러서 프로젝트 경로를 선택하고 [Task]에 실행할 작업을 입력한 후 [Execute] 버튼을 누르세요.

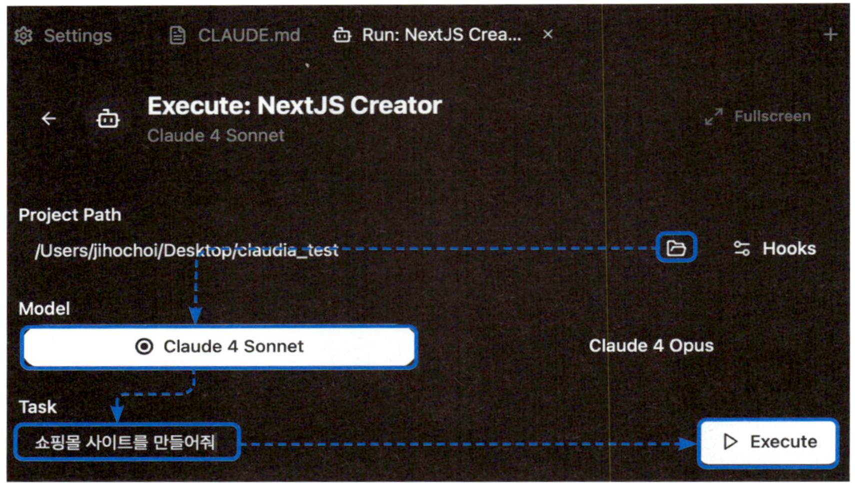

06 [Execute] 버튼을 누르면 클로드 코드가 실행되면서 작업을 진행하는 걸 확인할 수 있습니다. 이렇게 클로디아 클로드 코드 에이전트는 반복적으로 사용하는 작업을 저장해두고 실행할 때 유용합니다. [Execute] 버튼을 누른 후에는 클로드 코드로 작업이 위임되기 때문에 클로디아는 GUI 역할만 합니다.

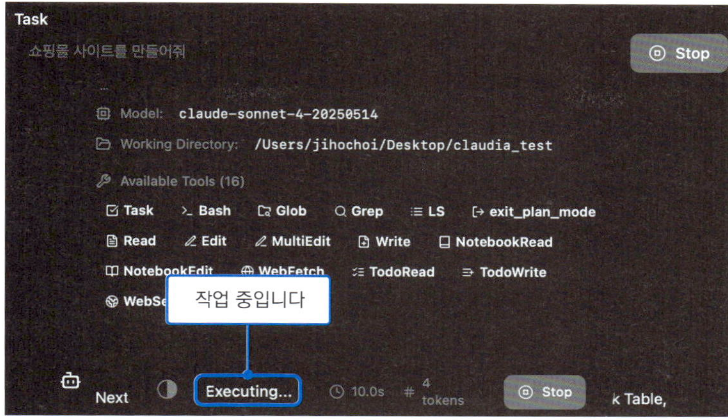

클로디아 세션 기능

클로디아의 가장 중요한 기능은 세션 생성 기능입니다. 에이전트를 생성하는 기능 외에도 일반적으로 터미널에서 클로드 코드를 실행하는 것처럼 세션 생성 기능이 존재합니다. 완전 똑같은 기능이긴 하지만 클로디아를 사용하면 훨씬 직관적으로 세션을 관리할 수 있고 기존 세션으로 돌아가는 것도 편리합니다.

01 클로디아를 실행하고 오른쪽 상단의 [+] 버튼을 눌러주세요. 그다음 [New Claude Code Session] 버튼을 눌러보세요.

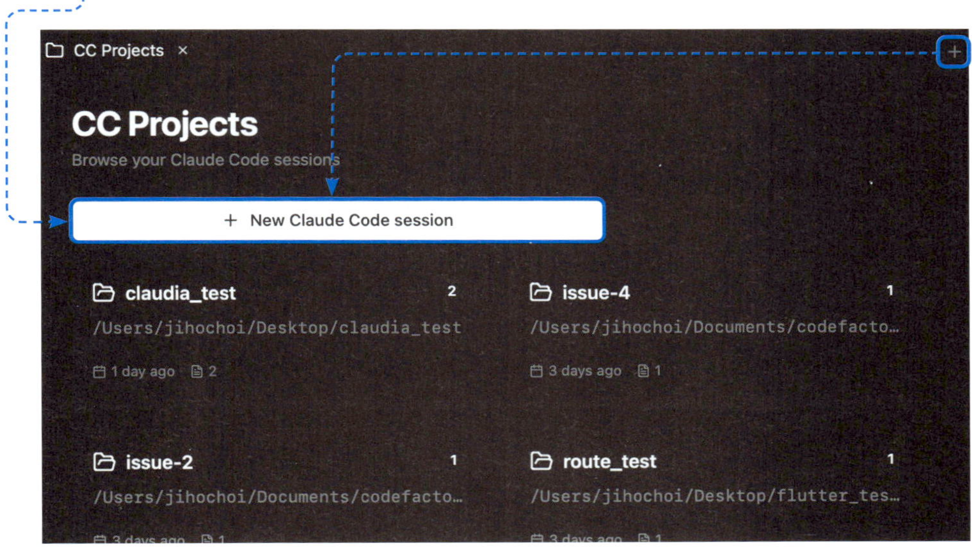

02 가장 먼저 클로드 코드를 실행할 디렉터리와 모델을 선택합니다. 여기서는 [Claude 4 Sonnet]을 선택했습니다.

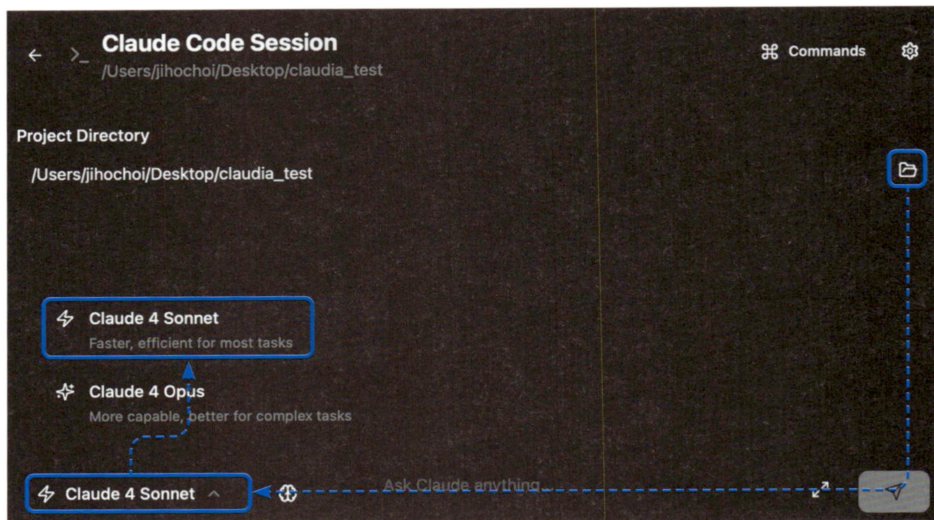

03 뇌 모양의 아이콘을 누르면 Thinking Token을 얼만큼 배정할지 선택할 수 있습니다. 여기서는 가장 많은 토큰을 사용하는 [Ultrathink]를 선택했습니다.

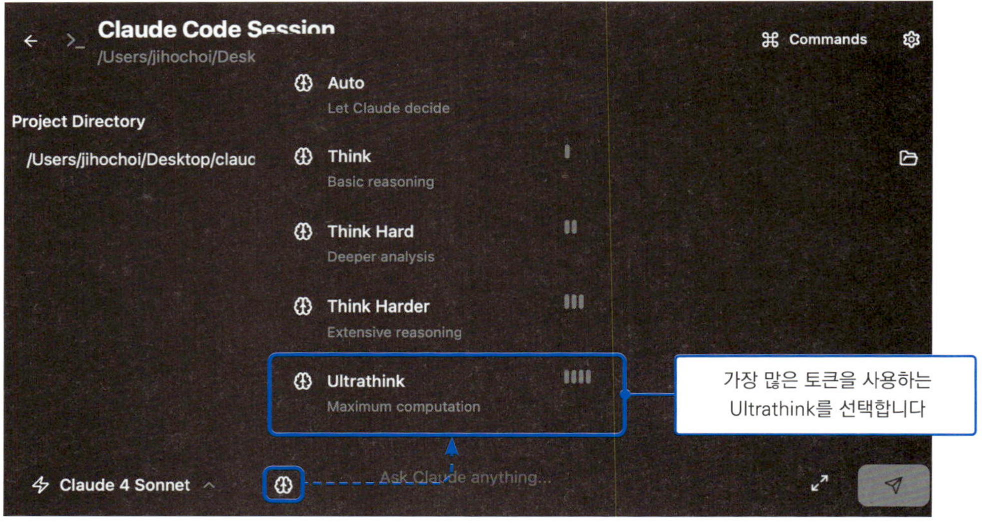

04 프롬프트를 입력하고 [실행하기] 버튼을 누르면 클로드 코드가 작업을 시작합니다.

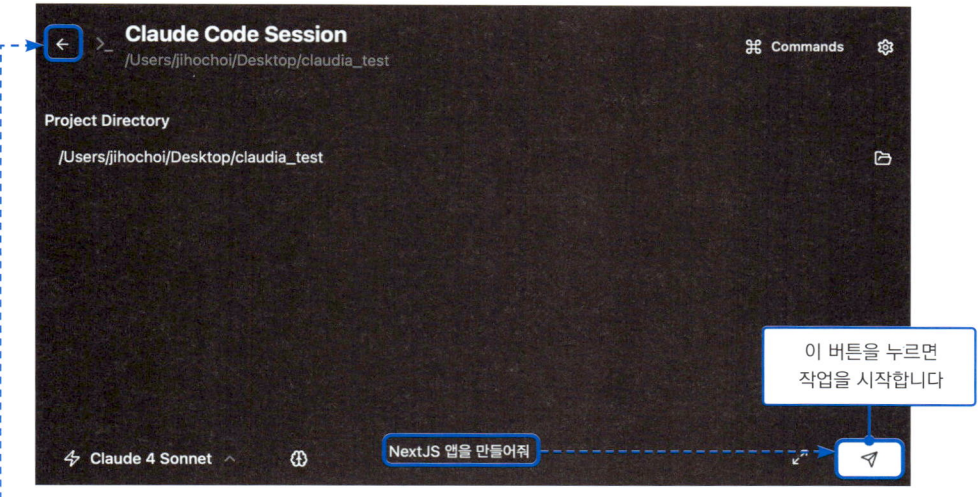

05 작업을 실행하면 [뒤로가기] 버튼을 누르고 세션 리스트로 다시 돌아갑니다. 세션 리스트에서 [Resume] 버튼을 누르면 방금 실행한 클로드 코드 세션으로 다시 돌아갑니다.

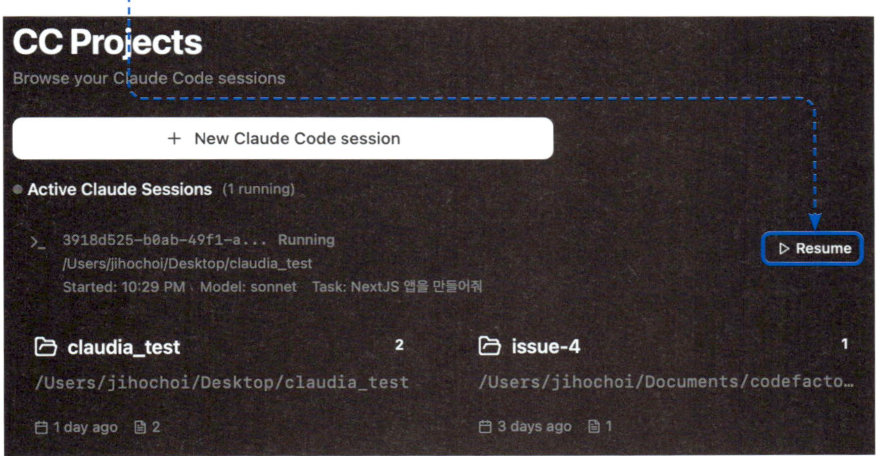

06 실행했던 프로젝트 중 하나를 선택하면 해당 프로젝트에서 실행했던 모든 세션을 리스트로 확인할 수 있습니다. 클로드 코드에서 -r 플래그를 사용하는 것보다 훨씬 직관적입니다.

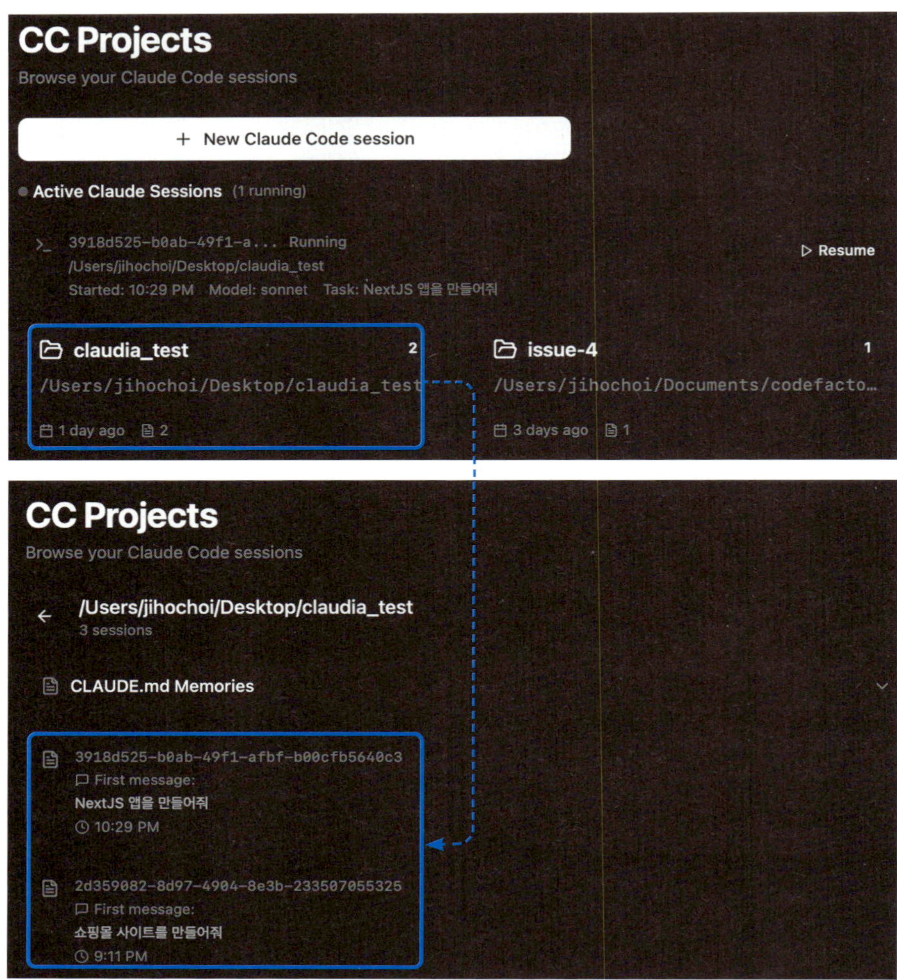

클로디아 사용량 확인

클로디아는 클로드 코드 사용량 확인 통계도 제공해줍니다. 지금까지 얼만큼의 토큰을 사용했는지, 만약 API를 썼다면 얼만큼의 돈이 나갈지, 이번 달은 저번 달보다 얼마나 더 많이 사용했는지 등 사용량을 쉽게 분석할 수 있습니다.

01 클로디아의 [Usage Dashboard] 버튼을 눌러주세요. 바로 사용 통계가 보입니다. 그뿐만 아니라 모델별 통계, 프로젝트별 통계, 세션별 통계, 시계열 통계도 확인할 수 있습니다.

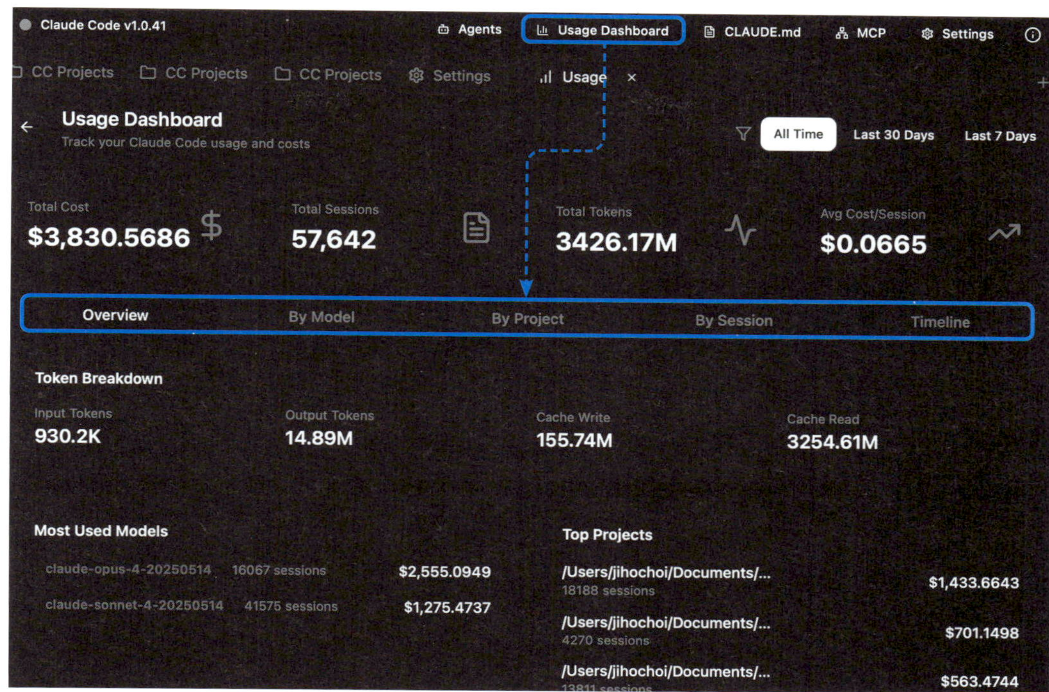

이처럼 클로디아는 클로드 코드에 단순히 GUI를 입힌게 아니라 클로드 코드에 에이전트 기능과 통계 기능 등 확장성을 함께 제공해주는 유용한 오픈소스 소프트웨어입니다.

챕터 24

Claude Squad

유튜브로 함께 공부하세요
bit.ly/45nrXIP

병렬 작업 관리가 어려울 때 어떻게 해야 하나요?

그럴 땐 클로드 스쿼드를 사용하세요.
여러 에이전트를 효율적으로 조율해줘요.

여러 작업을 동시에 잘 관리해주는 도구군요?

맞아요. 복잡한 병렬 처리도 쉽게 관리할 수 있게 도와줍니다.

클로드 스쿼드는 Git Worktree를 매우 쉽게 사용할 수 있도록 해주는 tmux 기반 터미널 앱입니다. Git Worktree를 사용하면 한 프로젝트에서 동시에 여러 작업을 서로에게 영향을 주지 않으며 진행할 수 있지만 매번 워크트리를 생성하고, 이동해서 클로드 코드를 실행하고, 작업이 끝나면 워크트리를 정리하는 일이 여간 귀찮은 게 아닙니다. 이럴 때 클로드 스쿼드를 사용하면 효율적으로 여러 워크트리를 효율적으로 사용할 수 있고 작업을 한 번에 깃허브 리포지터리로 푸시할 수 있습니다.

클로드 스쿼드 설치하기

클로드 스쿼드는 아쉽게도, 현재 macOS에서만 사용할 수 있습니다. 클로드 스쿼드를 설치하기 전에 tmux와 깃허브 CLI를 설치해야 합니다. 각각 설치 링크는 아래에 남겨두겠습니다.

- **tmux :** github.com/tmux/tmux/wiki/Installing
- **깃허브 CLI :** cli.github.com

01 클로드 설치 가이드는 깃허브 공식 리포지터리에서 확인할 수 있습니다. 제시한 두 가지 방법 중 하나로 설치를 진행해주세요.

- **클로드 스쿼드 공식 깃허브 :** github.com/smtg-ai/claude-squad

02 클로드 스쿼드를 설치하면 터미널에서 cs 커맨드로 실행할 수 있습니다. 스쿼드 화면이 보인다면 설치 완료입니다.

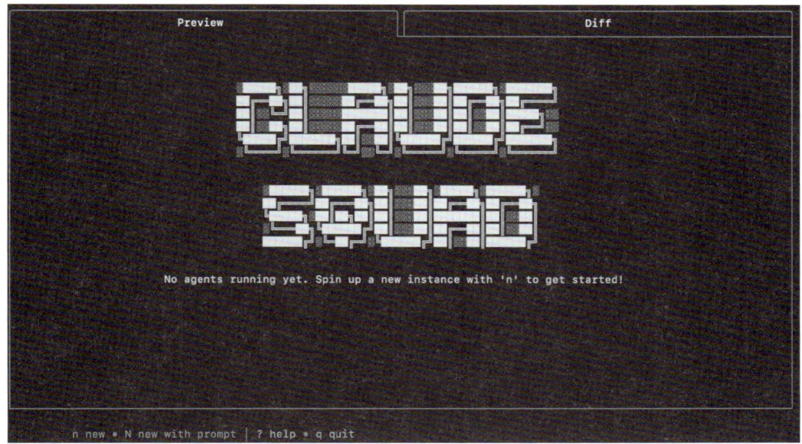

클로드 스쿼드 사용법

클로드 스쿼드는 터미널 기반이므로 터미널에 익숙하지 않다면 조금 어색하게 느껴질 수 있습니다. 하지만 익숙해지면 분명히 큰 장점이 있기 때문에 꼭 아래 과정을 함께 따라 해보기 바랍니다.

01 터미널에서 클로드 코드로 작업할 프로젝트 위치로 이동합니다. cs를 실행해서 클로드 스쿼드를 실행하세요.

02 N 을 누르면 새로운 세션을 생성할 수 있습니다. 생성된 인스턴스는 클로드 스쿼드를 실행한 위치에서 새로운 워크트리를 생성해 메인 브랜치와 완전 독립적으로 운영됩니다. 작업하려는 기능을 이름으로 지어주고 Enter 를 눌러주세요. 그러면 노란색 글자 아래에 워크트리가 생성된 위치가 출력되는 걸 확인할 수 있습니다. 이 터미널에서 어떤 작업을 해도 실제 메인 브랜치에는 영향을 주지 않습니다. 적어도 머지하기 전까지는요.

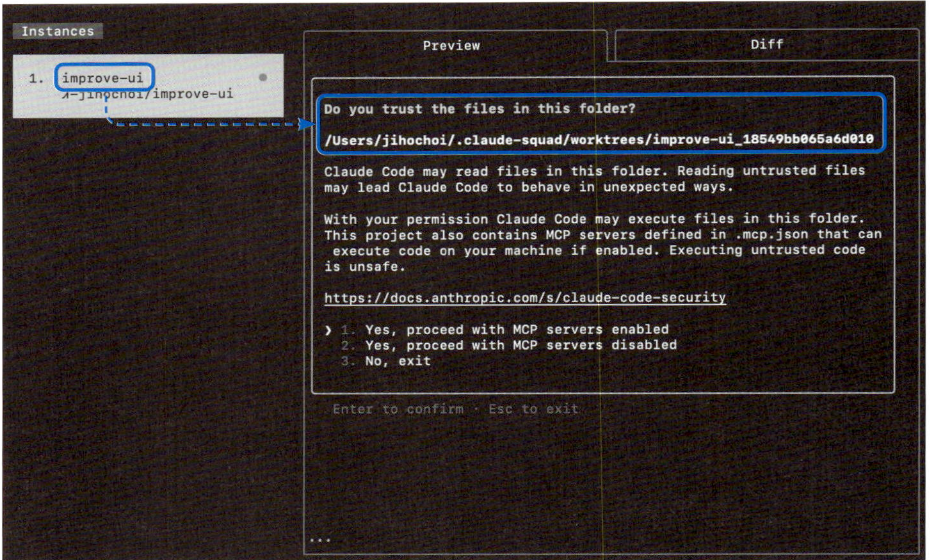

03 Enter 를 한 번 더 누르면 생성한 인스턴스에 진입할 수 있습니다. 인스턴스의 터미널이 풀스크린으로 보이고 세션을 나가고 싶으면 Ctrl + Q 를 누르면 됩니다. 세션에 진입하면 그냥 일반 클로드 코드 세션에 진입할 수 있습니다. 여기서 자유롭게 클로드 코드 실행을 해주면 됩니다.

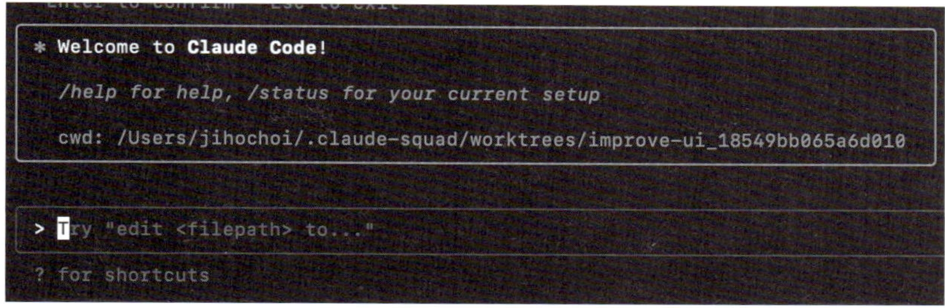

04 클로드 코드에게 작업을 실행시키고 Ctrl + Q 로 창을 빠져나와주세요. 그럼 처음 시작했던 창으로 되돌아가고 실행해둔 세션이 잘 진행되고 있습니다. 세션을 선택하고 들어가서 모니터링하고 있지 않더라도 클로드 스쿼드를 종료하지만 않으면 언제든지 돌아와서 다시 확인할 수 있습니다.

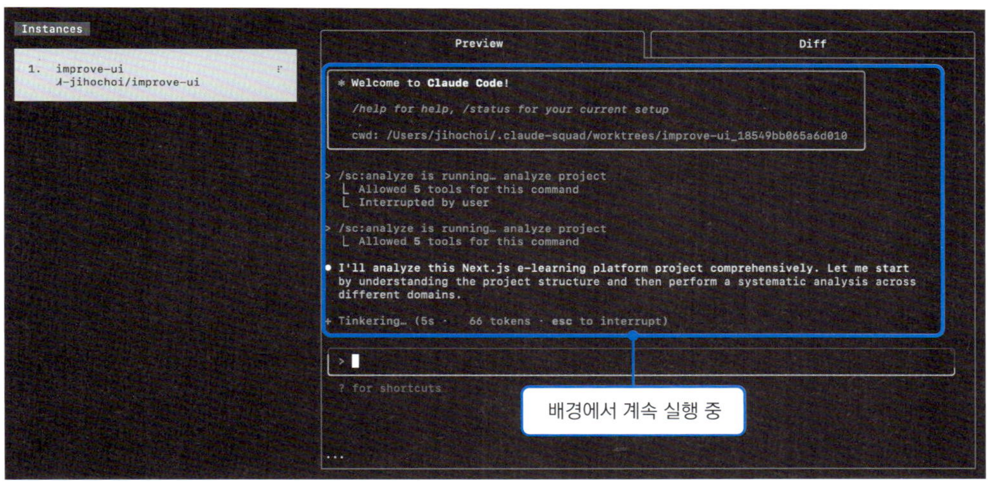

05 작업을 하는 동시에 새로운 워크트리를 생성해서 새로운 인스턴스 작업을 할 수 있습니다. 처음 세션을 생성했을 때처럼 N 키를 눌러서 새로운 세션을 생성하세요. 새로운 워크트리가 생성되고 기존 1번 인스턴스 아래에 새로운 인스턴스가 생성되는 걸 확인할 수 있습니다. 이 역시 Enter 를 눌러서 진입하면 완전 독립적인 워크트리에서 클로드 코드로 작업할 수 있습니다. 만약에 이전 인스턴스로 이동하고 싶다면 J 를 눌러서 위 인스턴스로 이동하고 K 를 눌러서 다음 인스턴스로 이동합니다.

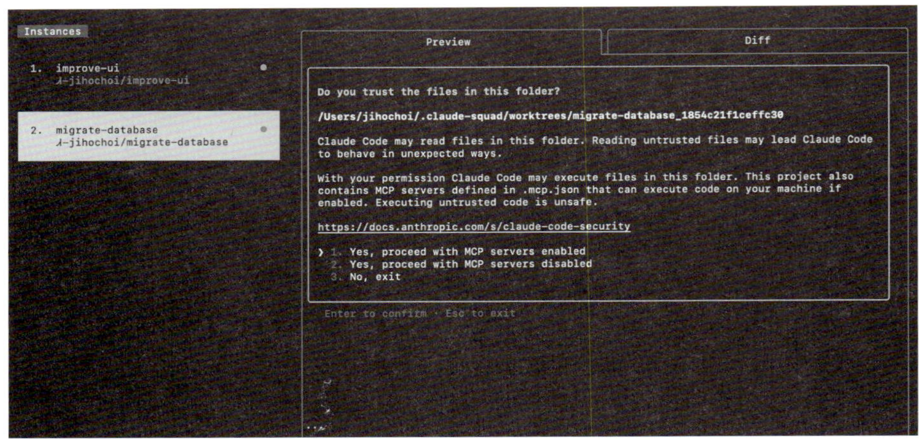

06 J · K 키를 사용해서 인스턴스를 오가면 기본 화면은 [Preview] 탭입니다. 각 인스턴스에서 변경한 사항을 확인하고 싶다면 Tab 키를 눌러서 [Diff] 탭으로 넘어갈 수 있습니다. [Diff] 탭에서는 현재 워크트리에서 어떤 작업을 했는지 한눈에 보입니다.

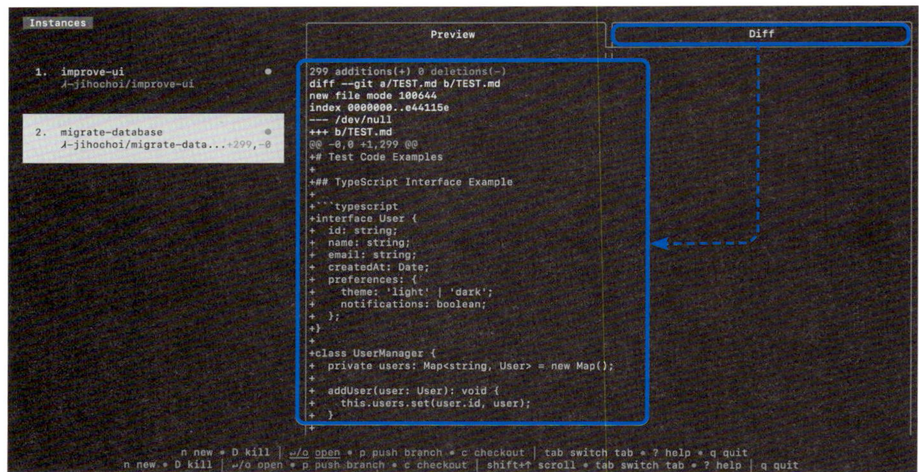

07 작업이 끝났다면 P 키를 눌러서 변경 사항을 푸쉬 할 수도 있습니다. P 키를 누른 후 Y 키를 눌러서 컨펌을 하면 변경 사항을 바로 커밋하고 프로젝트에 지정된 리포지터리에 푸시할 수 있습니다.

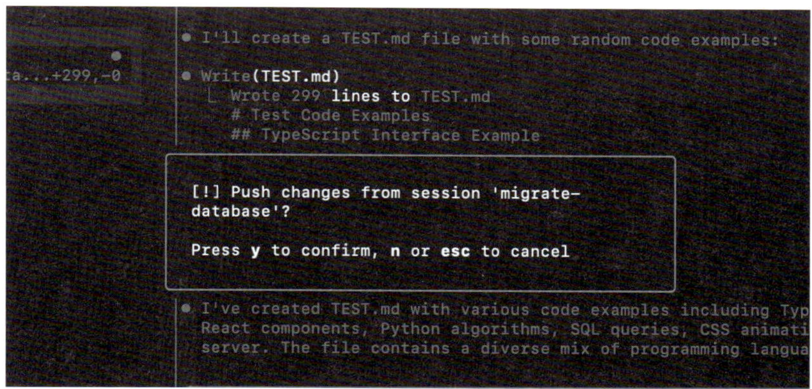

08 인스턴스에서 모든 작업이 끝났다면 `D` 키를 누르고 `Y` 키를 눌러서 인스턴스를 삭제할 수 있습니다. 그럼 생성된 워크트리와 함께 디렉터리도 같이 삭제됩니다. 그래서 스크립트로 워크트리를 관리할 때보다 훨씬 편하게 평행 작업과 워크트리를 관리할 수 있습니다.

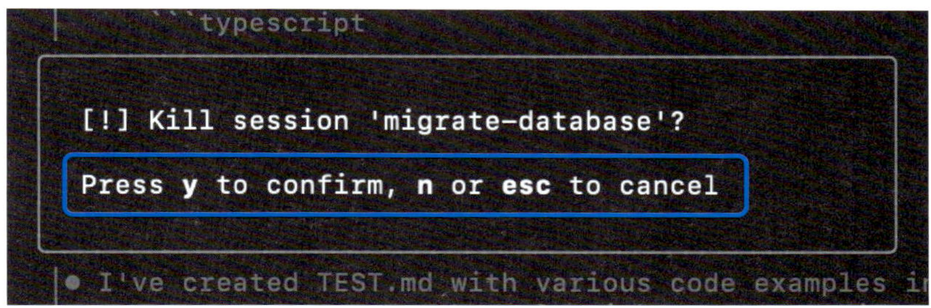

클로드 스쿼드는 아직 오픈소스 초기인 만큼 아쉬운 점과 버그가 꽤 있습니다. 하지만 다음으로 소개할 ccusage의 개발자도 잘 사용하고 있다고 이야기할 정도로 유망한 프로젝트이니 클로드 스쿼드가 존재한다는 정도만이라도 알아두면 좋습니다.

챕터 25

ccusage

유튜브로 함께 공부하세요
bit.ly/4fqEeRh

클로드 코드 할당량이 궁금할 땐 어떻게 확인하나요?

그럴 때는 ccusage를 사용하면 돼요. 현재 사용량과 남은 할당량을 쉽게 보여줘요.

직접 명령어를 치지 않고도 간편하게 확인할 수 있겠네요?

그렇죠. 특히 Pro 플랜이나 API 요금제를 사용할 때 유용합니다.

클로드 코드는 직접적으로 토큰 사용량과 세션 블록을 공개하지 않습니다. 열심히 코딩하다가 갑자기 토큰을 전부 소비해서 5시간 이후에 사용 가능하다는 메시지가 나오면 곤란하죠. 만약에 토큰 소비량을 알 수 있다면 Sonnet과 Opus 모델을 적절히 섞어서 사용하면 되는데 클로드 코드는 모니터링 기능을 제공하지 않아 매우 아쉽습니다. 이때 ccusage를 설치하면 라이브 블록 모니터링 뿐만 아니라 그동안의 사용 통계까지 모니터링할 수 있습니다.

ccusage 설치하기

ccusage는 클로드 코드의 토큰 사용량을 분석해서 사용자에게 시각화해주는 툴입니다. 아직 초기 오픈소스인만큼 약간의 버그가 있지만 클로드 코드 토큰 사용량을 분석하기에 충분히 완성도 높은 기능을 갖고 있습니다. 개발자는 ccusage를 직접 로컬에 설치하는 것보다 bunx로 접근하는 걸 추천하고 있습니다. 설치를 진행해보겠습니다.

01 bun 설치 페이지에 접속해서 설치 가이드를 확인하세요. macOS와 Windows 각각 다른 커맨드를 실행해서 설치합니다.

- **bun 설치 페이지 :** bun.com/docs/installation

macOS

macOS는 다음 명령어로 설치합니다.

```
curl -fsSL https://bun.com/install | bash
```

윈도우

윈도우는 다음 명령어로 설치합니다.

```
powershell -c "irm bun.sh/install.ps1|iex"
```

02 설치가 잘 됐는지 확인하기 위해 bunx를 실행해보겠습니다.

```
bunx --help
```

다음과 같이 출력된다면 설치 성공입니다.

```
(base) jihochoi@Jiui-MacBookPro Desktop % bunx --help
Usage: bunx [flags] <package><@version> [flags and arguments for the package]
Execute an npm package executable (CLI), automatically installing into a global
shared cache if not installed in node_modules.

Flags:
  --bun        Force the command to run with Bun instead of Node.js

Examples:
  bunx prisma migrate
  bunx prettier foo.js
  bunx --bun vite dev foo.js
```

ccusage 사용하기

ccusage는 대표적으로 daily, monthly, session, blocks, mcp 기능이 있습니다. 지금부터 하나씩 직접 사용해보며 기능을 확인해보겠습니다.

01 daily 기능은 일별로 클로드 코드 사용량 통계를 보여주는 기능입니다. 다음 커맨드를 실행해서 확인합니다.

```
bunx ccusage daily
```

커맨드를 실행하면 다음과 같이 날짜별로 토큰 사용량과 API를 사용했다면 지급해야 할 비용을 예측할 수 있습니다.

2025 07-20	- sonnet-4	4,419	108,474	$12.37
2025 07-21	- sonnet-4	40,397	234,335	$36.64
2025 07-22	- opus-4 - sonnet-4	18,395	168,396	$43.82
2025 07-23	- opus-4 - sonnet-4	52,448	96,218	$35.72
Total		982,901	14,984,662	$3807.68

02 monthly 기능은 말 그대로 월별 토큰 사용량과 비용을 정리합니다.

```
bunx ccusage monthly
```

Month	Models	Input	Output	Cost (USD)
2025-06	- opus-4 - sonnet-4	11,830	538,471	$1084.79
2025-07	- opus-4 - sonnet-4	971,071	14,446,191	$2722.89
Total		982,901	14,984,662	$3807.68

03 session 기능은 클로드 코드를 사용한 세션별로 정리합니다. 세션이라고 하면 하나의 대화일 것 같지만 하나의 프로젝트 기준으로 정보를 보여줍니다. 만약에 워크트리를 사용해서 새로운 폴더를 생성했다면 새로운 세션으로 인식합니다.

```
bunx ccusage session
```

proj-2	- sonnet-4	46	9,463	$0.76	2025-…
improvment-185…	- sonnet-4	11	99	$0.21	2025-…
improvement-18…	- sonnet-4	34,613	3,811	$0.89	2025-…
analysis-1854c…	- sonnet-4	15,781	2,341	$0.75	2025-…
test-1854cee37…	- sonnet-4	45	666	$0.31	2025-…
mcp-test	- sonnet-4	227	35,023	$3.78	2025-…
Desktop-asymme…	- sonnet-4	491	20,776	$3.61	2025-…
Total		982,901	14,984,…	$3807.68	

04 blocks 기능은 클로드 코드를 사용한 블록별 즉, 5시간 단위 윈도우별로 정리합니다. 가장 마지막에는 현재 실행 중인 블록이 보입니다.

07/23, 09:00 PM (1h22m)		- sonnet-4	8,185,4…	$3.61
07/24, 03:22 AM-11:57 AM (9h gap)	(inactive)	-	-	-
07/24, 11:00 AM (0h58m/4h2m)	ACTIVE	- sonnet-4	61,564	$0.23

05 위 모든 기능들을 since와 until 플래그와 함께 사용할 수 있습니다. since는 언제부터 데이터를 가져올지, until은 언제까지 데이터를 가져올지 정할 수 있습니다. 다음 커맨드를 실행하면 2025년 7월 22일부터 2025년 7월 23일 데이터의 일별 통계를 보여줍니다.

```
bunx ccusage daily --since 20250722 --until 20250723
```

Date	Models	Input	Output	Cost (USD)
2025 07-22	- opus-4 - sonnet-4	18,395	168,396	$43.82
2025 07-23	- opus-4 - sonnet-4	52,448	96,218	$35.72
Total		70,843	264,614	$79.54

06 제가 가장 좋아하는 ccusage의 기능은 라이브 블록 기능입니다. 다음 커맨드를 실행하면 현재 세션이 얼마나 남았는지, 토큰 사용량은 얼마인지, 얼마나 더 사용할 수 있는지에 대한 예측을 보여줍니다.

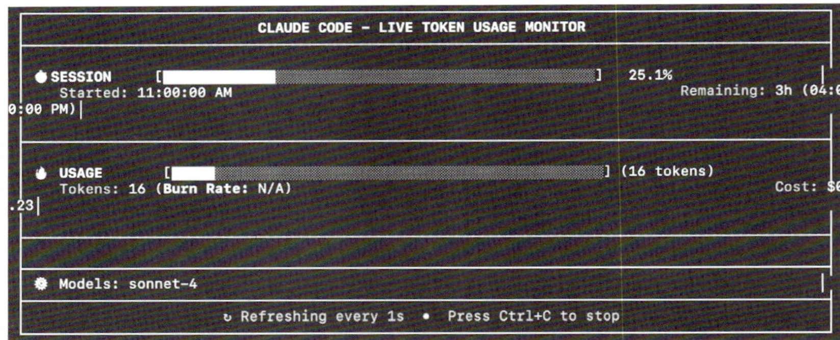

07 MCP 서버로도 ccusage 를 사용할 수 있습니다. 다음 커맨드를 실행해서 MCP 서버를 실행해 보겠습니다.

```
bunx ccusage mcp
```

실행하면 커서가 멈춰 있지만, MCP가 실행되었다는 뜻입니다.

```
(base) jihochoi@Jiui-MacBookPro Desktop % bunx ccusage mcp
█
```

08 클로드 코드 사용량을 분석하고 싶은 프로젝트로 이동해서 .mcp.json에 다음 MCP를 추가해 주세요.

파일 이름 : .mcp.json

```
{
 "mcpServers": {
   "ccusage": {
     "command": "npx",
     "args": ["ccusage@latest", "mcp"],
     "env": {}
   }
 }
}
```

09 그다음 클로드 코드를 실행하고 어제 토큰 사용량에 대해 문의해보겠습니다.

어제 토큰 사용량을 알려줘

- **2025-07-23 토큰 사용량**
  - 총 토큰: 36,914,382
  - 입력 토큰: 52,096
  - 출력 토큰: 86,840
  - 캐시 생성: 1,576,741
  - 캐시 읽기: 35,198,705
  - 총 비용: $23.71

  모델 사용:
  - Claude Sonnet 4: $16.49
  - Claude Opus 4: $7.22

이렇게 ccusage 커맨드를 실행할 필요 없이 MCP를 사용해 클로드 코드에서 직접 분석할 수도 있습니다.

ccusage는 개발자가 매우 활발하게 활동하기 때문에 자주 업데이트됩니다. 언제든지 새로운 기능이 추가되거나 기존 UI가 업데이트될 수 있다는 점 참고해주세요.

챕터 26

Claude Code Action

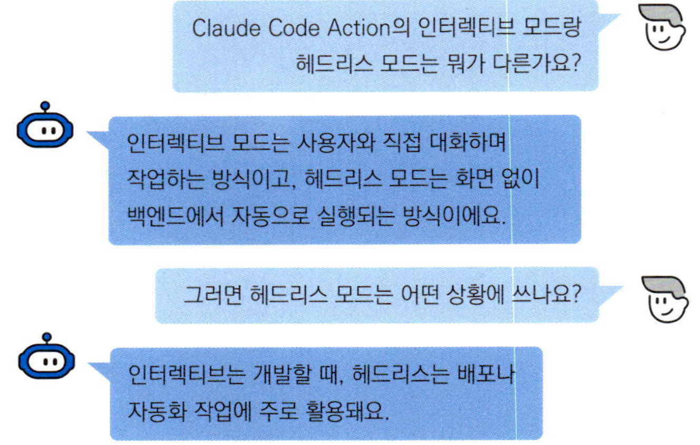

클로드 코드는 인터렉티브 모드Interactive Mode로 사용할 수도 있지만 헤드리스 모드Headless Mode로 사용할 수도 있습니다. 헤드리스 모드를 적극적으로 활용한 사례가 바로 클로드 코드 액션입니다. 클로드 코드 액션을 사용하면 깃허브에서도 클로드 코드를 직접 사용할 수 있습니다. 원래 클로드 코드 액션은 무조건 API 요금제를 사용해야 했지만, 이제는 구독 플랜으로도 클로드 코드 액션을 사용할 수 있게 됐습니다. 풀 리퀘스트를 검증받거나, 급한 버그를 바로 수정하거나 심지어 이슈를 해결해달라고 깃허브에서 바로 요청할 수도 있습니다.

클로드 코드 액션 설치하기

클로드 코드 액션을 설치하는 방법은 직접 API 키를 입력하는 방법과 클로드 코드를 통해 설치하는 방법이 있습니다. 앤트로픽에서도 클로드 코드의 커맨드를 사용해서 설치하는 방법을 추천하고 있습니다. 저희도 클로드 코드의 커맨드를 통해 클로드 코드 액션을 설치해보겠습니다.

01 클로드 코드 액션을 사용하고 싶은 프로젝트에서 다음 커맨드를 실행하세요.

```
/install-github-app
```

02 현재 프로젝트에서 사용 중인 리포지터리에 클로드 코드 액션을 등록할지, 다른 리포지터리에 등록할지 선택할 수 있습니다. 저희는 현재 연동된 리포지터리에 등록하겠습니다.

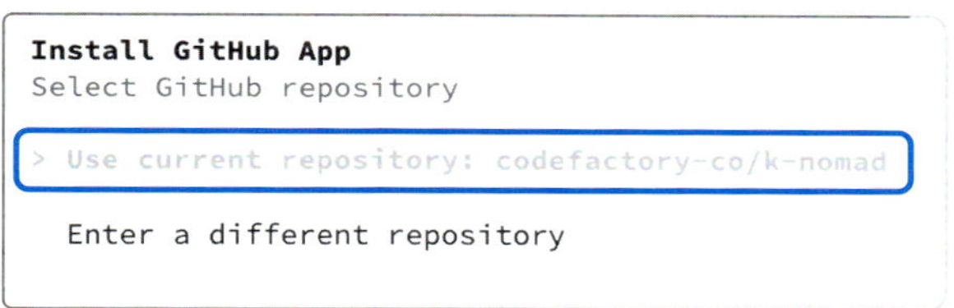

03 깃허브 리포지터리가 실행되면 [Configure] 버튼을 누르고 설치할 Organization을 선택합니다.

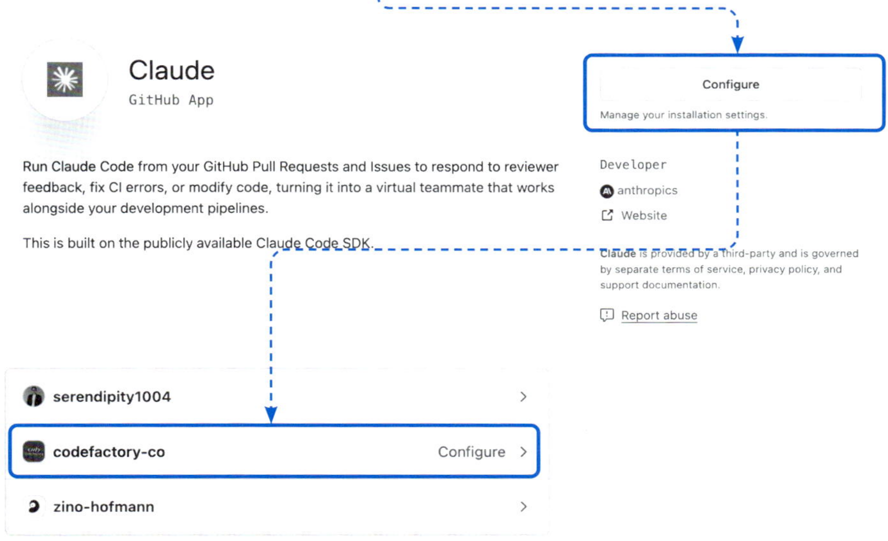

04 설정이 끝나면 클로드 코드로 돌아오세요. 돌아와서 Enter 를 눌러주면 됩니다.

```
Install the Claude GitHub App

Opening browser to install the Claude GitHub App…

If your browser doesn't open automatically, visit:

https://github.com/apps/claude

Please install the app for repository: codefactory-co/k-nomad

Important: Make sure to grant access to this specific repository

Press Enter once you've installed the app…

Having trouble? See manual setup instructions at:
https://github.com/anthropics/claude-code-action/#manual-setup-direct-api
```

05 어떤 워크플로를 설치할지 선택하는 창이 실행됩니다. 설치하고 싶은 워크플로만 선택하면 됩니다. 저는 코드 리뷰 기능과 클로드를 태그하는 기능까지 전부 설치하겠습니다.

```
Select GitHub workflows to install
We'll create a workflow file in your repository for each one you select.

 ✓ @Claude Code
   Tag @claude in issues and PR comments

 ✓ Claude Code Review
   Automated code review on new PRs

 ↑↓ Navigate · Space to toggle · Enter to confirm
```

06 다음 과정이 중요합니다. 구독 모델을 사용해서 연동할지 아니면 API 키를 입력해서 사용할지 선택할 수 있습니다. 비용 최적화가 중요하다면 무조건 구독 모델 사용하는 걸 추천합니다.

```
Install GitHub App
Choose API key

> Create a long-lived token with your Claude subscription

  Enter a new API key

  ↑/↓ to select · Enter to continue
```

07 클로드 홈페이지가 실행되면 [Authorize] 버튼을 눌러주세요. 그다음 자동으로 생성된 풀 리퀘스트를 머지합니다.

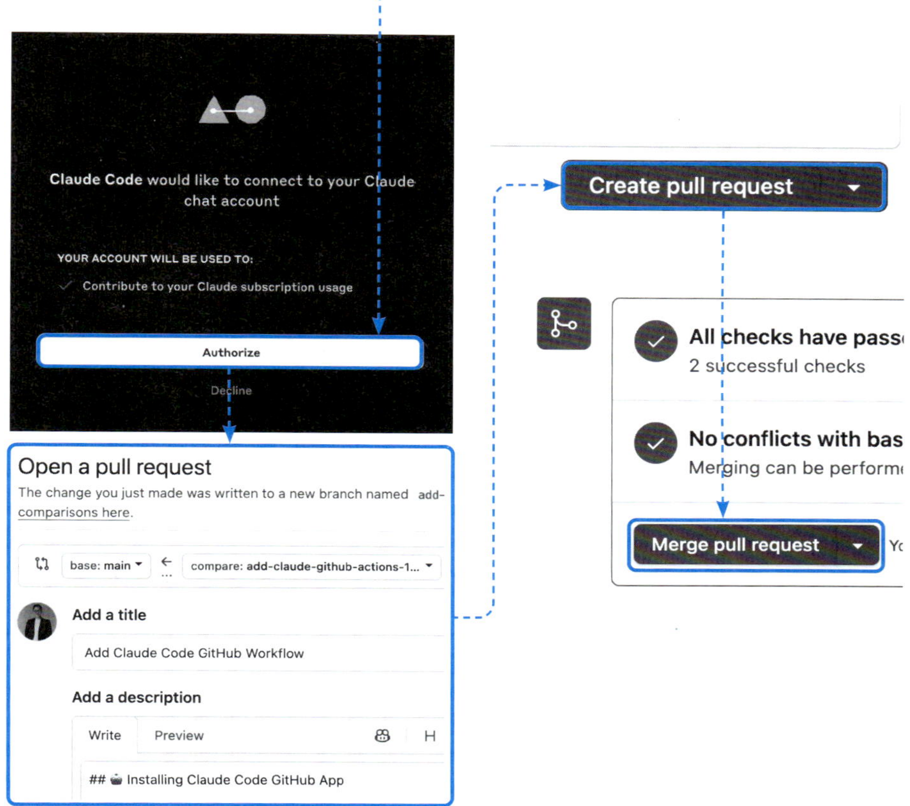

08 README.md 파일에 단순한 업데이트를 진행한 다음 풀 리퀘스트를 생성해보세요. 이제부터 생성하는 풀 리퀘스트마다 모두 클로드가 검증해줍니다.

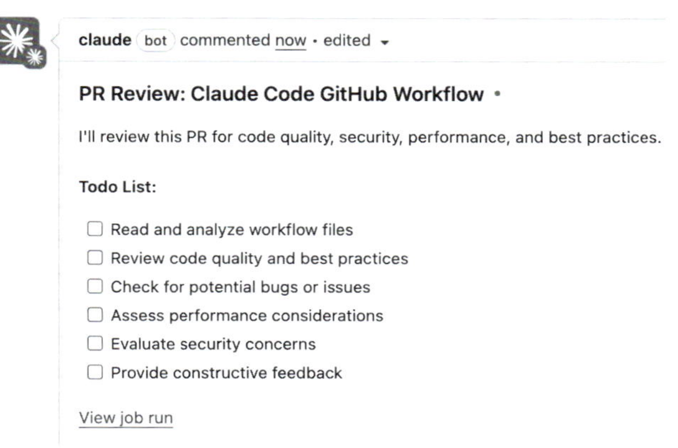

09 깃허브 이슈, 풀 리퀘스트 어디든 @Claude를 사용해서 클로드에게 요청할 프롬프트를 입력하고 5분 정도 기다리면 깃허브 액션을 통해 클로드가 작업을 실행합니다.

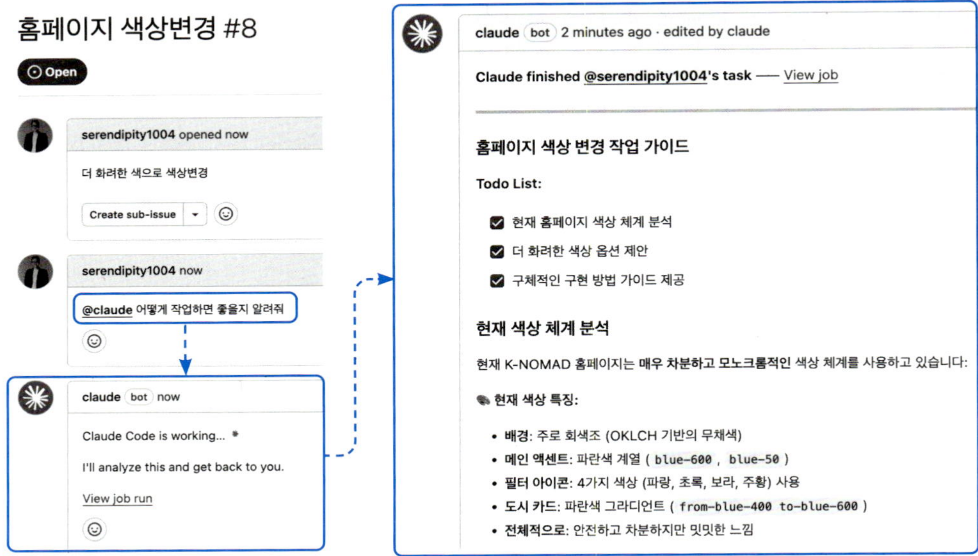

클로드 코드 액션을 실행하는 것 자체는 구독 모델을 통해 연동하면 구독 모델의 토큰을 사용하지만, 깃허브 액션에서 클로드 코드가 실행되는 방식이기 때문에 깃허브 액션 시간을 사용해야 한다는 점을 기억하세요. 무료로 제공되는 깃허브 액션 시간이 소진되면 비용이 청구될 수 있습니다.

챕터 27

Claude Code Hooks

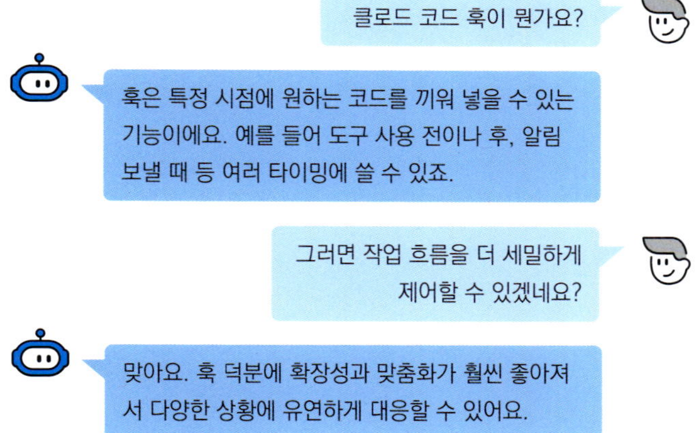

앤트로픽 사는 클로드 코드의 더욱 높은 확장성을 위해 클로드 코드 훅 기능을 제공합니다. 클로드 코드 훅을 사용하면 도구 사용 전(PreToolUse), 도구 사용 후(PostToolUse), 알림을 보낼 때(Notification), 사용자가 프롬프트를 제출할 때(UserPromptSubmit), 클로드 코드가 응답을 마쳤을 때(Stop), 서브에이전트가 응답을 마쳤을 때(SubagentStop), 컴팩트 작업이 실행되기 전에(PreCompact) 원하는 코드를 실행할 수 있습니다.

클로드 코드 훅 기본 설정

클로드 코드 훅은 JSON 파일로 등록 가능합니다. 다른 세팅과 마찬가지로 로컬, 프로젝트별, 사용자별 세팅을 할 수 있습니다.

설정 종류	위치
~/.claude/settings.json	사용자 설정
.claude/settings.json	프로젝트 설정
.calude/settings.local.json	로컬 프로젝트 설정 (커밋 x)

JSON 구조는 아래 패턴과 같습니다.

```
{
 "hooks": {
   "<EventName>": [
     {
       "matcher": "<ToolPattern>",
       "hooks": [
         {
           "type": "<command>",
           "command": "<your-command-here>"
         }
       ]
     }
   ]
 }
}
```

- **matcher :** 도구 이름과 일치하는 패턴입니다. 대소문자를 구분합니다. (PreToolUse 및 PostToolUse에만 해당)
    - 단순 문자열은 정확히 일치합니다.
    - 정규식을 지원합니다.
- **matcher의 예**

다음은 matcher의 예와 설명입니다. 목록을 참고하여 옵션을 설정하세요.

- **matcher : Bash :** 클로드 코드가 Bash Tool을 사용할 때 훅을 실행합니다.
- **matcher : Edit | MultiEdit | Write :** 클로드 코드가 단일 파일 수정, 여러 파일 수정, 파일 생성을 할 때 훅을 실행합니다.
- **Bash 예 :** Bash를 실행할 때만 훅을 실행합니다.
- **Edit | MultiEdit | Write 예 :** 단일 파일 수정, 여러 파일 수정, 파일 생성할 때 훅을 실행합니다.

- **hooks :** 패턴이 일치할 때 실행할 명령 배열
  - **type :** 현재는 "command"만 지원됩니다.
  - **command :** 실행할 bash 명령 (환경 변수 $CLAUDE_PROJECT_DIR 사용 가능)
  - **timeout :** (선택 사항) 특정 명령이 취소되기 전까지 실행될 시간(초)입니다.

UserPromptSubmit, Notification, Stop, SubagentStop과 같이 matcher를 사용하지 않는 이벤트는 matcher 필드를 생략할 수 있습니다.

클로드 코드 훅 이벤트 정리

클로드 코드에서는 총 7개의 훅 이벤트를 제공해주며 각각 특수한 조건과 matcher를 기준으로 실행됩니다. 다음은 클로드 코드 훅 이벤트를 표로 정리한 것입니다.

Hook 이름	설명
PreToolUse	클로드가 도구 매개변수를 생성하고 도구 호출을 처리하기 전에 실행합니다. 일반적인 matcher ▪ Task - 에이전트 작업 ▪ Bash - 쉘 명령 ▪ Glob - 파일 패턴 일치 ▪ Grep - 내용 검색 ▪ Read - 파일 읽기 ▪ Edit, MultiEdit - 파일 편집 ▪ Write - 파일 쓰기 ▪ WebFetch, WebSearch - 웹 작업

Hook 이름	설명
PostToolUse	도구가 성공적으로 완료된 직후에 실행합니다. PreToolUse와 동일한 matcher 값을 인식합니다.
Notification	클로드 코드가 알림을 보낼 때 실행합니다. 알림은 다음 경우에 전송합니다. ▪ Claude가 도구를 사용하기 위해 사용자 승인이 필요할 때 ▪ 프롬프트 입력이 최소 60초 동안 유휴 상태일 때
UserPromptSubmit	사용자가 프롬프트를 제출할 때 클로드가 처리하기 전에 실행됩니다. ▪ 콘텍스트 추가 ▪ 프롬프트 유효성 검사 ▪ 특정 유형의 프롬프트 차단
Stop	메인 클로드 코드 에이전트가 응답을 마쳤을 때 실행됩니다. 사용자 인터럽트로 인해 중단된 경우에는 실행되지 않습니다.
SubagentStop	클로드 코드 서브에이전트가 응답을 마쳤을 때 실행됩니다.
PreCompact	클로드가 압축 작업을 실행하기 전에 실행합니다. ▪ matcher ▪ manual - /compact에서 호출됨 ▪ auto - 자동 압축 (전체 콘텍스트 창으로 인해)에서 호출됨

클로드 코드 훅 입력 형태

클로드 코드 훅이 실행되면 stdin을 통해 훅 이벤트에 대한 정보를 JSON으로 수신할 수 있습니다.

공통 구조

다음은 JSON의 공통 구조입니다. 공통 필드와 이벤트별 필드로 구성되어 있습니다.

```
{
  // 공통 필드
  session_id: string
  transcript_path: string  // 대화 JSON 경로
  cwd: string              // 훅이 호출될 때의 현재 작업 디렉터리

  // 이벤트별 필드
  hook_event_name: string
}
```

훅별 구조

훅별 구조는 표로 정리하였습니다. 훅마다의 구조는 대동소이하지만 훅에 맞는 특징이 있는 값이 구성되어 있습니다. 다음은 훅별 구조를 표로 정리한 것입니다.

Hook 이름	구조

PreToolUse	{
	"session_id": "string", // 세션 ID (모든 훅에 공통)
	"transcript_path": "string", // 대화 JSON 파일의 경로 (모든 훅에 공통)
	"cwd": "string", // 훅이 호출될 때의 현재 작업 디렉터리 (모든 훅에 공통)
	"hook_event_name": "PreToolUse", // 훅 이벤트 이름, "PreToolUse"로 고정
	"tool_name": "string", // 호출될 도구의 이름 (예: "Write", "Bash", "Read")
	"tool_input": { // 도구에 전달될 입력 매개변수
	"file_path": "string", // `Write` 도구의 경우, 작성될 파일의 경로
	"content": "string" // `Write` 도구의 경우, 파일에 작성될 내용
	// 다른 도구(`Bash`, `Read` 등)에 따라 `tool_input`의 스키마는 달라집니다.
	}
	}

PostToolUse	{
	"session_id": "string", // 세션 ID (모든 훅에 공통)
	"transcript_path": "string", // 대화 JSON 파일의 경로 (모든 훅에 공통)
	"cwd": "string", // 훅이 호출될 때의 현재 작업 디렉터리 (모든 훅에 공통)
	"hook_event_name": "PostToolUse", // 훅 이벤트 이름, "PostToolUse"로 고정
	"tool_name": "string", // 실행된 도구의 이름
	"tool_input": { // 도구에 전달되었던 입력 매개변수
	"file_path": "string", // `Write` 도구의 경우, 작성된 파일의 경로
	"content": "string" // `Write` 도구의 경우, 파일에 작성된 내용
	// 다른 도구에 따라 `tool_input`의 스키마는 달라집니다.
	},
	"tool_response": { // 도구 실행의 결과
	"filePath": "string", // `Write` 도구의 경우, 성공적으로 작성된 파일의 경로
	"success": boolean // `Write` 도구의 경우, 쓰기 작업의 성공 여부
	// 다른 도구에 따라 `tool_response`의 스키마는 달라집니다.
	}
	}

Hook 이름	구조

Notification	{
	"session_id": "string", // 세션 ID (모든 훅에 공통)
	"transcript_path": "string", // 대화 JSON 파일의 경로 (모든 훅에 공통)
	"cwd": "string", // 훅이 호출될 때의 현재 작업 디렉터리 (모든 훅에 공통)
	"hook_event_name": "Notification", // 훅 이벤트 이름, "Notification"으로 고정
	"message": "string" // Claude Code가 보낸 알림 메시지 내용
	}

UserPrompt Submit	{
	"session_id": "string", // 세션 ID (모든 훅에 공통)
	"transcript_path": "string", // 대화 JSON 파일의 경로 (모든 훅에 공통)
	"cwd": "string", // 훅이 호출될 때의 현재 작업 디렉터리 (모든 훅에 공통)
	"hook_event_name": "UserPromptSubmit", // 훅 이벤트 이름, "UserPromptSubmit"으로 고정
	"prompt": "string" // 사용자가 제출한 프롬프트 내용
	}

Stop 및 SubagentStop	{
	"session_id": "string", // 세션 ID (모든 훅에 공통)
	"transcript_path": "string", // 대화 JSON 파일의 경로 (모든 훅에 공통)
	"cwd": "string", // 훅이 호출될 때의 현재 작업 디렉터리 (모든 훅에 공통)
	"hook_event_name": "Stop" ¦ "SubagentStop", // 훅 이벤트 이름, "Stop" 또는 "SubagentStop"
	"stop_hook_active": boolean // 현재 Claude Code가 Stop 훅의 결과로 계속 진행 중인지 여부
	}

PreCompact	{
	"session_id": "string", // 세션 ID (모든 훅에 공통)
	"transcript_path": "string", // 대화 JSON 파일의 경로 (모든 훅에 공통)
	"cwd": "string", // 훅이 호출될 때의 현재 작업 디렉터리 (모든 훅에 공통)
	"hook_event_name": "PreCompact", // 훅 이벤트 이름, "PreCompact"로 고정
	"trigger": "manual" ¦ "auto", // 압축 작업이 수동(`manual`)으로 시작되었는지 자동(`auto`)으로 시작되었는지
	"custom_instructions": "string" // 수동 압축 시 사용자가 전달한 사용자 지정 지침 (자동 압축 시 비어 있음)
	}

클로드 코드 훅 사용 예제

클로드 코드 커스텀 혹은 배시 커맨드를 실행하는 방식으로 실행합니다. 파이썬 코드를 실행할 수도 있습니다. 간단한 예제로 MCP 사용이나 파일 생성 허가 등 사용자가 액션을 취해야 하는 상황에 macOS 알림이 실행되는 훅을 등록해보겠습니다.

01 .claude/settings.local.json 파일을 생성하고 다음 코드를 추가해주세요. Notification 훅은 사용자의 허가를 받아야 하는 상황에 실행되는 훅입니다.

파일 이름 : .claude/settings.local.json

```
{
 "hooks": {
   "Notification": [
     {
       "matcher": "",
       "hooks": [
         {
           "type": "command",
           "command": "osascript -e 'display notification \"사용자 인풋이 필요 합니다\" with title \"사용자 인풋이 필요합니다\" subtitle \"클로드 코드 인풋을 확인해주세요\" sound name \"Glass\"'"
         }
       ]
     }
   ]
 }
}
```

02 클로드 코드에서 Bash 커맨드를 실행해달라고 하면 커맨드 실행을 허가 받기 위한 창을 출력하며, 알림이 실행됩니다.

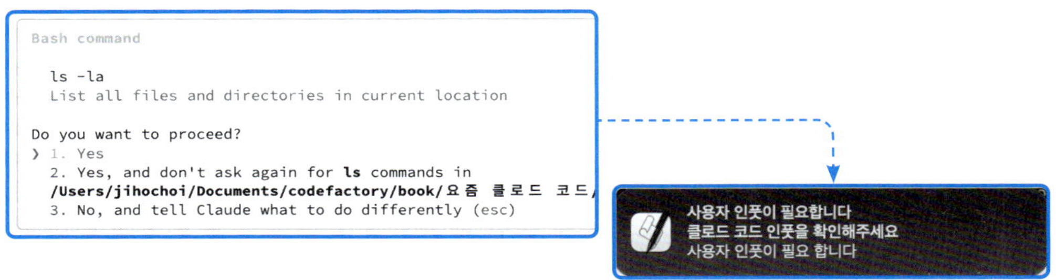

부록

99가지 유용한 팁

실행 방식

01 모드 변경하기 : 을 이용해서 일반, 자동 승인, 플래닝 모드를 스위칭하세요.

02 플래닝 모드 활용하기 : 클로드 코드에 작업을 시키기 전에 플래닝 모드를 먼저 사용해서 상세한 작업 계획을 받아보세요.

03 YOLO 모드 : 클로드 코드가 한 번에 실행 할 수 있는 작업이라면 YOLO 모드를 활용해보세요. 시간을 많이 아낄 수 있습니다.

사용법과 도움말

04 클로드 코드에게 기능 물어보기 : 클로드 코드가 실행할 수 있는 기능을 클로드 코드에게 직접 물어보세요. "풀 리퀘스트 만들 수 있어?"등 궁금한 걸 질문하면 빠르게 답변해줍니다.

05 프로젝트 분석을 요청하기 : 프로젝트에 기억이 안 나는 부분이 있거나 이해하기 어려운 부분이 있다면 클로드 코드에게 설명을 부탁하세요.

06 연동 방법 알려달라고 하기 : 사람이 직접 외부 API 또는 서비스를 연동하거나 설정할 때 클로드 코드

에게 연동하는 법을 알려달라고 요청하세요.

07 릴리즈 노트 확인하기 : /release 커맨드를 실행해서 주기적으로 릴리즈 노트를 확인하세요. 클로드 코드는 자동으로 업데이트되기 때문에 나도 모르게 새로운 기능이 추가 됐을 수 있습니다.

08 앤트로픽 상태 구독하기 : Anthropic Status 페이지에 가면 클로드 코드 및 앤트로픽 서비스들의 상태를 조회할 수 있어요. RSS 피드, 슬랙 등 상태 변화가 있을 때 업데이트도 받을 수 있답니다.

서브에이전트

09 멀티에이전트 작업하기 : 동시에 실행해도 되는 작업을 여러 터미널에서 여러 클로드 코드 인스턴스로 실행해보세요.

10 서브에이전트 : 서브에이전트를 활용해서 메인에이전트의 콘텍스트 윈도우를 아껴보세요. 특정 작업을 서브에이전트에게 실행해달라고 하면 됩니다.

11 서브에이전트 병렬실행 : 동시에 실행 할 수 있는 작업을 서브에이전트에게 맡겨서 병렬로 실행해보세요. Parallel 키워드와 Subagent가 함께 들어가면 더욱 잘 트리거 됩니다.

12 서브에이전트 커스터마이즈하기 : 목적에 맞는 서브에이전트를 커스터마이즈 해두면 클로드 코드가 자동으로 필요한 서브에이전트를 사용해서 작업을 실행해요.

13 동시에 여러 시안 받기 : 여러 서브에이전트 또는 여러 에이전트를 동시에 실행해서 여러 시안을 한번에 받아보세요.

CLUADE.MD

14 CLAUDE.md 주기적 업데이트하기 : CLAUDE.md 파일은 클로드 코드가 작업할 때 항상 우선 주입되는 파일이예요. 꼭 주기적으로 프로젝트 요구사항에 맞게 수정해주세요.

15 CLAUDE.md 요약하기 : CLAUDE.md 파일이 과도하게 길어지면 콘텍스트 활용에 불리할 수 있어요. 주기적으로 CLAUDE.md 파일을 요약해서 수정해달라고 클로드 코드에게 지시하세요.

16 CLUADE.md 하위 폴더에 생성하기 : CLAUDE.md 파일은 프로젝트 하위 폴더에도 생성할 수 있어요. 하위 폴더에 생성된 CLAUDE.md 파일은 클로드 코드가 해당 폴더를 탐색할 때 자동으로 콘텍스트에 주입돼요.

17 빠르게 메모리 추가하기 : #을 입력하고 CLAUDE.md에 추가하고 싶은 내용을 입력하면 쉽게 추가할 수 있어요.

내장 기능과 명령어

18 경로 자동완성 활용하기 : 경로를 검색할 때 탭을 활용하면 자동완성이 돼요.

19 초기화 하기 : 프로젝트에 클로드 코드를 처음 실행하면 꼭 /init 커맨드로 초기화를 해주세요. 클로드 코드가 프로젝트를 분석하고 적합한 CLAUDE.md 파일을 생성합니다.

20 모델 확인하기 : 프롬프트를 실행하기 전에 /model 커맨드로 꼭 모델을 확인하세요. 실수로 Opus를 너무 많이 사용해서 토큰이 너무 빨리 소진될 수 있어요.

21 프롬프트 즉시 실행하기 : 클로드 코드를 실행할 때 따옴표에 프롬프트를 입력하면 클로드 코드가 실행되면서 동시에 프롬프트가 실행돼요. 예) claude "issue-20 해결해줘"

22 헤드리스 모드 : -p 플래그를 사용해서 클로드 코드를 헤드리스 모드로 실행할 수 있어요. 예) claude -p "프로젝트 분석해줘"

23 데이터 주입 파이핑하기 : 헤드리스로 실행할 때 데이터를 주입 파이핑할 수 있어요. 예) cat test.md | claude -p "이 마크다운을 분석해줘"

24 파일 명시하기 : @를 사용해서 파일을 참조할 수 있어요. 가능하다면 정확도를 위해 파일을 참조하세요.

25 Shift 드래그하기 : 파일을 클로드 코드에게 드래그 앤 드롭할 때 [Shift] 키를 누르고 있으면 정상적으로 참조할 수 있어요.

26 기존 대화 재사용하기 : 클로드 코드를 실행할 때 -r 플래그를 사용해서 기존 대화를 재활용해보세요.

27 직전 대화 재활용하기 : 클로드 코드를 실행할 때 -c 플래그를 사용해서 바로 직전 대화로 빠르게 진입할 수 있어요.

이미지와 시각자료 활용

28 이미지 활용하기 : 이미지를 드래그 앤 드롭 또는 로 주입할 수 있어요.

29 스크린샷 활용하기 : UI가 마음에 들지 않을 때 스크린샷을 찍어서 이미지로 클로드 코드에게 주입하세요.

30 ASCII 코드로 디자인 확인하기 : 디자인을 작업하기 전에 ASCII 코드로 디자인 목업을 요청하세요.

31 Figma MCP 활용하기 : Figma MCP를 활용하면 Figma에서 제작한 디자인을 쉽게 클로드 코드를 활용해서 코드로 변환할 수 있어요.

작업 및 테스트 자동화

32 클로드 코드 훅 사용하기 : 클로드 코드 훅을 사용해서 작업이 끝날 때마다 테스트 코드를 실행하거나, 알림을 받거나 린트를 실행해보세요.

33 자연어로 테스트 자동화하기 : 직접 테스트를 작성하지 말고 테스트 조건을 자연어로 클로드 코드에게 표현하세요.

34 QA 자동화 : 클로드 코드에게 테스트, 린트, 빌드등을 실행하고 결과를 기반으로 코드를 개선하도록 하세요.

35 QA 목표 지정하기 : 커버리지 등 QA 허용 목표를 지정해주세요. 예를 들어 유닛테스트가 80% 이상 통과가 돼야 한다면 유닛 테스트가 통과될 때까지 클로드 코드가 테스트 코드를 작업하도록 지시하세요.

36 E2E 테스트하기 : Puppeteer나 Playwright같은 툴을 활용해서 E2E 테스트를 해보세요.

37 엣지 케이스를 요청하기 : 테스트 코드를 작성할 때 엣지 케이스들을 포함해달라고 하면 더욱 상세한 테스트 케이스들을 만들도록 요청할 수 있어요.

토큰 및 요금 관리

38 Max 플랜을 고려하기 : 클로드 코드를 자주 사용하고 자꾸 토큰 한계에 부딪힌다면 더 높은 플랜을 고려해보세요. 가격이 상승하는 비율보다 제공해주는 토큰량이 압도적으로 많아요.

39 작업에 어울리는 모델 사용하기 : Opus는 버그 해결이나 작업 플래닝 등 복잡하고 추상적인 역할을 시키세요. Sonnet은 일상적인 코드 작성 작업을 시키세요.

40 Opus 무조건 선호하지 않기 : Opus 모델을 훌륭하지만, Sonnet 보다 많이 느려요. 프로젝트 진행 속도가 느려질 수 있으니 Sonnet으로 가능한 작업은 Sonnet 모델을 사용하세요.

41 5시간 블록을 전략적으로 운영하기 : 클로드 코드는 처음 사용하는 순간부터 5시간 동안 토큰 제한이 있습니다. 작업 패턴에 맞춰서 적절한 시간대에 첫 클로드 코드 요청을 보내세요.

42 Thinking Token 활용하기 : Think, Think Hard, Think Harder, Ultrathink 순서로 더 많은 Thinking Token을 할당할 수 있어요.

43 토큰 사용량 모니터링하기 : ccusage를 활용해서 토큰 사용량을 항시 모니터링하세요.

콘텍스트 관리

44 콘텍스트 주입하기 : 작업을 시키기 전에 프로젝트에 대한 충분한 콘텍스트를 제공해주세요. 예를 들어 회원가입 관련 작업을 해야 한다면 회원가입 관련 페이지를 분석하도록 먼저 명령하세요.

45 **자주 클리어하기 :** /clear 커맨드를 사용하면 대화 콘텍스트를 리셋할 수 있어요. 완전 다른 작업을 해야 한다면 콘텍스트가 오염되지 않고 최대 콘텍스트 윈도우를 활용할 수 있도록 자주 /clear를 실행하세요.

46 **자주 컴팩트하기 :** 콘텍스트가 모자라면 클로드 코드는 자동으로 /compact 커맨드를 실행해요. 자동으로 실행할 때까지 그냥 두는 것보다 특정 작업이 끝날 때마다 직접 /compact를 실행하는 게 더욱 효율적이에요.

47 **프롬프트 취소하기 :** 클로드 코드가 작업을 잘못하고 있다면 를 눌러서 과감하게 작업을 취소하세요. 잘못된 작업은 잘못했다고 말해줘야 클로드 코드의 콘텍스트가 오염되지 않아요.

MCP

48 **MCP를 활용하기 :** MCP를 활용하면 클로드 코드가 할 수 없었던 기능과 알 수 없었던 정보를 활용할 수 있어요.

49 **context7 MCP 활용하기 :** context7 MCP를 사용하면 손쉽게 최신 공식 문서 정보를 찾아서 클로드 코드에 주입할 수 있어요.

50 **Supabase MCP 활용하기 :** Supabase MCP를 활용하면 Supabase의 연동법, 데이터베이스 데이터 등 프로젝트에 특수한 정보와 기능을 연동할 수 있어요.

51 **Sequential Thinking MCP 활용하기 :** Sequential Thinking MCP를 활용하면 클로드 코드가 더욱 효과적으로 생각할 수 있게 유도할 수 있어요.

52 **TossPayments MCP 활용하기 :** 토스페이먼츠에서 대한민국 PG사 중 최초로 MCP를 만들었어요. 기존에 오래 걸리던 결제 연동 작업이 이제는 TossPayments MCP를 활용하면 쉽게 해결돼요.

디자인 및 구성요소

53 **디자인 컴포넌트 제작하기** : 바로 디자인을 시작하기 전에 디자인 컴포넌트 데모 페이지를 먼저 제작해달라고 하세요. 그럼 일관된 디자인으로 웹사이트를 제작하는 데 도움이 돼요.

54 **웹사이트 URL 입력하기** : 클로드 코드는 자체적으로 웹사이트 검색 기능이 있어요. 특정 사이트에 중요한 정보가 있다면 URL을 입력하세요.

55 **Playwright로 크롤링하기** : 마음에 드는 웹사이트가 있다면 Playwright를 사용해서 테마를 JSON 형태로 정리해달라고 하세요. 그다음 출력된 JSON으로 디자인하면 더욱 예측 가능한 디자인이 가능해요.

작업 흐름 관리

56 **페르소나 제공하기** : "너는 프런트엔드 개발자야", "너는 백엔드 개발자야" 등 프롬프트를 시작할 때 역할을 부여하세요. 더 좋은 결과를 받을 수 있어요.

57 **PRD 먼저 작업하기** : PRD는 우리 서비스의 기둥이 되기도 하지만 클로드 코드가 프로젝트 방향성을 함께 이해할 수 있도록 해주는 문서입니다. 특히 초반에 상세한 PRD를 작성하고 적절한 CLAUDE.md를 생성하세요.

58 **워크트리를 활용하기** : 워크트리를 활용하면 독립된 브랜치에서 메인 브랜치에 영향을 주지 않으며 작업할 수 있어요.

59 **피드백 루프 사용하기** : 계획 > 작업 > 확인 과정을 정립하고 확인 과정에서 문제가 있을 경우, 자동으로 다시 계획하고 작업할 수 있도록 CLAUDE.md를 작성해두세요.

60 **여러 스텝에 걸쳐 작업하기** : 꼭 모든 작업이 한번에 실행될 필요는 없습니다. 여러 Phase에 걸쳐서, 여러 이터레이션에 걸쳐 개선해가는 방식이 더욱 효율적입니다.

61 **여러 스텝 되돌리기** : [Esc]를 두 번 누르면 여러 스텝을 되돌릴 수 있어요.

62 **체크박스를 활용하기** : 마크다운 파일을 생성하고 작업 리스트를 만들 때 체크박스를 활용해보세요. 작

업이 진행될 때마다 마크다운 파일에 체크하도록 하면 진행 사항을 모니터링하는 데 도움이 됩니다.

63 **작업 사항 확인하기 :** 클로드 코드로 바이브 코딩을 하다 보면 과도하게 결과물을 신뢰하는 경우가 있어요. 꼭 어떤 작업이 실행됐는지, 사람의 개입이 필요한 부분은 없는지 확인해주세요. 중요한 메시지가 지나갔을 수 있어요!

64 **작업 되돌리기 :** 작업이 마음에 들지 않는다면 기존 상태로 되돌려달라고 부탁하세요. 어떤 작업을 했었는지 전부 기억하고 있어서 쉽게 기존 상태로 되돌릴 수 있어요.

65 **작업 분할하기 :** 어려운 대규모 작업을 해야 한다면 클로드 코드에게 작업을 분할해달라고 하세요.

66 **작업하지 말라고 하기 :** 클로드 코드가 확실히 계획만 먼저 세우면 좋겠다면, 코드는 작성하지 말라고 직접적으로 명시하세요. 특히 YOLO 모드에서 계획을 세우고 싶을 때 유용해요.

67 **결과물 지정하기 :** 정확한 결과물 포맷을 지정해주세요. JSON, 코드, 터미널 출력 등.

68 **작업 파일로 저장하기 :** 한 콘텍스트 안에 끝낼 수 없는 작업이라면 마크다운 파일을 만들어서 작업 진행을 확인하세요. 그럼 여러 에이전트, 여러 세션에 걸쳐서 효율적으로 작업할 수 있어요.

69 **문서화 자주하기 :** CLAUDE.md가 아니더라도 README.md처럼 사람이 보기 위한 문서 파일도 자주 정리해두세요. 마이그레이션 가이드, 클로드 코드 세팅 등을 잘 정리해두면 클로드 코드에게도, 개발자에게도 유용해요.

깃허브 연동

70 **깃허브 연동하기 :** /install-github-app 커맨드를 실행해서 깃헙과 연동해보세요. 깃허브에서 풀 리퀘스트 리뷰나 이슈 해결작업에 클로드를 사용할 수 있어요.

71 **깃허브 CLI 설치하기 :** 클로드 코드는 설치하는 순간부터 깃허브 CLI를 사용할줄 알아요. 설치만 하면 현재 프로젝트와 연동된 리포지터리 정보를 자동으로 불러옵니다.

72 **깃허브 이슈 활용하기 :** 깃허브 이슈를 활용하면 작업을 중앙화할 수 있어요. 팀워크가 필요한 상황이 아니더라도 이슈 중앙화는 매우 중요하니 꼭 활용해주세요.

73 프로젝트 세팅 커밋하기 : 프로젝트 커스텀 커맨드, 클로드 코드 세팅 등은 커밋하고 팀과 공유해주세요.

74 풀 리퀘스트 요청하기 : 클로드 코드에게 풀 리퀘스트를 만들어달라고 요청하면 지금까지의 커밋 메시지를 기반으로 훌륭한 풀 리퀘스트를 생성해줘요.

75 커밋 메시지 부탁하기 : 커밋 메시지를 클로드 코드에게 작성해달라고 부탁하세요. 지금까지 작업이 모두 콘텍스트에 있다면 매우 훌륭한 커밋 메시지를 작성해줘요.

76 자주 커밋하기 : 커밋을 자주하면 특정 순간으로 되돌리기 쉬워요. 클로드 코드에게 작업하면서 자주 커밋 해달라고 요청하세요.

생산성 전략

77 항상 허용 등록하기 : 실행 허가 메시지가 보일 때 안전한 커맨드라면 항상 허가를 해주세요. 시간을 많이 아낄 수 있습니다.

78 커스텀 커맨드 등록하기 : 자주 사용하는 프롬프트는 커스텀 커맨드로 등록해두세요.

79 커스텀 커맨드에 아규먼트 사용하기 : 커스텀 커맨드를 사용할 때 아규먼트를 사용해보세요. 커스텀 커맨드 뒤에 입력하는 프롬프트를 아규먼트로 활용할 수 있어요.

80 적절한 스코프 사용하기 : 클로드 코드 커스텀 커맨드, 훅, CLAUDE.md 파일 등은 사용자 스코프, 프로젝트 스코프, 프로젝트 로컬 스코프로 사용할 수 있어요.

81 프롬프트 큐에 적재하기 : 프롬프트 실행 중에 또 다른 프롬프트를 입력하면 큐에 입력해둘 수 있어요. 현재 작업이 끝나면 순서대로 실행돼요.

82 레이어별로 작업시키기 : 한 번에 모든 작업을 하도록 하지 말고 프런트엔드, 백엔드, 인프라 등 레이어를 나눠서 작업시키면 더욱 효율적이에요.

83 예제 제공하기 : 이미 잘 작동하고 있는 예제가 있다면 위치를 정확히 제공해주세요. 완전 새로운 걸 창조하는 것보다 비슷한 예시를 따라 하는 걸 더 잘해요!

84 관련 코드 찾아달라고 하기 : "인증 관련 파일과 관련 함수들을 찾아줘" 등 변경하고 싶거나 찾고 싶은 기능이 있을 때 직접 찾지 말고 클로드 코드에게 요청하면 더욱 쉽게 찾을 수 있어요.

85 데이터베이스 조회 권한을 주기 : PostgreSQL, MySQL MCP 등을 사용해서 데이터베이스 조회 권한을 부여하면 더욱 효율적인 디버깅이 가능해요.

86 클로드 코드끼리 경쟁시키기 : 두 개의 클로드 코드를 실행하고 하나의 에이전트는 코드를 작성하도록 하고 다른 에이전트는 작성된 코드를 검증하도록 하세요.

외부 도구 활용

87 클로드 데스크톱을 함께 사용하기 : CLI 환경이 결과를 받아보기에 적합하지 않거나 오랫동안 한 문맥을 유지하고 싶은 작업이 있다면 클로드 데스크톱과 클로드 코드를 함께 사용하세요.

88 슈퍼 클로드 활용하기 : 슈퍼 클로드를 설치해서 파인 튜닝된 여러 커스텀 커맨드를 무료로 사용해보세요.

89 클로드 스쿼드 사용하기 : 워크트리 사용법이 어렵다면 클로드 스쿼드를 사용해서 조금 더 원활하게 워크트리를 활용할 수 있어요.

90 클로디아 활용하기 : 클로디아를 활용하면 자주 사용하는 작업을 에이전트로 저장할 수 있어요. 예를 들어 자주하는 프레임워크 부츠트래핑할 때 매우 유용해요.

91 스크래치패드 사용하기 : 스크래치패드를 사용해서 작업하라고 요청해보세요. 클로드가 할 작업을 더 잘 정리하고 사용자에게 보여주도록 할 수 있어요.

92 다른 CLI기반 에이전트와 연동하기 : Gemini CLI 같은 다른 에이전트를 같이 활용해서 클로드 코드 토큰과 콘텍스트를 아껴보세요.

93 IDE에 익스텐션을 설치하기 : 클로드 코드 익스텐션을 설치하면 현재 프로젝트의 어떤 부분을 선택하고 있는지 알 수 있어요.

개발을 어려워하는 당신에게

94 자주 리펙터링을 요청하기 : 코드가 쌓이다 보면 더욱 효율적으로 관리할 수 있는 방법이 생기기 마련이에요. 클로드 코드는 효율적인 코드를 작성하는 걸 매우 잘합니다. 리팩터링 요청을 자주 하세요.

95 여러 옵션 요구하기 : 여러 방법들을 보여달라고 하세요. 예를 들어 카드 디자인을 개선 할 수 있는 5가지 방법을 추천해달라고 한다면 5개의 방법을 받아볼 수 있어요.

96 분석시키고 추천받기 : 여러 선택지에서 고민된다면 클로드 코드에게 어떤 방법을 추천하는지 물어보고, 이유를 함께 알려달라고 해보세요.

97 매니저 역할하기 : 클로드 코드가 익숙해지고 사용법에 대한 자신감이 생겼다면 프로그래밍을 하는 과정에서 나의 역할이 과연 무엇인지 고민해보세요.

98 코드팩토리 유튜브를 구독하기 : 돈 주고도 못 배우는 꿀팁이 많습니다.

99 포기하지 말기 : 프로그래밍을 배울 때와 마찬가지예요. AI와 함께 코딩하는 과정을 배우는건 경력과 관련 없이 어렵고 힘듭니다. 포기하지 않고 지속한다면 엄청난 효율을 발휘할 수 있어요.

MEMO

MEMO

MEMO

요즘 바이브 코딩
클로드 코드 완벽 가이드

요금제 선택, CLAUDE.md, Opus, Sonnet, 모델 선택, MCP, PRD, 깃허브 워크플로, UI 프로토타이핑, 인증 구현, 슬래시 커맨드, supabase 연동, 테스트, 배포, 슈퍼 클로드, ccusage, 클로디아 느낌이 좋은 프로그램 만드는 원리와 방법

1판 1쇄 발행 2025년 9월 1일
1판 3쇄 발행 2025년 9월 24일

지은이 코드팩토리 최지호
펴낸이 최현우 · 기획 차진우 · 편집 박현규, 김성경, 박우현, 윤신원, 차진우, 최혜민
디자인 안유경, 복희 · 조판 신선아
마케팅 버즈 · 피플 최순주

펴낸곳 골든래빗(주)
등록 2020년 7월 7일 제 2020-000183호
주소 서울 마포구 양화로 186 LC타워 4층 449호
전화 0505-398-0505 · 팩스 0505-537-0505
이메일 ask@goldenrabbit.co.kr
홈페이지 www.goldenrabbit.co.kr
SNS facebook.com/goldenrabbit2020

ISBN 979-11-94383-43-7 93000

* 파본은 구입한 서점에서 바꿔드립니다.

골든래빗
바로가기